河北省高校人文社会科学重点研究基地资助

京张冬奥发展报告

2022

北京改革和发展研究会◎编

陈　剑　任　亮◎主编

中国文史出版社

CHINA CULTURAL AND HISTORICAL PRESS

《京张冬奥发展报告 2022》编辑委员会

序

蒋效愚[*]

北京冬奥会成为新冠肺炎疫情发生以来首次如期举办的全球综合性体育盛会，向世界交出了一份新冠肺炎疫情下完美的中国答卷。在全国人民的热情参与、大力支持下，兑现了中国对国际社会的庄严承诺，举办了一届精彩、非凡、卓越的奥运盛会，向世界奉献了一届真正无与伦比的冬奥盛会。

北京冬奥会、冬残奥会成功举办的要素是什么？

一、党中央的坚强领导是核心要素

北京冬奥会、冬残奥会从申办、筹办到举办一直是在党中央、国务院坚强领导下进行的。申办之初，习近平总书记就提出"带动三亿人参与冰雪运动"的美好愿景，展现了北京冬奥会对国际奥林匹克运动发展的巨大时代价值和深远历史意义。申办成功当天，习近平总书记明确提出"把2022年冬奥会办成一届精彩、非凡、卓越的奥运盛会"的目标要求。习近平总书记科学预判未来的国家发展形势，准确定位"北京冬奥会是我国重要历史节点的重大标志性活动"，深刻阐明举办北京冬奥会、冬残奥会的重大意义。习近平总书记指出，"办好北京冬奥会、冬残奥会是党和国家的一件大事""是展现国家形象、促进国家发展、振奋民族精神的重要契机"，"同实现'两个一百

* 蒋效愚，京张冬奥研究中心名誉主任，北京奥运城市发展促进会副会长。曾任第29届奥林匹克运动会组织委员会执行副主席。

年'奋斗目标高度契合，给新时代北京发展注入了新的动力"，"对京津冀协同发展有着强有力的牵引作用"。同时习近平总书记提出"绿色、共享、开放、廉洁"的办奥理念，指出"这是新发展理念在北京冬奥会筹办工作中的体现，要贯穿筹办工作全过程"。在北京冬奥会、冬残奥会筹办工作各个阶段，习近平总书记代表党中央、国务院就筹办工作的方方面面及时指明方向、明确任务、提出要求，作出了一系列重要指示，并多次亲临现场，考察、指导、推动工作落实。

在北京冬奥会、冬残奥会筹备的关键时期，新冠肺炎疫情在全球肆虐，能否如期办赛是对筹办工作的最大考验。在党中央坚强领导下，全国人民万众一心、携手抗疫，率先控制住国内疫情并实现经济复苏，为北京冬奥会、冬残奥会举办创造了有利条件。习近平总书记审时度势，及时明确如期办赛的前进目标，提出"简约、安全、精彩"的办赛要求，使筹办工作稳步前行。

二、人民的大力支持是基础要素

举办奥运会如何得到人民的支持，这是对主办国政府和组织者提出的考验与挑战，是主办国的一道必答题。考验的核心是奥运会能给老百姓带来什么？老百姓通过奥运会能获得什么？这决定着老百姓的支持程度、参与热度。

北京冬奥会、冬残奥会践行"以人民为中心"的发展理念，落实"为人民服务"的执政宗旨，把办好奥运会同促进经济社会发展、造福人民群众紧密结合起来，实现了让国际社会满意、让人民群众满意的目标。让老百姓从北京冬奥会、冬残奥会中享受了更多的幸福感，体验了更多的获得感。首先，"带动三亿人参与冰雪运动"的目标极大激发推动了我国冬季全民健身运动的开展。各地冰场、雪场建设如火如荼，为老百姓参与冰雪健身活动创造了广阔的空间和条件。过去冰雪运动不出山海关，现在全国各地出现冬奥热、冰雪热。伴随着冬奥会，人民群众的健康意识有了新觉醒、健身行动有了新自觉，自觉锻炼、科学健身成为老百姓追求美好生活的新需求。全国各地从农村到城市，加强全民健身基础设施建设，完善"十五分钟健身圈"布局，开放大型体育场馆等体育设施，推进体育与文化、旅游产业的融合发展……让老百姓对美好生活的新需求从愿望走进现实。

其次，冬奥会的举办带动了城市基础设施建设，提升了城市现代化治理水平，改善了生态环境，使老百姓出行更方便、生活更便捷、居住更舒适、环境更优美，老百姓生活质量和水平有了新提升。

最后，北京冬奥会的举办极大地推动了我国冰雪产业的发展，向世界展现了中国良好的投资环境和巨大的市场潜力，吸引了各国企业与投资机构蜂拥而至，为后冬奥时代中国冰雪经济可持续发展注入了新的动力。需求吸引投资、投资带动产业、产业拉动就业、就业造福百姓。冬奥会在脱贫致富、乡村振兴上发挥了正能量，为老百姓转型发展、创新就业开辟了美好前景。

三、制度优势是关键要素

奥运会是展示国家形象的窗口，一届成功的奥运会不仅能展现国家的硬实力和文化软实力，也能反映一个国家社会制度的稳固程度、国家治理水平的高低、政府组织协调能力的强弱。举办奥运会涉及诸多领域，这里既有奥组委的组织运行工作，也有城市的服务保障工作，还有国家层面的统筹协调工作，可以说是一个庞大复杂的系统工程。

北京冬奥会、冬残奥会充分发挥我国社会主义集中力量办大事的制度优势，这种制度优势体现在：善于从全局出发动员、调集各种社会资源，用于解决最重要、最关键的主要工作任务上；善于有效协调各种力量，扬长避短、优势互补，用于解决工作中遇到的主要矛盾和跨地区、跨部门、跨层级的重点难点问题；善于在各种重大风险、突发事件中未雨绸缪、科学研判、做好预案、加强工作。北京冬奥会、冬残奥会统筹协调各地区、各领域、各方面，牢固树立全国一盘棋的思想，·形成举国上下、同心协力办奥运，支持、助力、奉献冬奥的良好局面，圆满完成各项筹备工作，赢得了国际社会的普遍赞誉，向世界展示了中国制度的强大活力与高效执行力。

四、国家综合实力是保障要素

举办奥运会需要一定的基础保障，各个申办城市在申办报告中就要提供国家在各方面提供保障的承诺书。一个国家强大的综合实力是申办成功的必备条件，也是成功举办的可靠保障。

中国在成功举办 2008 年北京夏季奥运会之后，国家综合实力又上了一个大台阶，经济实力、科技实力、文化软实力都有了巨大发展和进步。

北京冬奥会、冬残奥会在冬奥历史上创造了诸多的"第一"：首次实现所有场馆均 100% 绿色供电，首次建成了直通冬奥赛场的高速铁路，第一次实现"碳中和"的冬奥会，第一次实时进行 5G+8K 超高清电视转播，第一次在开闭幕式演出中建成应用世界最大的 LED 地屏演播，第一次在冬奥村设立了机器人的"智慧餐厅"……在这些耀眼的成就背后是国家综合实力的体现，反映的是经济实力的强大基础、科技实力的有力支撑、文化软实力的无穷魅力。这是新时代中国人民奋发图强、改革创新、团结奋斗的辉煌成果，也是中国人民为国际奥林匹克运动所做的巨大贡献。

北京冬奥会、冬残奥会的成功举办靠的是国家综合实力的强大与保障，没有强大的国家就没有成功的北京冬奥会、冬残奥会。

五、国际支持合作是支持要素

举办奥运会是一个国家按照国际规则进行的一场国际特大型、综合性活动，成功举办奥运会离不开相关国际体育组织的支持与合作。

中国长期以来积极参与国际体育活动，努力为奥林匹克运动作出贡献，和国际奥委会、国际残奥委会及相关各单项国际体育组织建立了广泛的联系，形成了良好的合作基础。

北京冬奥会、冬残奥会从一开始就得到国际奥委会、国际残奥委会及各国际单项体育组织的支持、指导和帮助。无论是场馆建设还是竞赛组织，无论是残奥科学分类分级还是各类专业人才培养，无论是奥运会的"规定动作"还是"自选动作"……都得到国际相关组织的支持、理解、配合和帮助。特别是我国冰雪运动的许多项目从未开展，经验、人才极度匮乏，国际体育组织的帮助更是雪中送炭，为成功举办赛会提供了必要条件。

北京冬奥会、冬残奥会的成功举办再次验证了这些国际社会交往的基本准则，也再次表明了中国愿为世界和平、友谊、进步事业做贡献，构建人类命运共同体的决心和努力。实践表明，坚持对外开放，争取国际支持，在平等相待、相互尊重基础上加强合作、实现共赢是北京冬奥会、冬残奥会成功举办的重要经验。

习近平总书记在冬奥会后，复信国际奥委会主席巴赫，再次感谢国际奥委会长期以来对北京冬奥会的坚定支持，指出中国政府愿同国际奥委会保持密切合作，一如既往支持国际奥委会工作，坚守奥林匹克精神，共同促进奥林匹克运动蓬勃发展，共同谱写构建人类命运共同体的崭新篇章。

六、专业化、国际化队伍是人才要素

人才是各项事业成功的必备条件和重要因素，北京冬奥会、冬残奥会成功举办离不开一支强大的人才队伍。

北京冬奥组委高度重视人才工作，从体制内外到国内外组建起一支强大、优秀的专业化、国际化人才队伍。这支队伍既有从各部门、各单位抽调的优秀干部，又有从各领域招聘的社会人才；既有从国内高校科研院所选调的业务骨干，又有从国外聘用的外籍专业人士；涵盖体育、文化、经济、科技、管理、医学、志愿者等众多领域。这支队伍视野开阔、专业素质高、外语水平高，熟悉相关领域的国际规则，又能结合中国国情和实际办事，在筹办、举办过程发挥了骨干支撑作用，作出了重要贡献。

北京冬奥组委团队是这支队伍中的杰出代表，他们把党和人民的嘱托扛在肩上，发扬中华体育精神、奥林匹克精神和北京2008年奥运筹办精神，为国争光、奋斗有我，顽强拼搏、无私奉献，团结协作、精益求精，为北京冬奥会、冬残奥会的成功举办作出了不可磨灭的贡献。他们用自己的出色工作书写下北京冬奥会真正无与伦比的传奇，向党和人民交上了一份完美的时代答卷，向世界奥林匹克运动贡献了中国力量和中国智慧。这支优秀的人才队伍将成为北京冬奥会、冬残奥会宝贵的人才遗产，在推进中华体育强国建设中继续发挥积极作用，作出新的贡献！

「目 录」

第一部分　冬奥举办

学习研究"简约、安全、精彩"办赛要求，为国际奥林匹克运动作出新贡献[*]

孙葆丽　闫伟华^{**}

习近平总书记强调"北京冬奥会和冬残奥会是我国重要历史节点的重大标志性活动，是展现国家形象、促进国家发展、振奋民族精神的重要契机"①。站在中国共产党成立 100 周年的重要历史时刻，面对新型冠状病毒肺炎（Covid-19）疫情等现实挑战，办好北京冬奥会和冬残奥会意义重大。习近平总书记高度重视北京冬奥会和冬残奥会的各项工作，不仅推动了北京冬奥会和冬残奥会的申办，申办成功后更是亲切关怀北京冬奥会和冬残奥会的各项筹备工作，为北京冬奥会的顺利举办打下坚实基础。进入 2021 年后，习近平总书记与国际奥委会主席巴赫通电话两次，并且亲自视察指导北京冬奥会和冬残奥会的筹办工作。特别是在 2021 年 1 月 20 日，习近平总书记在人民大会堂主持召开北京 2022 年冬奥会和冬残奥会筹办工作汇报会时强调："要突出'简约、安全、精彩'的办赛要求，全面防范化解各种风险，精心做好赛事组织、赛会服务、科技应用、文化活动等各项筹办工作，最大限度

＊ 基金项目：国家社会科学基金重大项目（19ZDA351）；北京社会科学基金重大项目（19ZDA09）；中央高校基本科研业务费专项资金资助课题（2021TD005）。

＊＊ 孙葆丽，北京体育大学教授、博士研究生导师、冬奥文化研究中心首席科学家；闫伟华，博士研究生。

① 人民网.点燃冰雪运动的火炬——以习近平同志为核心的党中央关心北京二〇二二年冬奥会、冬残奥会筹办纪实 [EB/OL]. (2021-02-01) [2021-05-04]. http://politics.people.com.cn/n1/2021/0201/c1001-32018133.html.

降低疫情风险。"① 至此，"简约、安全、精彩"的办赛要求被正式提出。

研究深入探索习近平总书记在 2021 年最新提出的办赛要求的现实背景、主要内涵和重要意义，以加深对北京冬奥会筹备冲刺阶段和办赛阶段工作要求的理解，为把北京冬奥会和冬残奥会办成一届"精彩、非凡、卓越"的赛事做出积极探索。

一、背景

北京冬奥会和冬残奥会的办赛要求是在一定的时空背景下提出的。距离北京冬奥会开幕仅有一年左右的时间、疫情在全球肆虐、国际奥委会持续深化改革等是习近平总书记提出相关论述的主要背景。

（一）北京冬奥会倒计时一周年

2021 年 1 月 18—19 日，习近平总书记先后在北京赛区、延庆赛区、张家口赛区实地调研北京 2022 年冬奥会和冬残奥会筹办情况。2021 年 1 月 20 日上午，习近平总书记在人民大会堂主持召开北京 2022 年冬奥会和冬残奥会筹办工作汇报会，在此次汇报会上，总书记提出了"简约、安全、精彩"的办赛要求。在这个阶段，北京冬奥会和冬残奥会的所有竞赛场馆均已竣工；距离北京冬奥会开幕倒计时一周年也仅有两周左右的时间，筹办工作进入最后冲刺阶段，需要更加明确和具体的指导。2021 年 5 月 7 日，习近平总书记在与国际奥委会主席巴赫通话中再次提到"简约、安全、精彩"的办赛要求②。因此办赛要求是在北京冬奥会即将举办的情况下提出的更具针对性的工作部署。

（二）新冠肺炎疫情在全球蔓延

2019 年底，新冠肺炎疫情暴发并且迅速席卷全世界。在全球肆虐的新冠肺炎疫情，使得世界体育瞬间按下"暂停键"：东京奥运会、欧洲杯延

---

① 新华社. 习近平在北京河北考察并主持召开北京 2022 年冬奥会和冬残奥会筹办工作汇报会时强调坚定信心奋发有为精益求精战胜困难　全力做好北京冬奥会冬残奥会筹办工作　韩正出席汇报会 [EB/OL]. (2021–01–20) [2021–05–14]. http://cpc.people.com.cn/n1/2021/0120/c64094-32006581.html.

② 新华网. 习近平同国际奥委会主席巴赫通电话 [EB/OL]. (2021–05–07) [2021–05–11]. http://m.xinhuanet.com/2021-05/07/c_1127418752.html.

期，各国职业联赛"停摆"，各类"大满贯"级别的品牌赛事取消①。进入
2021 年，在中国共产党的坚强领导下，中国率先走出疫情，疫情防控进入
常态化阶段。然而，疫情在世界其他地区却愈演愈烈，截至 2021 年 4 月底，
全球新冠肺炎累计确诊病例就已超 1.5 亿，死亡病例超过 316 万。确诊人数
和死亡病例居高不下，疫情仍在全球蔓延，这给推迟后的东京奥运会蒙上了
阴影。而北京冬奥会将于 2022 年 2 月 4 日开幕，此时正值严冬时节，再加
上来自国外高风险地区的大量运动员、官员等入境，给疫情防控带来了诸多
挑战。在此情况下，习近平总书记提出"简约、安全、精彩"的办赛要求是
针对疫情实现顺利办赛的具体应对策略。

（三）国际奥委会持续深化改革

回首奥林匹克运动发展历程，国际奥委会的改革只有进行时没有完成
时。可以说，改革是国际奥委会领导奥林匹克运动平稳发展、不断前进的重
要法宝。比如，萨马兰奇进行奥运会电视转播权改革、创立奥林匹克全球
合作伙伴计划、删除《奥林匹克宪章》的业余原则；罗格倡导控制奥运会规
模，推动创建青奥会；而现任国际奥委会主席托马斯·巴赫自 2013 年上任
以来，面临着奥运会申办遇冷、国际奥委会公信力下降、新技术不断涌现等
内外挑战，因此推出了《奥林匹克 2020 议程》和《奥林匹克 2020+5 议程》
2 份纲领性的文件进行全面改革。《奥林匹克 2020 议程》提出了 40 条改革
意见，其中主要有 6 条涉及奥运会申办和筹办的改革，北京冬奥会在申办
和筹办中积极响应其中的倡议。2021 年 3 月，国际奥委会发布《奥林匹克
2020+5 议程》后，习近平总书记即与巴赫主席通话，积极回应国际奥委会
在后疫情时代的改革新动向，并且再次提到了北京冬奥会和冬残奥会的办赛
要求。可见，国际奥委会改革是北京筹办冬奥会整个过程的重要背景，中国
利用举办冬奥会和冬残奥会契机，也将为国际奥委会改革做出积极探索、贡
献东方智慧。

① 鲍明晓."新冠疫情"引发的国际政治变动对全球体育的影响与中国体育的应对之策 [J].
成都体育学院学报，2020，46（03）：1-5.

二、内涵

习近平总书记提出的"简约、安全、精彩"的办赛要求具有丰富而重要的内涵。

（一）"简约"办赛要求

党的十八大以来，以习近平同志为核心的党中央着力加强党风廉政建设和作风建设。习近平总书记等党和国家领导人多次做出重要指示，要求采取有力措施把厉行节约、反对浪费工作放到突出位置来抓，同时大力倡导廉政文化。例如，习近平总书记曾多次就浪费问题作出批示："要加大宣传引导力度，大力弘扬中华民族勤俭节约的优秀传统，大力宣传节约光荣、浪费可耻的思想观念，努力使厉行节约、反对浪费在全社会蔚然成风。"[①]另一方面，国际奥委会关于奥运会的改革也越来越强调"streamline"（可译为"简约"或"简化"）。《奥林匹克 2020 议程》目前主要着眼于简化奥运会（含残奥会）申办程序、降低赛事复杂性和保留更好的奥运遗产。"[②]而国际奥委会在 2018 年平昌冬奥会前颁布的针对奥运会的改革文件《奥运会：新规范》也强调要在筹办奥运会中降低成本、复杂性、风险和浪费（图 1）[③]。可见，"简约"的办赛要求与习近平总书记一直以来大力倡导的勤俭节约与廉洁奉公的美德一脉相承，同时紧扣国际奥委会的改革动向。研究认为，"简约"办赛要求体现在 2 个方面。

1. 强调从实际出发、节俭办赛

正如习近平总书记所说："赛区建设一定要找准定位，就是建成滑雪旅游胜地，不要贪大求全。"[④]"达沃斯办了 30 年世界经济论坛，仍然是个 1 万人的小镇。俄罗斯索契在举办冬奥会前后，人口也没有变化。我们不是利用

---

① 习近平.习近平谈治国理政第 1 版 [M].北京：外文出版社，2014：363.

② 郇昌店，易剑东.奥运会"New Norm"解析与北京冬奥会筹办策略 [J].上海体育学院学报，2019，43（01）：24-30.

③ IOC.The New Norm: It's a Games changer [EB/OL]. (2018-02-06) [2021-05-25]. https://olympics.com/ioc/news/the-new-norm-it-s-a-games-changer/.

④ 央广网.图片故事丨从洛桑到崇礼：习近平冰天雪地话冬奥 [EB/OL]. (2017-01-2) [2021-05-10]. http://news.cnr.cn/native/gd/20170124/t20170124_523527867.shtml.

办冬奥会，再造一个大城市。"① 也就是说，办赛要从实际需求出发、以人民群众的需求为导向。将奥运会的举办嵌入国家和城市的长期发展计划中，使主办城市能够利用奥运会实现城市可持续发展。

2. 强调举办干净的盛会、廉洁办赛

习近平总书记在 2021 年 1 月考察北京冬奥会和冬残奥会筹办工作时再次强调："北京冬奥组委要更好履行职责，严格执行各项规章制度，严格预算管理，控制办奥成本，勤俭节约、杜绝腐败，让北京冬奥会、冬残奥会像冰雪一样纯洁干净。"②

图 1 《奥运会：新规范》主要改革思路

资料来源：国际奥委会官网 https://olympics.com/ioc/news/the-new-norm-it-s-a-games-changer

（二）"安全"办赛要求

习近平总书记曾在多个场合强调"国家安全""安全生产""国泰民安""健康安全"等安全问题；同时，国际奥委会历来也将安全看作是举办冬奥会和冬残奥会的头等大事。因此筹办好北京冬奥会和冬残奥会也要牢固树立"安全"意识。"安全"的办赛要求主要体现在 3 个方面：举办赛事要保障人身安全，防控疫情要注意公共卫生安全，以及防范其他安全风险。

---

① 央广网. 图片故事丨从洛桑到崇礼：习近平冰天雪地话冬奥 [EB/OL]. (2017−01−2) [2021−05−10]. http://news.cnr.cn/native/gd/20170124/t20170124_523527867.shtml.

② 新华社. 习近平在北京河北考察并主持召开北京 2022 年冬奥会和冬残奥会筹办工作汇报会时强调坚定信心奋发有为精益求精战胜困难　全力做好北京冬奥会冬残奥会筹办工作　韩正出席汇报会 [EB/OL]. (2021−01−20) [2021−05−14]. http://cpc.people.com.cn/n1/2021/0120/c64094-32006581.html.

1. 办赛保障人身安全

冬奥会和冬残奥会与自然环境有着天然联系，很多冬季项目需要在山间、野外举行，许多冬季运动都有飘逸、高速等特点。这给冬季运动带来无限魅力的同时也具有一定的危险。因此，习近平总书记指出："安全是重大体育赛事必须坚守的底线。"[①] 习近平总书记十分重视办赛安全，在 2021 年 1 月考察期间总书记专程观看了雪道巡查、中心防护网安装、运动员救援等赛场保障工作演示。同时，习近平总书记强调："高山滑雪是'勇敢者的运动'，要强化各方面安全保障，抓好管理团队、救护力量和设施维护队伍建设，完善防疫、防火、防事故等风险防范措施，加强应急演练，确保万无一失。"[②] 另外，在保障安全的前提下，习近平总书记"希望大家科学训练，注意安全，保重身体，提高水平，发挥在'家门口'参赛优势，争取在高山滑雪项目上实现奖牌零的突破"。[③]

2. 注意公共卫生安全

疫情仍然在全球蔓延，冬奥会期间大量人员跨国流动以及低温的环境是新型冠状病毒传播的理想环境。因此，疫情防控的任何疏忽都可能会对国内、国际的疫情防控工作造成不利影响。相反，在顺利防控疫情的情况下成功举办北京冬奥会和冬残奥会将为全球抗疫贡献力量、做出表率、坚定信心。因此，注意公共卫生安全十分重要。习近平总书记强调："当前，我国疫情外防输入、内防反弹压力还很大，要始终绷紧疫情防控这根弦，严格执行各项疫情防控措施，优化全过程闭环管理流程，确保安全。"[④]

---

① 新华社.习近平在北京河北考察并主持召开北京 2022 年冬奥会和冬残奥会筹办工作汇报会时强调坚定信心奋发有为精益求精战胜困难　全力做好北京冬奥会冬残奥会筹办工作　韩正出席汇报会 [EB/OL]. (2021-01-20) [2021-05-14]. http://cpc.people.com.cn/n1/2021/0120/c64094-32006581.html.

② 新华社.习近平在北京河北考察并主持召开北京 2022 年冬奥会和冬残奥会筹办工作汇报会时强调坚定信心奋发有为精益求精战胜困难　全力做好北京冬奥会冬残奥会筹办工作　韩正出席汇报会 [EB/OL]. (2021-01-20) [2021-05-14]. http://cpc.people.com.cn/n1/2021/0120/c64094-32006581.html.

③ 新华网.新年首次国内考察，习近平关注这件大事 [EB/OL]. (2021-01-21) [2021-05-10]. http://www.xinhuanet.com/politics/xxjxs/2021/01/21/c_1127009717.html.

④ 新华社.习近平在北京河北考察并主持召开北京 2022 年冬奥会和冬残奥会筹办工作汇报会时强调坚定信心奋发有为精益求精战胜困难　全力做好北京冬奥会冬残奥会筹办工作　韩正出席汇报会 [EB/OL]. (2021-01-20) [2021-05-14]. http://cpc.people.com.cn/n1/2021/0120/c64094-32006581.html.

3. 防范其他安全风险

往届奥运会的举办经验告诉我们，防范恐怖袭击、违法犯罪等安全风险的警钟依然要长鸣。2005 年，伦敦在获得 2012 奥运会主办权第二天之时发生了"77"爆炸案，给伦敦奥运会的安保提出了新要求。而 1972 年慕尼黑奥运会时发生的恐怖事件造成 11 名以色列人质遇害，这些教训不能被遗忘。因此，在全力防控疫情的情况下，筹办北京冬奥会和冬残奥会也要对其他安全风险未雨绸缪，方能有备无患。

（三）"精彩"办赛要求

研究认为"精彩"办赛要求主要体现在以下几个方面：遵守对国际奥委会承诺、顺利办赛；办赛要展现出悠久的中华文化；努力取得好成绩，参赛也要出彩。

1. "精彩"体现了中国对奥林匹克运动的责任

中国北京在接过 2022 年冬奥会和冬残奥会承办权的同时，也接下一份对于奥林匹克运动以及世界的责任，《主办城市合同》框定了北京和国际奥委会之间的关系。北京在 2008 年为世界奉献了一场无与伦比的奥运会，没有辜负国际奥委会委员们的信任，超额完成了申办时设定的目标、兑现了申办时许下的承诺。可以说，北京 2008 年奥运会的成功举办彰显了中国作为负责任大国的形象，大大提升了中国在国际舞台上的影响力。2015 年 7 月 31 日，国际奥委会再次选择信任中国北京，与我国长久以来在国际事务和奥林匹克运动中发挥的积极作用息息相关，国际奥委会委员们相信中国可以再一次为奥林匹克运动作出贡献。因此，正如习近平总书记在 2021 年初所强调的："办好北京冬奥会、冬残奥会是党和国家的一件大事，是我们对国际社会的庄严承诺，做好北京冬奥会、冬残奥会筹办工作使命光荣、意义重大。"[①]

2. "精彩"办赛展示中国传统文化

展现本国、本地区的独特文化是筹办奥运会的重要方面，也是举办奥运会的一大亮点。2008 年北京奥运会给世界展示了悠久的中华文化，彰显了

---

① 新华社. 习近平在北京河北考察并主持召开北京 2022 年冬奥会和冬残奥会筹办工作汇报会时强调坚定信心奋发有为精益求精战胜困难 全力做好北京冬奥会冬残奥会筹办工作 韩正出席汇报会 [EB/OL]. (2021-01-20) [2021-05-14]. http://cpc.people.com.cn/n1/2021/0120/c64094-32006581.html.

民族自信。而 2022 年北京冬奥会是进一步坚定国人信心、增进民族自豪感的舞台。因此，从冬奥会和冬残奥会的吉祥物设计、火炬设计到奥运村设计等，都融入了中国传统文化元素；中国传统文化也将会乘着冬奥会的东风再次惊艳世界。而国家跳台滑雪中心是我国首个专门为跳台滑雪项目而兴建的体育场馆，该建筑设计灵感来自中国传统器物"如意"。习近平总书记在国家跳台滑雪中心考察时特别指出："北京冬奥会、冬残奥会场馆改造建设融入了很多中国元素，体现了我们的文化自信。"① 除此之外，2022 年冬奥会和冬残奥会的开闭幕式、志愿者的服务工作等也要彰显中华文化的特色。

3. 办赛精彩，参赛也要出彩

目前，我国竞技体育发展还不太均衡，冬季项目特别是雪上项目距离世界先进水平仍然有一定的距离。从 1980 年普莱西德湖冬奥会起到 2018 年平昌冬奥会，中国一共参加了 11 届冬奥会。在历届冬奥会上，中国代表团共斩获 13 枚金牌、28 枚银牌和 21 枚铜牌。在 13 枚金牌中，有 10 枚都是短道速滑项目获得的，雪上项目则仅有 1 枚金牌入账，另外花样滑冰项目和速度滑冰项目分别贡献 1 枚金牌。因此，就成绩而言，中国代表团虽然取得了很大突破，但是优势项目仍然较少，与冬季项目发达国家仍有一定差距。习近平总书记殷切期望利用北京冬奥会和冬残奥会的契机实现我国冰雪运动特别是雪上项目的赶超："要通过举办北京冬奥会、冬残奥会，推动我国冰雪运动跨越式发展，补缺项、强弱项，逐步解决竞技体育强、群众体育弱和'夏强冬弱''冰强雪弱'的问题，推动新时代体育事业高质量发展。"② 可见习近平总书记关于体育工作的重要论述与新时代中国体育实践紧密联系，并有效回应了新时代社会发展的需求和人民的呼声③。而在具体层面，习近平

① 新华社.习近平在北京河北考察并主持召开北京 2022 年冬奥会和冬残奥会筹办工作汇报会时强调坚定信心奋发有为精益求精战胜困难　全力做好北京冬奥会冬残奥会筹办工作　韩正出席汇报会 [EB/OL]. (2021-01-20) [2021-05-14]. http://cpc.people.com.cn/n1/2021/0120/c64094-32006581.html.

② 新华社.习近平在北京河北考察并主持召开北京 2022 年冬奥会和冬残奥会筹办工作汇报会时强调坚定信心奋发有为精益求精战胜困难　全力做好北京冬奥会冬残奥会筹办工作　韩正出席汇报会 [EB/OL]. (2021-01-20) [2021-05-14]. http://cpc.people.com.cn/n1/2021/0120/c64094-32006581.html.

③ 郑继超，张佩云，董翠香.习近平关于体育工作重要论述研究：热点与展望 [J]. 西安体育学院学报，2020，37（06）：670-675.

总书记也提出了备战指导以期中国代表团在北京冬奥会和冬残奥会上取得好成绩:"提高现代竞技体育水平,既要靠气力,也要靠技力。运动员要有为国争光、勇创佳绩的志气,夏练三伏、冬练三九,加强技术创新,学习借鉴国外先进理念和技术,不断提高训练和比赛水平。"①

三、意义

习近平总书记提出的办赛要求既高屋建瓴又脚踏实地,对将北京冬奥会和冬残奥会办成一届"精彩、非凡、卓越"的赛事具有重要的指导意义。

(一)现实意义

在距离北京冬奥会开幕仅有一年左右的关键时间节点上,冬奥会的筹备工作该如何开展?冬奥会又该如何举办?习近平总书记在 2021 年伊始深入北京冬奥会和冬残奥会训练基地、竞赛场馆、交通枢纽等重点区域进行考察,亲自指导办赛和备战工作,提出"简约、安全、精彩"的办赛要求,符合冬奥会和冬残奥会筹办规律,有利于克服疫情给筹办工作带来的不利影响,为我国体育界指明了方向、提出了要求并且增强了如期安全办赛的信心和决心。"深入学习贯彻习近平同志系列讲话精神,是当前和今后一个时期全国体育系统的重要任务。"②

1."简约"办赛要求的价值在新冠肺炎疫情背景下更加凸显

在充斥着风险与不确定性的当今世界中,需要加强风险防范、减少复杂性以提高应对风险的准备能力和灵活应变能力。同时,"简约"意味着拒绝"面子工程"、从实际出发让举办冬奥会成为国家和城市发展的催化剂,这一要求体现了务实笃行的工作作风,也是国际奥委会改革所积极倡导的,对于奥林匹克运动的可持续发展意义非凡。"简约"还体现在加强廉政建设,要认真学习贯彻落实习近平总书记的指示,举办一届廉洁的盛会。

---

① 新华社.习近平在北京河北考察并主持召开北京 2022 年冬奥会和冬残奥会筹办工作汇报会时强调坚定信心奋发有为精益求精战胜困难 全力做好北京冬奥会冬残奥会筹办工作 韩正出席汇报会 [EB/OL]. (2021-01-20) [2021-05-14]. http://cpc.people.com.cn/n1/2021/0120/c64094-32006581.html.

② 人民日报社理论部.深入领会习近平总书记重要讲话精神 [M]. 北京:人民出版社,2014:357.

2."安全"是办赛底线，没有安全冬奥会的举办就是无源之水、无本之木

"安全"直接体现了在疫情下对所有奥林匹克运动参与者的人文关怀，诠释了以人为本的思想；在冬奥会比赛项目本身具有潜在危险性以及新型冠状病毒具有极强传染性的前提下，习近平总书记从实际出发提出"安全"理念具有重要的现实意义。

3."精彩"体现了中国成功举办冬奥盛会的坚定决心

"精彩"体现了在疫情给冬奥会和冬残奥会的筹备、举办带来巨大挑战的情况下，中国依然坚持为世界举办成功冬奥盛会的坚定决心以及确保奥林匹克圣火生生不息的巨大责任感和使命感。在遇到重大困难的情况下顺利办赛本身就是对奥林匹克运动的巨大贡献。另外，"精彩"还要求在办赛过程中展示中华民族传统文化的风采，体现中国特色社会主义道路自信、理论自信、制度自信、文化自信；而东道国的优异表现是一届奥运会取得圆满成功的标志之一，中国代表团要认真贯彻领会习近平总书记相关指示，科学备战、敢于亮剑，争取在主场取得办赛与参赛的双丰收、精神文明和竞技成绩的双丰收。

（二）长远意义

习近平总书记关于办赛要求的相关论述闪耀着智慧与真理的光芒，对国内国际体育赛事的举办都有指导价值。

1. 重要指导价值

随着中国综合国力的提升和体育事业的发展，举办大型综合运动会从北京转向其他城市的溢出效应（Spillover Effect）明显增强。除了北京奥运会和北京冬奥会以外，2010年广州成功举办了亚运会；2011年深圳成功举办了世界大学生运动会；2019年武汉成功举办了世界军运会。还有一些其他世界顶级的单项赛事也落户中国各大城市，国内各级各类赛事也在蓬勃发展，中国已经成为世界高水平竞技体育发展的沃土。随着我国办赛理念趋于务实，这些大型运动会的举办与奥运会或冬奥会的举办殊途同归：利用较小的投资撬动最大的长期收益，为我们国家、举办城市和居民带来长久的正向遗产。因此，习近平总书记提出的办赛要求对在我国举办的其他大型赛事也有重要指导意义。比如，在习近平总书记作出相关论述后，陕西全运会的筹

办工作也开始着力贯彻落实"简约、安全、精彩"的办赛要求[①]。

2. 对今后在其他国家举行的奥运赛事也具有重要价值

作为全世界和平时期最复杂的活动,举办奥运会涉及至少 2 年的申办期、7 年筹备期、16 天的竞赛期和大约 1 年的解散期[②]。可以说筹办奥运会越发复杂、事无巨细,而办赛遗产的传承与积累将会显著提升办赛效率、提高办赛质量,从而服务于奥运会的可持续发展。因此,国际奥委会十分注重奥运办赛知识与经验的积累,为此专门创建了奥运会知识管理(Olympic Games Knowledge Management)计划;并且每一届奥运会结束后,国际奥委会都将在下一届奥运会主办城市召开奥运会总结会。我国在筹办夏奥会和冬奥会的过程中受益于这些制度,同时我国也有义务、有责任不断充实相关内容与办赛经验,为筹备奥运会和冬奥会贡献中国智慧和中国方案。习近平总书记的论述是中国先进文化和优秀传统思想的结晶,因此习近平总书记针对在疫情难题下办赛提出的具体指导是北京筹办冬奥会的宝贵经验,也是北京冬奥会对后续奥运会的重要贡献,将通过国际奥委会的知识转移机制等方式分享给其他奥运会承办城市。

结束语

习近平总书记高度重视奥林匹克事业的发展,亲自推动北京申办冬奥会;申冬奥成功后,习近平总书记多次考察北京冬奥会和冬残奥会筹办工作。进入 2021 年后,习近平总书记再次视察指导北京冬奥会和冬残奥会的筹办工作,并且与国际奥委会主席通电话两次,提出了"简约、安全、精彩"的办赛要求。这一办赛要求是在北京冬奥会进入倒计时一周年之际、在疫情肆虐和国际奥委会深化改革背景下提出的具体办赛指导,对顺利筹办和

---

① 新华网. 十四运迎倒计时 200 天 将落实"简约、安全、精彩"办赛要求 [EB/OL]. (2021–02–27) [2021–05–20]. http://sports.xinhuanet.com/c/2021-02/27/c_1127147729.html.

② IOC.FACTSHEET OLYMPIC GAMES KNOWLEDGE MANAGEMENT (OGKM) UPDATE – JULY 2016 [EB/OL]. (2016–07–05) [2021–05–20]. https://stillmed.olympic.org/media/Document%20Library/OlympicOrg/Factsheets-Reference-Documents/OGKM/Factsheet-OGKM-July-2016.pdf#:~:text=organising%20the%20Olympic%20Games%20for%20the%20first%20time%2C,comes%20with%20planning%20and%20delivering%20such%20an%20event.

成功举办北京冬奥会和冬残奥会具有重要的现实意义，并将为中国和奥林匹克运动留下宝贵的办赛经验。因此，体育界要认真学习研究并且积极落实习近平总书记办赛要求的精神，齐心协力把北京冬奥会办成"精彩、非凡、卓越"的盛会，以优异成绩为中国共产党成立 100 周年献礼，为国际奥林匹克运动作出新的贡献。

简约 安全 精彩

——2022 年北京冬奥会综述

毛雪峰[*]

2022 年 2 月 19 日，随着隋文静、韩聪在花样滑冰双人滑项目上夺魁，中国队 2022 年北京冬奥会的成绩定格在 9 金 4 银 2 铜，北京冬奥会所有比赛全部结束。中国代表团以 9 金 4 银 2 铜的战绩高居金牌榜第三位，创下参加冬奥会以来的历史最佳战绩，中国体育健儿铸就冬奥新辉煌，在奥林匹克史上书写下崭新的一页。

本届冬奥会上，共有 23 个代表团有金牌入账，29 个代表团有奖牌入账。冬季运动传统强队挪威队以 16 金 8 银 13 铜共 37 枚奖牌的出色战绩蝉联金牌榜榜首。德国队以 12 枚金牌位居次席，夺得 9 金的中国队排名第三。本届赛事，中国代表团派出 177 名运动员参赛，参赛小项占全部 109 个小项的 95% 以上，构成了史上规模最大、项目最全的中国冬奥团队，其中在 35 个小项上实现了参赛"零的突破"。无论是传统强项短道速滑、花样滑冰双人滑、自由式滑雪空中技巧，还是实现突破的自由式滑雪大跳台、U 型场地技巧和坡面障碍技巧，单板滑雪大跳台和坡面障碍技巧，以及速度滑冰、钢架雪车等，中国队在冰上、雪上全面开花，在竞赛成绩上达到了新的历史高度。此外，中国队在冬季两项、北欧两项、雪车、雪橇、高山滑雪、越野滑雪、跳台滑雪等多个项目上创造了冬奥会最佳战绩或参赛纪录。

---

* 毛雪峰，北京改革和发展研究会秘书长，《京张冬奥发展报告 2022》编辑部主任。

2022 年 2 月 20 日晚，北京 2022 年冬奥会闭幕式在国家体育场举行。伴随着《我和你》的歌声，2008 年北京奥运会的"梦幻五环"缓缓升起，与北京 2022 年冬奥会的雪花火炬台同框亮相，北京冬奥会所有代表团的旗帜围绕在场地中央，闭幕式延续一朵雪花的故事，传递出"世界大同，天下一家"的理念。至此，北京 2022 年冬奥会和冬残奥会正式落下帷幕。

中国自 2015 年冬奥申办成功至 2022 年举办取得圆满成功，历经七年时间。经过七年的紧张筹备和辛苦努力，中国向世界呈现了一届简约、安全、精彩的冬奥盛会，从多个维度在冬奥会历史上留下了自己的足迹。在这个过程中，北京携手张家口作为主办城市全力投入，同国际奥委会、国际残奥委会等国际体育组织紧密合作，克服新冠肺炎疫情等各种困难挑战，全面兑现了对国际社会的庄严承诺，北京成为全球首个"双奥之城"。

本届冬奥会，总结有以下几个显著特点。

第一，冬奥赛事精彩纷呈，彰显中国元素

北京冬奥会和冬残奥会会徽体现了中国书法与体育运动的完美结合；吉祥物"冰墩墩"形象来自国宝大熊猫，"雪容融"的设计灵感源于象征团结喜庆的中国灯笼。

北京冬奥会期间，正是中国传统的虎年春节，中国传统文化与奥林匹克文化相互交融，在北京开启了全世界"一起向未来"的新篇章。北京冬奥会四场开闭幕式精彩纷呈，人类命运共同体的主题贯穿始终，中华文化和冰雪元素交相辉映，体现了自然之美、人文之美、运动之美，诠释了新时代中国可信、可爱、可敬的形象。活泼敦厚的"冰墩墩"，喜庆祥和的"雪容融"，扑面而来的中国年味儿，香喷喷的豆包……"冬奥梦"和"中国梦"精彩交织。饱含圆融和合等中国理念的开闭幕式，构思独到，匠心独运，二十四节气、黄河之水、中国结、迎客松、折柳寄情、雪花主题歌……听障演员的圆舞曲、手语版国歌、盲童合唱团的歌声、视障运动员的点火……这些意蕴隽永的场面在人们心中留下了美轮美奂、直击人心的深刻印象，激发了海内外中华儿女万众一心、接续奋斗的昂扬激情。

此外，巧妙蕴含中华文化的冬奥场馆是最具中国特色的亮点之一。北京

冬奥会很多场馆设计体现了中国文化特色，比如"冰丝带""雪飞天""雪如意"等场馆包含中国元素，三个赛区一流的场馆设施，严谨专业的赛事组织，温馨周到的服务，赢得参赛各方一致好评。赛事吸引了全球数十亿观众观赛，成为收视率最高的一届冬奥会。

第二，疫情防控精准有效，确保了冬奥安全顺利举办

确保北京冬奥会、冬残奥会如期安全顺利举办，确保"两个奥运"同样精彩，是中国人民向国际社会做出的庄严承诺。在全球新冠肺炎疫情的大背景下，北京冬奥会的筹备、举办过程遇到了多重挑战。本届冬奥会，始终把全部参与者的健康放在第一位，坚持"外防输入、内防反弹"，通过严格实施防控措施，有力保障了各方人员健康。赛事期间，闭环内阳性比例仅为0.45%，所有阳性人员都得到了有效治疗和良好照顾，没有发生聚集性、溢出性疫情。中国的防疫政策再次经受住了考验，为全球抗疫和举办国际重大活动提供了有益经验。

在新冠肺炎疫情之下，中国政府和中国人民，为全世界运动员提供了热情接待，奥运闭环区域可以说提供了世界上最安全的环境，并为运动员们搭建了展示自我的舞台。在这样的背景下，冬奥会的顺利举办获得了各方赞许。有的外国运动员表示："如果疫情应对也有金牌，中国应该得到一枚。"这枚金牌属于全体参与筹办北京冬奥会的人员！

第三，北京冬奥会是当前世界动荡局势中一颗和平的种子

北京冬奥会、冬残奥会的成功举办，促进了不同文明交流互鉴，为推动全球团结合作、共克时艰发挥了重要作用，也为动荡不安的世界带来了信心和希望，向世界发出了"一起向未来"的时代强音！

奥林匹克运动承载着人类对和平、团结、进步的美好追求。在世界百年变局加速演进、人类社会遭遇各种挑战的形势下，奥林匹克大家庭成员不远万里来华共襄盛举。来自世界各地的体育健儿在赛场上相互尊重、彼此激励、突破极限，在激情的比赛中完美演绎了"更快、更高、更强——更团

结"的奥林匹克格言，以及"勇气、决心、激励、平等"的残奥价值观。北京冬奥会、冬残奥会是一场和平友谊的盛会、一场团结合作的盛会、一场鼓舞世界的盛会！

女性是和平的使者。本届冬奥会是迄今女性参赛比例最高、参与项目最多的冬奥会，女性运动员参赛比例达 45.4%，全部 109 个小项中有女性运动员参与的项目占比 53%。国际奥委会主席巴赫介绍，冬奥会期间，在国际奥委会官方社交媒体上，有超过 27 亿人参与了相关话题的讨论；仅在中国国内，就有超过 6 亿人通过电视收看了北京冬奥会。在当今动荡不安的世界局势下，北京冬奥会向世界传递出和平与团结的理念。

第四，坚持办赛和服务人民、促进发展相结合

北京冬奥会、冬残奥会的成功不仅在于赛事的成功，更在于通过筹办举办冬奥会、冬残奥会带动了各方面建设，为经济社会发展带来了深远的积极影响。"共享"是北京冬奥会的重要理念之一，通过推广普及冰雪运动带动全民健身走向纵深；通过产业发展助力脱贫攻坚；通过提升公共服务水平改善人民生活品质，让人民身心更健康、就业更充分、生活更美好，实现共同参与、共同尽力、共同享有。

北京冬奥会、冬残奥会的筹办举办对国家发展特别是京津冀协同发展具有强有力的牵引作用。通过举办北京冬奥会，区域交通更加便捷，生态环境明显改善，产业联动更加紧密，公共服务更加均衡。"冰丝带""雪飞天""雪游龙""雪如意"等冬奥场馆精彩亮相，成为造福人民的优质资产。

北京冬奥会、冬残奥会既有场馆设施等物质遗产，也有文化和人才遗产，这些都是宝贵财富，赛后将得到充分运用，让其成为推动发展的新动能，实现冬奥遗产利用效益最大化。通过挖掘和利用北京冬奥文化资源，坚定文化自信，更加自信从容传播中国声音，讲好中国故事；弘扬人道主义精神，尊重和保障人权，完善残疾人社会保障制度和关爱服务体系，促进残疾人事业全面发展，支持和鼓励残疾人自强不息。在全社会广泛弘扬奉献、友爱、互助、进步的志愿精神，更好发挥志愿服务的积极作用，促进社会文明进步，为人类文明进步贡献更多中国智慧和中国力量。

第五，带动三亿人上冰雪，推动中国冰雪产业发展

北京申冬奥过程中，中国正式向国际社会做出"带动三亿人参与冰雪运动"的承诺。"带动三亿人参与冰雪运动"，既是中国对世界的承诺，也是中国为世界奥林匹克运动的发展所作出的历史性贡献。国际奥委会主席巴赫指出，2022 年北京冬奥会中国最大的贡献就是实现了"带动三亿人参与冰雪运动"这一宏伟目标。

筹办举办北京冬奥会、冬残奥会，极大激发了亿万人民的体育热情，极大推动了我国体育事业发展，开启了中国冰雪运动新时代。随着北京冬奥会的筹办和举办，中国冰雪运动实现跨越式发展，冰雪运动的种子得以在中国各地播撒，冰雪运动跨过山海关，走进全国各地，中国冰雪运动的参与人数有了突飞猛进式的提升。自北京冬奥筹办七年以来，国内建设了一大批优质的冰雪场地设施，举办了一系列丰富多彩的群众性冰雪赛事活动，人民群众参与热情持续高涨，数据显示，从 2015 年北京申冬奥成功到 2021 年 10 月间，全国冰雪运动参与人数达到 3.46 亿人，居民参与率达 24.56%。

北京冬奥会已经闭幕，但中国冰雪运动快速发展的大幕才刚刚拉开，冰天雪地成为群众致富、乡村振兴的"金山银山"。很大程度上促进了社会事业发展，使残疾人人权得到更好保障，广大群众生活更加丰富多彩！

据资料统计，吉林省目前已建成 50 个滑雪场，雪道总数 347 条，雪道总长度 298 公里，雪道总面积 1032 公顷。已建成 557 所省级冰雪运动特色学校，滑冰馆已由 2015 年的 5 座增加到现在的 15 座，每年利用自然冰浇冰场 400 块以上，带动大量来自各个年龄层面的人群参与冰雪运动。

北京市体育局提供的数据显示，北京的冰雪场地设施供给几年间大幅攀升。冰雪场地由冬奥会申办前的 42 座冰场、44 块冰面、22 处雪场，发展为目前的 82 座冰场、97 块冰面、32 处雪场。全市冰雪运动特色学校和奥林匹克教育示范学校均达到 200 所。"冰雪运动进校园"做到了 16 个区全覆盖，中小学生上冰、上雪已达约 210 万人次。

河北张家口已建成室内滑冰馆 20 座、冰雪运动培训基地 59 家，创建冰雪运动特色学校 100 所。建成大型滑雪场 9 家，拥有高、中、初级雪道 177

条、总长度 164 公里，分别占全省的 65% 和 88%，全市参与冰雪运动人数突破 220 万人。

新疆维吾尔自治区，截至 2021 年 12 月 31 日已建成各类冰雪场地共 188 个，其中冰雪游乐园 60 个。在各方努力下，新疆冰雪运动已拥有速度滑冰、越野滑雪、高山滑雪、短道速滑、跳台滑雪、钢架雪车等项目的专业队伍，冰雪运动人才纷纷涌现。

四川省积极壮大群众冰雪运动组织，连续举办三届"全民健身冰雪季"，参与人数逐年增加，2020 年度已超过 800 万人次。

浙江省 8 个地市建有冰雪运动场所，共有滑雪场 16 家和滑冰场 7 家，其中四季开放的室内滑雪场 6 家。2020 年至 2021 年雪季共有 143.3 万人次参与冰雪运动。

广东省广州市，"冰雪特色校 + 冬季奥林匹克教育示范校 + 高水平冰雪运动队"的立体发展格局初现。

云南省，室内冰场、雪场加快建设，"滑真冰""滑真雪"成为热门打卡项目。

2022 年北京冬奥会，不但极大推动了中国冰雪产业的发展，而且也给全世界带来了巨大的商机。欧美各大滑雪品牌闻风而动，纷纷开始布局中国市场。生产滑雪服等产品的德国博格纳（Bogner）发布消息说，将与中国品牌波司登成立合资公司，计划 5 年内在中国开设约 80 家门店。美国运动服装企业 Volcom 也于 2021 年 11 月在北京开设了在中国的首家门店。北京市滑雪协会副主席、北京雪帮雪业 CEO 伍斌分析认为，从全球角度来看，北美和欧洲的滑雪市场都已经进入一个相对稳定的状态，日本和韩国的滑雪市场甚至处于下滑状态。中国是唯一一个高速增长的市场，中国市场的增量会变成全球的增量。国外的一些业内人士对中国市场的预期和判断，比国内同行的预期更为乐观。

北京冬奥会、冬残奥会的成功举办，凝结着社会各界人们的辛勤付出和智慧汗水。从政府职能部门到民间社会组织，广大冬奥建设者、工作者、志愿者在各自岗位上真诚奉献、默默耕耘，涌现出一大批作出突出贡献的先进集体和先进个人。党中央、国务院决定，授予国家速滑馆场馆运行团队等 148 个集体"北京冬奥会、冬残奥会突出贡献集体"称号；授予苏翊鸣等 147 名同志、追授邓小岚同志"北京冬奥会、冬残奥会突出贡献个人"称号。这次受到表彰的集体和个人的事迹，集中体现了胸怀大局、自信开放、迎难而上、追求卓越、共创未来的北京冬奥精神。北京冬奥精神，不仅为成功举办北京冬奥会、冬残奥会提供了重要保障，也为中华民族伟大复兴凝聚起强大力量。

北京冬奥会十大关键词

陈　剑 [*]

陈　剑 [*]

一、开幕式

北京冬奥会开幕式，因简约和大气，精彩和创意，以及体现出的科技创新气息，具有强烈的个性特征，将长久地留在人们的记忆中。

2015 年上半年，北京申办 2022 年冬奥会之际，笔者就提出举办一届常态冬奥会的建议，而北京冬奥会开幕式较为充分地体现出这届冬奥会的常态特征。

——这是首场没有艺术家和明星参与的开幕式，这是一场没有任何专业歌手、舞者和演员的开幕式，这是完全由来自北京和河北的学生、市民完成整场演出的开幕式。特别是由 44 名河北阜平县的山里娃组成的马兰花合唱团表演的无伴奏的希腊语奥林匹克圣歌《奥林匹克颂》，获得了全国乃至全世界人民的点赞。2008 年北京奥运会，歌唱家刘欢和钢琴家郎朗是 15000 名表演者中的大明星。但此次冬奥会开幕式，3000 名学生和市民成为表演志愿者。一切都在普通人的努力下实现了。

——这是一场简约的开幕式。与 14 年前北京夏季奥运会相比，2022 年北京冬奥会的开幕式谈不上盛大，表演人数只有 14 年前北京夏季奥运会开幕式的五分之一，但东道主完成了他们的主要使命。开幕式的庆祝活动，包

---

　* 陈剑，京张冬奥研究中心主任，健康中国 50 人论坛执行主任、研究员。

括必需的议程在内，缩短到只有两个小时，时间紧凑，大气磅礴，十分符合简约的要求。

——这是一场精彩的开幕式。本届冬奥会开幕式科技感十足，二十四节气倒计时创意新颖，开幕式融入人工智能、实时运动捕捉等大量科技元素，壮观的舞蹈设计以及舞台视觉效果令人震撼。特别是 600 位孩子脚下的雪花，是人工智能和运动传感器技术在大型舞台上的首秀。背后凝聚了冬奥专项工程团队的精心设计，他们将一个个高难度创意、一张张平面图纸，一项项顶尖技术转化到舞台上。

开幕式将最后一个接力火炬作为点火火炬，让人们眼前一亮，展示出低碳、环保、可持续这些国际奥委会要求的关键词。同时也寓意着，在雪花中点燃的圣火，代表着即使严冬酷寒，圣火和希望也会生生不息，永不磨灭。

二、普京参会

2022 年北京冬奥会，是在较为复杂的国际形势下举办的。在中美博弈的国际背景下，以美国为首的一些国家外交抵制北京冬奥会，不派政府官员出席。在此情况下，中国展开了一场"冬奥外交"，传递团结合作强音。俄罗斯总统普京就是在这样的背景下出席了北京冬奥会。

2014 年，中国最高领导人出席了索契冬奥会开幕式。普京的出席，既是中俄战略合作的内容，也是对中国领导人出席索契冬奥会的回报。普京在接受中央广播电视总台台长专访中表示，俄中关系是在平等和非意识形态化的基础上获得发展的。这一说法意味着，没有共同意识形态与价值观念的中俄两国，却在反制美欧方面找到了共同点。

在普京出席北京冬奥会之行不足 10 小时内，2 月 4 日上午，普京与中国国家领导人签订了中俄联合声明，下午与中国领导人举行会晤。访问期间，双方有关部门和企业签署了包括《中国石油天然气集团有限公司与俄罗斯天然气工业股份公司远东天然气购销协议》等 15 项协议。应当说，普京中国之行收获满满。

与中国领导人出席索契冬奥会略有不同的是，2019 年 12 月 9 日，世界反兴奋剂机构（WADA）对俄罗斯做出最终处罚：禁止俄罗斯从该日起至未来 4 年内不能够参与任何国际赛事。俄罗斯运动员，可以中立身份参赛，但不能使用俄罗斯国旗和俄罗斯国歌。当天晚上，国际奥委会对全球电视直播的北京冬奥会开幕式，没有出现普京的镜头。

三、谷爱凌

2022 年冬奥会最引人注目的运动员是代表中国征战冬奥会的谷爱凌。这不仅因为她成绩出众，还因为她的身份，在中美间引发的争论和关注。

2 月 18 日上午，谷爱凌在张家口赛区云顶滑雪公园获得了北京冬奥会自由式滑雪女子 U 型场地技巧冠军。至此，她的首次冬奥会之旅最终成绩定格在 2 金 1 银。中国军团获得的 15 块奖牌，她一人贡献了五分之一。

本届冬奥会开始之前，外界对谷爱凌并不熟悉，只有滑雪领域的人对她比较了解。在赛前谷爱凌决定征战自由式滑雪 3 个项目时，普遍观点都认为她的 U 形场地技巧比较稳，坡面障碍技巧次之，大跳台夺冠希望很小。但没想到第一项大跳台，谷爱凌就用一个从未使用过的 1620 一举夺冠；而在坡面障碍技巧决赛中，在训练时间不足的情况下，她凭借最后一搏拿到银牌；最后的 U 型场地技巧，谷爱凌更是从资格赛到决赛全程稳定发挥，以绝对优势拿到金牌。谷爱凌的天赋不用质疑。

谷爱凌（Gu Ailing Eileen），2003 年 9 月 3 日出生于美国加利福尼亚州圣弗朗西斯科。她在加利福尼亚州太浩湖（Lake Tahoe）的天然雪坡上学会滑雪，而她在北京冬奥会上则是代表中国。北京冬奥会举办之时，正值中美关系处于敏感时期，谷爱凌由此成为中美两国十分关注的人物，中美两国各方人士对她评价不一。实际上，谷爱凌在北京冬奥会上的优异表现，本来就体现了国际交流的成果，中美两国都应该为谷爱凌感到骄傲。笔者认为，还是少一些狭隘的声音，多一些由衷的喝彩为好。无论是比赛现场还是媒体关注，年仅 18 岁的谷爱凌都处理得成熟稳重。

四、科技创新

百年奥运发展史上，每一届奥运会，无论是夏季奥运会，还是冬季奥运会，都有一些新科技展示在奥运会赛场。百年奥运发展史，就是一部百年科技创新史。

北京冬奥会在科技创新方面给人们留下深刻印象。本届冬奥会很好地运用了人工智能、视觉技术、5G 和大数据等高科技手段，安排部署了 80 个科研项目，共 212 项技术在北京冬奥会上落地应用。各项科技相继登场，包括在开幕式、闭幕式以及赛场、食宿等地。尤其是中央广播电视总台使用的转播和通信技术给人印象深刻。这些技术为北京冬奥会全球顺利转播创造了条件，并为未来赛事转播提供了坚实基础，此外，运动员们乘坐的高铁列车，达到 217 英里 / 小时（349 公里 / 小时）。这条高铁不仅是中国现代化科技的缩影，还帮助冬奥会参与者在 3 个赛区之间高效安全地通勤。

本届冬奥会，围绕办赛、参赛、观赛、安全、示范五大板块展示科研创新。例如办赛，主要是围绕场馆建设、气象预报、火炬研制、开闭幕式、运行指挥、碳中和等方面部署任务，通过对场馆智能化改造、氢能火炬传递、开闭幕式中的科技展示体现科技创新。而观赛过程中，通过广泛应用信息技术等提升观赛体验。为保证冬奥会各项安全，围绕奥运场馆运维管理、设备运行、食品安全、医疗保障、疫情研判和防控等方面部署任务，重点解决冬奥会安全监测预警、运动健康保障、环境风险评价等技术和装备问题。

五、闭环管理

与 2021 年举办的东京奥运会类似，北京冬奥会也面临严峻的疫情挑战。但中国防疫政策科学周密，严格务实，入境相关手续办理顺利便捷。如此严格周密的部署安排，确保了运动员和工作人员的健康安全。

北京冬奥会制定了《疫情防控手册》，实行闭环管理，有效实践了运行分区、注册分区、防疫分区的融合，实现"分区不重叠、流线不交叉、界面严管控、人员不跨区"，并坚持以运动员为中心，落实核酸检测、场馆消杀、环内交通等一系列措施，确保运动员参赛安全。通过打造闭环管理，防疫措施科学严格，努力避免疫情传播。每天早上人们离开酒店时，都要进行核酸检测，在工作区严禁摘下口罩，所有场馆都定期进行消毒，闭环管理非常成功，差不多是 0.01% 的阳性率，可以说是全地球（整颗星球）当中最安全的地方，或者最起码也是最安全的地方之一。国际奥委会主席巴赫说："我觉得这是一个非常了不起的成果。大家想一想，我们在场的所有人在闭环内，感到非常安全，而且非常舒适。"

北京冬奥会应对新冠病毒的措施严格。在媒体工作间和餐厅，每个座位都设立了透明挡板，防止交叉传染，最大限度保障人员安全。记者需要出示核酸检测阴性证明，才能参加各种活动。主媒体中心设立了集中的核酸检测点，为人员检测提供极大便利。巴赫强调，此次北京冬奥会已经向全球传达出一则信息，只要大家遵守团结的精神，人人都作出贡献，那么就可以举办一次盛大的赛事。

六、可持续

可持续是北京冬奥会办会的基本遵循，也是北京冬奥会的特色和亮点。北京冬奥会在奥林匹克历史上第一次把"大型活动可持续管理体系、环境管理体系、社会责任指南"三个国际标准进行整合，建立了北京冬奥组委可持续管理体系，利用这一体系，对主要场馆、50 多个业务领域的可持续工作进行有效管理。

在可持续发展方面，北京冬奥会打造生态赛区。针对雪上项目主要分布在山区的情况，采取措施从设计源头减少对环境的影响。规划设计前进行了植物本底调查，开展环境影响评价，从避让、减缓、重建、补偿等方面确定了保护措施。

充分利用北京奥运会场馆，建设低碳场馆，所有场馆都达到了绿色建筑标准，4 个冰上场馆使用了新型二氧化碳制冷剂，建成超过 5 万平方米的超低能耗示范工程，全面使用低碳能源，赛时全部场馆常规能源 100% 使用绿电。构建低碳交通体系，节能与清洁能源车辆在赛时车辆中占比超过八成。在此基础上，积极拓展碳补偿渠道，北京和张家口两地政府将林业碳汇捐赠北京冬奥会，多家合作伙伴也为北京冬奥会赞助了碳中和产品，通过这些措施，北京冬奥会全面实现了碳中和。

此次冬奥会中，闪亮登场的首钢滑雪大跳台，位于北京市中心以西大约

20公里处，是对首钢工业遗产的利用，体现了中国践行可持续发展和节俭办奥的理念。

七、奥运精神

奥林匹克自诞生以来，就以团结、友谊、公平为宗旨，倡导全世界和平共处，有91个国家和地区参加的2022年北京冬奥会，无疑是一届团结友谊的颂歌。

——友谊。2月14日下午8时许，中国运动员徐梦桃以一个近乎完美的动作，赢得了2022年北京冬奥会自由式滑雪女子空中技巧项目的金牌。徐梦桃赢得金牌后，美国选手阿什利·考德威尔（Ashley Caldwell）跑向她，给了她一个大大的拥抱，并对她说："我真为你感到骄傲！"这超越了政治、国家、种族的美丽一幕，也瞬间感动了许多中外网民。体育才能让人们走到一起，而不是政治和其他的东西，这才是奥运精神。

类似的一幕也出现在2月16日晚上。自由式滑雪男子空中技巧决赛中，卫冕冠军、乌克兰选手阿布拉缅科获得银牌后，被铜牌得主——俄罗斯奥委会队的伊利亚·布罗夫从身后紧紧抱住。4年前平昌冬奥会，两人共同站上最高领奖台的合影被媒体传播世界。但四年后背景有一些不同。北京冬奥会举办期间，俄乌边境剑拔弩张，阴霾笼罩。但两位运动员可没有顾及那么多。在确认得到奖牌以后，阿布拉缅科和布罗夫抱在一起庆祝。按照布罗夫的话说："我不在乎他的国籍。"

——重在参与。在北京冬奥会单板滑雪男子U型场地技巧资格赛中，带伤出战的中国小将高弘博因脚踝骨折只能做一些基础动作，最终拿到15分。虽然分数全场最低，但他笑得灿烂。人们在为获得奖牌运动员欢呼雀跃的同时，也为运动员挑战自我永不放弃的精神感染。49岁的"速滑大妈"克劳迪娅·佩希施泰因（德国速度滑冰选手）在北京冬奥会速滑女子3000米比赛中成绩垫底，但她却像胜利者一般，迎接属于自己的荣耀时刻。她是历史上年纪最大的女子冬奥选手，8次出战冬奥，总共获得5金2银2铜。出征即胜利。佩希施泰因说："重要的是我来到了这里，滑到了终点。"

——坚持。41岁的法国高山滑雪选手约翰·克拉雷用银牌诠释了坚持的意义。前三次征战冬奥，克拉雷的最好成绩是平昌冬奥的男子滑降第 18 名。这一次，北京冬奥会，克拉雷成为冬奥史上年龄最大的高山滑雪奖牌获得者。冬奥会五朝元老、荷兰速滑名将、35 岁的伊琳·伍斯特在不被外界看好的情况下力压众将，以打破奥运纪录的强势表现，卫冕速度滑冰女子 1500 米金牌。31 岁的中国自由式滑雪选手徐梦桃历经 12 年的漫长等待，终于在"家门口的赛场"拿到了梦寐以求的金牌，实现了中国女子空中技巧在冬奥会金牌上"零"的突破。她因热爱而坚持，因梦想而坚定。

八、公平公正

公平公正，是历届奥运会的奋斗目标。北京冬奥会在公平公正方面的特色和亮点是，为了创造公平公正的比赛环境，在比赛场地更多使用了高科技手段，通过科技创新，展示每一个比赛细节，让比赛更为公平公正。

以制冰技术为例，使用不同种类的制冷剂对环境等造成的破坏也不同。目前，二氧化碳制冰技术已经相当成熟。二氧化碳制冰技术无毒无害，安全性高，尤其能让整个冰面的温度非常均匀，维护起来相当方便，不会出现在率先滑行的运动员对冰面造成一定的损坏后，使后出场的运动员遭遇不利的情况，二氧化碳制冰技术为公平公正提供了保障。

为保障公平公正，北京冬奥会安置了奥运会历史上最强大的监控摄像头系统。这包括，比赛场地上应用的"猎豹"摄像头，能以每小时 90 公里的速度运行，确保运动员的精彩冲刺场面一览无遗。猎豹摄像系统也起到了监控运动员违规动作的效果。但要抓住违规证据，普通摄像系统很难做到。为此，北京冬奥会为速滑比赛研发了冬奥会历史上最强大的摄像头系统，也就是飞猫系统。飞猫系统是 40 台 4K 超高清摄影机组成阵列，再加上 3 台 8KVR 摄像头全场环绕，组成了 360 度无死角的摄像系统。这 43 台摄像机所捕捉的画面，经算法修正组合后，可以形成整个短道速滑比赛实况的 3D 图像。也就是说，可以从任意角度，观看任意时间点的比赛现场。也可以让裁判不错过任何一个违规的镜头。2 月 5 日，在短道速滑男子 1000 米 1/4 决赛、半决赛和决赛中，各国参赛选手之间多次出现碰撞和意外，关键时刻超高速摄像机可立了大功，还原了整个过程。通过仔细查看每个比赛细节，力争让比赛变得"更干净"。

本次冬奥会，在采用传统的人工裁判判罚基础上，使用先进技术，可以避免受天气、雪象、光线、位置角度的不同影响而得出不尽客观的评分。在技术革新时代，基于数字化和 3D 的 AI 裁判，可以克服高强光的复杂因素，全程捕捉在空中停留时间极短的运动员动作，通过运动序列预测，做出目标检测、目标跟踪和目标识别，并且可以反复回放，让评分更为客观和准确，让比赛更公平、公正。例如，中国运动员任子威被他国运动员用手拉扯，这是很明显的严重违规行为。谁先动的手，谁先进行的拉扯行为，摄像机镜头下一目了然，毫无歧义。

九、中国军团

北京冬奥会，中国队不仅首次实现了 15 个分项的全项目参赛，而且取得了 9 枚金牌、4 枚银牌和 2 枚铜牌的成绩，在金牌榜位置仅次于挪威（16）和德国（12），位居第三位。

相比夏季项目，中国冬季项目起点更低、水平更差。从 1980 年第一次参加在美国普莱西德湖举办的冬奥会，至今已有 44 年。从杨扬获得冬奥会第一块金牌到现在，不过 20 年时间。除 2010 年第 21 届温哥华冬奥会获得并列第七外，中国队大多在奖牌榜十几名开外徘徊。借着北京冬奥会的举办和"带动三亿人参与冰雪运动"目标的实现，中国军团在 2022 年这个冬季取得了历史性突破，北京冬奥会是历届冬奥会成绩最好的一届。此次冬奥会显示出一个重大变化：从 1980 年中国冰雪健儿第一次参加冬奥会以来，一直存在着的"冰强雪弱"格局被彻底打破了，中国雪上项目大踏步前进，而中国冰上项目保持了原有的进步节奏。对中国队冬奥会奖牌榜进行分析会发现：在 9 块金牌中，5 块来自雪上项目，4 块来自冰上项目；在 4 块银牌中，3 块来自雪上项目，1 块来自冰上项目；在 2 块铜牌中，雪上项目与冰上项目平分秋色。中国冰雪运动终于实现了长久以来的一个战略目标，冰上项目与雪上项目双轮驱动。

短道速滑项目，一直是中国军团的强项。此次混合接力 2000 米，由武大靖、任子威两名男队员和范可新、曲春雨、张雨婷三名女队员组成。最终的冠军也在中国队产生，中国冬奥冠军行列中，一下增加了四名队员。

中国最年轻的金牌得主是苏翊鸣。2月15日他夺得单板滑雪大跳台冠军时，离18周岁还有3天。1金1银的成绩，让苏翊鸣"一鸣惊人"！

中国军团年龄最大的冠军获得者是徐梦桃和齐广璞，今年都已31岁。两位从2010年参加温哥华冬奥会开始，到今年北京冬奥会，都是冬奥会四朝元老。坚持不懈，终有回报，也都获得了冠军奖牌。

中国速滑夺得第一块冬奥会金牌的是高亭宇。他在赛前并不被看好、且赛前一天又受伤的情况下，在男子500米比赛中虎口拔牙，出人意料地夺得了冠军。

中国军团虽然在北京冬奥会有上佳表现，进入金牌榜前三，但如果以奖牌榜论名次，中国15块奖牌只能排在第11名。排在中国前列的国家有挪威（34）、俄罗斯（32）、德国（27）、加拿大（26）、美国（25）、瑞典（18）、奥地利（18）、日本（18）、荷兰（17）和意大利（17）。这说明，虽然中国军团总体水平近年来进步神速，但综合水平还属于第二方阵。对此，必须有清醒认识。

十、奥运遗产

奥运遗产是实现奥运会愿景的结果。

国际奥委会和北京冬奥组委将北京2022年冬奥会遗产分成体育、经济、社会、文化、环境、城市和区域发展等7个部分。北京冬奥会为中国乃至国际社会留下了丰厚的奥运遗产。包含为公众、城市和区域发展以及奥林匹克运动创造或带来的有形和无形的长期收益。

北京冬奥会留下的经济遗产，一个重要亮点是使用数字人民币支付。数字人民币展示中国在金融领域的创新成就，2022年北京冬奥会将会作为第一届广泛使用数字货币的奥运会，甚至是改变整个世界货币流通和经济金融发展史的奥运会载入史册。需要说明的是，数字人民币并不是一种新的货币，而是中国法定货币的数字版。未来，数字人民币支付将在中国大众生活中更加普及，而其安全、便捷、高效的特点将进一步激发中小企业和实体经济的发展活力。

北京冬奥会的筹办推动了区域经济发展。特别是直接助推张家口赛区崇礼实现跨越式发展。北京申办冬奥会成功前，崇礼是个贫困的小山村，短短数年时间这里就被打造成符合国际标准的冰雪旅游胜地。2019 年，这座小城退出国家级贫困县序列，并被美国《纽约时报》推荐为当年全球旅游目的地之一。

北京冬奥会留下了大量滑雪场、滑冰馆等"有形资产"。在北京筹备冬奥会的 6 年多时间里，我国冬季运动基础设施上到一个新的台阶。冰雪产业规模也在呈几何级数扩展。据介绍，目前全国已经拥有标准大道速滑馆十余座，我们已是世界上标准大道速滑馆最多的国家之一。据不完全统计，全国滑冰场已超过 650 座，滑雪场已经达到 800 余座。

体现奥林匹克象征和艺术的文化元素是奥林匹克运动留给人们最具特色的文化遗产。其中的奥运会会徽、吉祥物、体育图标、奖牌、火炬等景观设计，都突出了东方文化的特色，为奥林匹克文化添上了一笔浓浓的具有东方文化神韵的笔墨。

北京冬奥会的一大特色是，在获得举办权之后，就开始考虑冬奥遗产传承利用，并制订实施了北京冬奥会遗产战略计划。北京冬奥会举办之前，北京冬奥组委发布的《北京 2022 年冬奥会和冬残奥会遗产报告（2020）》，总结提炼了北京冬奥会自 2015 年申办成功以来数年筹办工作所形成的遗产成果，重点呈现了促进中国冰雪运动普及发展、超前谋划场馆赛后利用、持续提升京张地区生态环境、促进京津冀地区协调发展、主办城市转型发展及引领社会文明进步。

需要特别注重展示和弘扬奥运会带来的无形精神遗产，而促进奥林匹克价值观真正能进入学校，让奥运教育与学校立德树人等工作紧密结合，则为奥运无形精神遗产的传承提供了可持续发展思路。

第二部分　双奥之城

中国"双奥"的历史意义

孙大光 [*]

前 言

冬奥会的规模比夏奥会小，参加国家、地区和人数比夏奥会少，相对影响力没有夏奥会大。但冬奥会在中国举办就不一样了，北京 2022 年冬奥会的影响力不仅远远超过以往的任何一届冬奥会，甚至超过了一些夏季奥运会。为什么？因为北京 2022 年冬奥会至少有三个方面的特点是其他冬奥会甚至夏奥会所不能相比的：一是北京 2022 年冬奥会一直在北京 2008 年夏季奥运会光环的照耀下而受到世人瞩目，因为它已成为一个标志——北京冬奥会成功举办之时，就是北京成为"双奥之城"之日。二是北京 2022 年冬奥会带动了3.46 亿人参与冰雪运动，这是一个非同小可的数字，是足以震惊世界体坛的事件，这是世界上任何国家都难以做到的，也是世界冬季体育运动发展的一个里程碑式的标志。三是北京 2022 年冬奥会是在全世界新冠肺炎疫情严重泛滥的情况下举办的，中国不仅向全世界展现了一个负责任大国的风范和担当，为世界树立了榜样，还为疫情期间如何办好大型国际性活动探索了经验。

所以，研究北京 2022 年冬奥会一定要与北京 2008 年夏奥会联系起来，与中国的国情特点联系起来，与国际和国内的大形势联系起来，才能看出北京冬奥会和"双奥"的深远而独特的历史意义。

---

* 孙大光，京张冬奥研究中心特邀研究员，国家体育总局体育文化发展中心原主任。

一、中国"双奥"是来之不易的

中国的"双奥"是来之不易的，是经过百年期盼、几十年奋斗、坚持不懈地与反对势力斗争并战胜了强大的对手才取得的。

（一）百年祈盼

从 1908 年著名的"奥运三问"开始，中国人的奥运梦想经过了整整 100 年，用了几代人的心血，前赴后继，闯过风风雨雨，才得以实现。中国人追求奥林匹克的历史，是一部充满悲壮和豪情的百年奋斗史。巧合的是，到 2008 年北京奥运会开幕，刚好是 100 年。

（二）北京获得 2008 年奥运会举办权不是一帆风顺的，是克服了艰难险阻，历经十年奋斗，经过两次申办才从失败走向胜利

1. 万事开头难，1991 年 3 月，在第一次申奥时，我们没有前车之鉴，没有老师，没有资料。手里拿到的，只有一张白纸，上面写着国际奥委会规定的申办奥运会程序的 6 个时间节点。一切都靠我们自己摸索，在实践中边干边学，在竞争中学习竞争，十年后终于获得成功。

2. 中国获得北京 2008 年奥运会举办权，是经过多年与国际上的反对势力进行坚持不懈、有理有节地斗争才获得胜利的。它虽然没有枪林弹雨、没有刺刀见红，但它的"硝烟味儿"也很浓，它的激烈程度和影响力不亚于打一场真正的战争，是"和平时期的战争"。中国获得北京 2008 年奥运会举办权，被世界媒体称为是中华人民共和国成立以来最大的一场外交斗争。

3. 是战胜了强大的对手才获得的。中国申奥竞争的对手都是较强的发达国家。特别是在 2008 年申办奥运会的竞争中，巴黎是个非常强的竞争对手，在申奥的关键时期，北京和巴黎这两个对手之间的竞争，达到了白热化程度。当时，北京与巴黎的竞争被称为是一场世界瞩目的"世纪大战"。我们经过艰苦卓绝的工作，才摸清了巴黎的真实情况，总结出巴黎申奥的八大劣势和不利因素，我们把它称为巴黎申奥的"八大软肋"，真正做到了知己知彼，终于获得最后胜利。

（三）北京 2022 年冬奥会的举办权，也是来之不易的

人们往往容易记住那些轰轰烈烈的成功和辉煌闪光的时刻，却很容易

忽视那些成功和辉煌背后的辛苦过程和汗水、泪水甚至是血水的付出。中国申办冬奥会与申办夏奥会一样也不是一帆风顺的，也同样是克服了大量的困难，经历了两次申办才成功的。可能很多人都不记得，中国第一次申办冬奥会的城市不是北京，而是哈尔滨。2001 年，经中国奥委会批准，哈尔滨市向国际奥委会递交了申办 2010 年冬奥会的申请。2002 年 1 月，国际奥委会正式批准哈尔滨成为 2010 年冬奥会的申办城市。当时共有 8 个城市申办这届奥运会，国际奥委会根据政府重视、群众支持率、环保、交通等 8 大方面 30 多个小项进行综合排分并进行评定筛选，取前四名作为"候选城市"。结果哈尔滨排名第五，未能进入候选城市的行列，遗憾地结束了第一次申办冬奥会的历程。

2013 年，中国奥委会经过慎重考虑和多方论证，以有利于申办成功为原则，决定同意北京携手张家口申办 2022 年第 24 届冬奥会，并于 2013 年 11 月 3 日，正式致函国际奥委会，由北京申办冬奥会，北京承办冰上项目比赛，张家口承办雪上项目比赛。2015 年 7 月 31 日，在马来西亚首都吉隆坡举行的第 128 届国际奥委会全体会议上，经过国际奥委会全体委员投票，北京以 44∶40 战胜哈萨克斯坦的阿拉木图，获得 2022 年第 24 届冬奥会的举办权。从此，北京和张家口开始了自己的冬奥时间。北京进入了"双奥"的轨道。

（四）中国共经历过 6 次正式申办奥运会，其中三次未果，三次成功

北京 1991—1993 年申办 2000 年奥运会未果，1999—2001 年申办 2008 年奥运会成功；哈尔滨 2001—2002 年申办 2010 年冬奥会未果，北京 2013—2015 年申办 2022 年冬奥会成功；哈尔滨 2008 年申办 2012 年首届冬青奥会未果，南京 2010 年申办 2014 年青奥会成功。

（五）北京 2022 年冬奥会是全国人民战胜新冠肺炎疫情的结果

如果没有全国人民团结抗击疫情的成功，就不可能顺利举办冬奥会，也就不能实现"双奥"。

所以，北京 2008 年奥运会和 2022 年冬奥会的辉煌成功、中国的"双奥"是来之不易的。它不是别人恩赐给我们的，是中国人努力奋斗、克服了来自国内外种种困难的结果，是坚持不懈地与以美国个别人为代表的、反对中国举办奥运会的国际顽固势力坚决斗争的结果。

如果没有中国人坚持不懈、努力拼搏的工作，特别是与反对势力的坚决斗争，就没有北京夏奥会和冬奥会的辉煌成功，也就没有北京的"双奥之城"。

中国人经过奋斗和努力把奥林匹克请到中国来的意义是巨大的。我们应该珍惜"双奥"的宝贵成果，让奥林匹克之花更好地在中国大地盛开。

二、中国"双奥"故事的精髓

（一）用数据说话

在中国奥运现象中，从申办北京 2008 年奥运会和北京 2022 年冬奥会，到成功举办北京 2008 年奥运会和 2022 年冬奥会，中国人利用奥林匹克这个大舞台为世界献上了一场场精彩绝伦的文化盛宴，全体中国人民团结一心迸发出来的神奇力量，一次次令国际奥委会和世人震惊。让我们先来看看最令国人骄傲的，也是我最经常讲的几个数据。

第一个数据（显示中国在世界舞台上的分量）：14 亿、4 亿。

中国这个世界第一的人口大国是任何人不能忽视的。国际奥委会历来致力于向全世界，特别是向青少年推广奥林匹克，但如果少了中国的 14 亿人，特别是少了中国 4 亿青少年，它的目标就不可能完全实现。只有中国加入了奥林匹克，并且成为奥林匹克运动的积极成员，只有在中国 4 亿青少年中普及奥林匹克教育，才能真正实现国际奥林匹克运动的目标。所以，这个数字充分显示了中国在世界舞台上的分量，是中国"双奥"的坚实基础，也是中国在世界话语权上的底气，是中国最大的特色之一，也是我们做一切事情的出发点。

第二个数据（令国际奥委会和世界震惊）：94.65%、94.9%。

这两个数据是我们在申办北京 2008 年奥运会时做的两次民意调查，是人民群众支持北京奥运会的支持率。国际奥委会历来都非常重视民众支持率。这两个数据报给国际奥委会后，一些国际奥委会委员感到不理解，表示不可思议，甚至有的人表示怀疑数据的真实性。北京奥申委报的支持率竟然达到 94.9%，他们不相信。世界上申办奥运会的国家和城市还从来没有这么高的民众支持率。

但没过多久，另一个数据彻底打消了他们的怀疑，让他们心服口服，彻底征服了他们。让我们来看下一个数据。

第三个数据（彻底征服了国际奥委会）：96%。

为了核实中国人自己报的数据的可信度，国际奥委会独立委托了国际知名调查公司进行调查。结果令他们大吃一惊，令所有人没有想到，连我们北京奥申委的工作人员也没有想到，国际奥委会委托调查的数据竟然比中国人自己调查的数据还高——中国民众支持北京奥运会的支持率高达96%！我想，任何人看到这个数据后，都不会无动于衷。

他们彻底服气了。原来世界上真有这么一个强大的、不可思议的民族！有这样一个统一认识的民众和政府"上下同意"的国家！这样一个强大的民族和国家，谁也不敢小视。

第四个数据（再次让国际奥委会服气了）：94.8%、91.8%、99.5%。

这是北京2022年冬奥会的民众支持率。北京和张家口举办2022年冬奥会的民众支持率是94.8%。其中：北京的支持率是91.8%，张家口的支持率高达99.5%。这个数据再一次让国际奥委会彻底服气了，彻底征服了国际奥委会和国际社会。

第五个数据（让国际奥委会看到了冬季奥林匹克运动美好的未来）：3亿、3.46亿。

中国在申办北京2022年冬奥会时承诺，中国举办冬奥会可以带动3亿人参与冰雪运动。3亿人这个数字的吸引力是巨大的，一下子就把世界媒体的注意力吸引过来，成了那几年媒体关注的热门数据。国际奥委会主席巴赫更是经常提到这个数字。那时，我查了一下资料，据统计，2017年全世界从事雪上运动的人数约为1.2亿，冰上运动人数约为1.7亿，加在一起共3亿左右。所以，中国的这个3亿人目标，对国际奥委会和国际冬季运动项目协会是一个巨大的鼓舞，对世界冬季奥林匹克运动将是一个巨大的推动！

2022年1月，在北京冬奥会开幕前，中国国家统计局向世界公布了调查结果：到2021年底，全国参与冰雪运动的人数已达3.46亿。这个数据足以让国际奥委会再次震惊，并彻底被中国人民征服了。

（二）"和商"：中国"双奥"故事的精髓

数据是最有力的语言。没有比上面这些实实在在的数据更令人激动和佩服。所以，我在《中国奥运智慧——100个精彩启迪》一书中提出了"和商"的概念。这也是我在长期研究中国奥林匹克现象中的一个深刻体会。

在中国奥林匹克现象中，中国老百姓对奥林匹克的热情、中国民众与中央政府的高度一致令世界各国羡慕不已。通过北京奥运会的申办、筹备和举办，中国政府已成为国际奥委会最放心、最信任的政府，中国人民成为最让国际奥委会信任和喜欢的人民。中国奥林匹克现象不断证明，中华民族是一个团结的、坚不可摧的伟大民族，中华民族是一个具有高"和商"的民族。"和商"是中国奥林匹克现象中的精髓。今天，在中国"双奥"取得辉煌成功的时刻，我更加觉得"和商"是中华文化的精髓，也是中国"双奥"故事的精髓；"和商"是中华民族骨子里蕴藏的最宝贵的优秀品质和文化积淀；"和商"蕴藏在中华民族每一个优秀儿女的基因里。这种优秀品质在一定条件下可以迸发出无穷的能量。

正是因为中华民族具有这种高"和商"，所以才有中国"双奥"的辉煌成功，才创造出北京奥运的"为国争光的爱国精神、艰苦奋斗的奉献精神、精益求精的敬业精神、勇攀高峰的创新精神、团结协作的团队精神"和"胸怀大局，自信开放，迎难而上，追求卓越，共创未来"的北京冬奥精神。"和商"在中国"双奥"故事中体现得淋漓尽致，"和商"是中华民族精神在中国奥林匹克现象中体现出来的最高境界。

最近两年多，中国全民抗疫取得伟大胜利，更加深了我的这个认识。中国社会发展最需要的就是"和商"；"和商"是在全社会形成巨大正能量的基础；没有"和商"的社会是没有希望的社会；一个具有高"和商"的国家才具有强大的生命力。

"和商"，也是构筑人类命运共同体的重要基础。

三、永远的"双奥之城"

（一）北京：永远的"双奥之城"

国际奥委会前主席罗格说过："一旦成为奥运城市，永远是奥运城市。"

这里我想说："一旦成为'双奥之城'，永远是'双奥之城'；北京永远是世界上第一个'双奥之城'。"

奥林匹克是西方文化的优秀代表作之一。奥运会起源于欧洲，并长期被欧美所垄断，但从 2001 年北京申办奥运会成功，奥林匹克被请到中国来后，经过北京 2008 年奥运会的辉煌，特别是到北京 2022 年冬奥会，北京成为世界上唯一的"双奥之城"后，改变了世界奥林匹克的格局。世界奥林匹克的重心开始向东方转移，奥林匹克发展长期东、西不平衡的状况得到了根本性改变；奥林匹克"大家庭"实现了真正的大团圆；冬、夏奥林匹克运动长期不平衡的状态也开始向平衡的方向发展；奥林匹克的五环旗帜更加鲜艳夺目；北京的"双奥之城"开创了奥林匹克的新纪元，这是国际奥林匹克发展史的一个里程碑。

（二）北京"双奥之城"是一个大课题

北京"双奥之城"是一个值得研究的社会历史文化现象。我主张，研究北京"双奥之城"不能就奥运而奥运，就北京而北京，要把北京"双奥"放在整个中国奥运现象之中，放在中国改革开放、实现中华民族伟大复兴的大背景下来认识、分析和研究。要从人类文明发展史的视角和文化的高度认真审视。北京"双奥"是中国奥林匹克现象中的一个重要部分，是中国改革开放、实现民族复兴伟大战略中的重要环节。

我们看到，中国奥林匹克现象已成为促进中国改革开放和社会发展的一个重要的助推器，奥林匹克已经成为我们生活中不可缺少的好伴侣。

奥林匹克是一个奇特的历史现象，它对人类社会发展的影响之大，是难以想象的。古代奥运会竟然存在了 1000 多年，从公元前 776 年到公元 394 年，共举办了 293 届，经历了 1168 年！我深深地被奥林匹克的强大生命力所折服，被奥林匹克的魅力所吸引。现代奥运会从恢复到今天刚 126 年（从 1896 年雅典开始）。我相信，奥林匹克将继续长期存在、发展并对人类社会产生更大的影响。

奥林匹克是人类社会的一个创举，是一个超越政治的神圣的信仰，是人们对美好生活方式的追求。奥运会的意义绝不仅仅是体育或比赛，承办奥运会的国家和城市，也绝不仅仅是为了体育或为了几块金牌，举办奥运会的意义远远超出体育范畴。

奥林匹克已成为全世界青年所追求的一个向往的目标，成为人们爱好和平、追求美好生活的一面旗帜。在这面旗帜下，任何政治口号都显得苍白无力，任何战争行为都不得不退避三舍。在这面旗帜下，只有和平、和谐、团结、友谊、进步，四海皆兄弟，五洲会友情。奥林匹克已成为人类文明史上的一个耀眼的明星。

（三）重视"奥林匹克的中国化"研究

在世界奥运史上，中国运用奥运的智慧是最出色的，利用奥林匹克这个大舞台为国家发展战略服务是最好的，奥林匹克与中国 14 亿人的结合是最完美的。北京"双奥之城"不仅促进了本市经济、社会、文化等发展，同时也极大地促进了国家大战略的发展，更是丰富、发展了世界奥林匹克运动，也为世界留下了宝贵的、特殊的遗产，并积累了许多宝贵经验。

特别是在当前世界发生动荡和新冠肺炎疫情肆意泛滥的情况下，中国的奥林匹克现象和北京"双奥之城"为世界树立了一个难得的榜样。

奥林匹克是西方文明的代表作之一，但当奥林匹克来到中国后，使世界奥林匹克运动发生了重大变化。所以我觉得，我们在深入研究奥林匹克的同时，更要重视研究"奥林匹克的中国化"，或者叫"奥林匹克与中国的实际相结合的意义""中国奥林匹克现象的历史意义"等，让奥林匹克更好地为中国服务，为中国人民服务，同时为构建人类命运共同体服务。

四、从"双奥之城"到"全奥之国"

我在《京张冬奥发展报告 2016》中曾提出了"大满贯"（"全奥之国"）和"准大满贯"的概念。

北京冬奥会不仅实现了北京的"双奥之城"，同时也使中国成为世界上少数的几个"双奥国家"之一，并且实现了中国举办奥运会的"准大满贯"，离"大满贯"（"全奥之国"）只差一小步。下面具体分析：

我曾在文中做了统计，目前世界上共有 6 个奥运会：奥运会、残奥会、冬奥会、冬残奥会、青奥会、冬青奥会。我国已举办了其中的 5 个，只剩 1 个冬青奥会还没办过。现在，冬奥会我们已经办过了，办冬青奥会肯定是没问题的，我们离"全奥之国"只剩下这一小步，所以，可以称为"准大满贯"。这里可以预测一下，如果我们能承办 2028 年冬青奥会（现在申办还来得及，哈尔滨、北京等都有条件申办），就可以实现中国举办奥运会的"大满贯"，中国就可以成为世界上第一个举办过所有奥运会的"全奥之国"。

迄今为止，世界上既举办过夏奥会又举办过冬奥会的国家只有 8 个，既举办过夏奥会又举办过冬奥会的城市只有中国的北京。另外，中国还举办了 2014 年南京青奥会。所以，中国是最有条件第一个实现"大满贯"，成为"全奥之国"的国家。

既举办过夏季奥运会又举办过冬季奥运会的国家：

1. 法国：1900、1924 年夏奥会，1924、1968、1992 年冬奥会，共 5 次

2. 美国：1904、1932、1984、1996 年夏奥会，1932、1960、1980、2002 年冬奥会，共 8 次

3. 德国：1936、1972 年夏奥会，1936 年冬奥会，共 3 次

4. 意大利：1960 年夏奥会，1956、2006 年冬奥会，共 3 次

5. 日本：1964、2020 年夏奥会，1972、1998 年冬奥会，共 4 次

6. 加拿大：1976 年夏奥会，1988、2010 年冬奥会，共 3 次

7. 韩国：1988 年夏奥会，2018 年冬奥会，共 2 次

8. 中国：2008 年夏奥会，2022 年冬奥会，共 2 次

中国已举办过的奥运会：

北京 2008 年奥运会

北京 2008 年残奥会

南京 2014 年青奥会

北京 2022 年冬奥会

北京 2022 年冬残奥会

举办过和即将举办夏季青年奥林匹克运动会的国家：

新加坡（2010）亚洲

中国（南京 2014）亚洲

阿根廷（布宜诺斯艾利斯 2018）南美洲

塞内加尔（达喀尔 2022）非洲

举办过和即将举办冬季青年奥林匹克运动会的国家：

奥地利（因斯布鲁克 2012）欧洲

挪威（利勒哈默尔 2016）欧洲

瑞士（洛桑 2020）欧洲

韩国（江原道 2024）亚洲

可以说，目前我们已实现了举办奥运会的"两个唯一"：北京是唯一的"双奥城市"；中国是唯一的"准大满贯国家"。这"两个唯一"已经引起世界舆论的关注。虽然现代奥运会已经有 120 多年的历史，并且大部分是在欧美国家举办，但至今除了中国外，还没有一个国家和城市实现这"两个唯一"。在这一点上，中国胜过了举办奥运会最多的欧美国家。中国对国际奥林匹克运动和世界文明作出了重要贡献，中国已经站在了世界奥林匹克运动的前沿。中国如果能早日实现"大满贯"，成为"全奥之国"，必将对世界奥林匹克运动起到更大的推动作用，对人类和平作出更大的贡献。

所以，我建议：

1. 鼓励有条件的城市申办奥运会（包括夏奥会、冬奥会和青奥会）。继续利用奥林匹克的大舞台为国家和城市的发展服务。当今世界，举办奥运会对于城市建设和社会发展的促进作用是其他形式不可比拟的。目前我国已有多个城市具备条件并有申办奥运会的积极性，国家应给予鼓励和支持。

2. 建议尽快实现"全奥之国"。鼓励、支持哈尔滨或北京（携手张家口）、长春等申办 2028 年冬青奥会（如果未成功，就继续申办下一届）。我们已经举办过北京 2022 年冬奥会、哈尔滨 2010 年世界大学生冬季运动会，所以，举办冬青奥会对我们来说，不存在太大困难，是一个有利的大好事。

结束语

中国"双奥"的意义是深远的，中国奥林匹克现象源于体育，但其意义远远超出体育。中国奥林匹克现象是一个伟大时代孕育出来的一个特殊的伟大现象，是我们当代中国人需要认真研究、探讨的一个大课题。它的许多宝贵经验，都充分体现了中国人的伟大智慧和中华文化的博大精深，都是中华文化的宝贵财富。这些丰硕成果和经验以及优秀的思想观念、科学的方法论等，为全社会提供了丰富的、有价值的借鉴。

我们正置身于一个伟大的时代，正在经历着一段特殊的、充满挑战与希望的历史，这是一段值得大书特书的历史。

"双奥之城"的历史意蕴、时代使命及未来愿景

易剑东[*]

　　如果从 1892 年 11 月 25 日皮埃尔·德·顾拜旦在法国巴黎索邦大学发表《奥林匹克宣言》算起,现代国际奥林匹克运动的历史已经 130 年了。在曲折艰辛而波澜壮阔的历程中,国际奥林匹克运动在国际奥委会、国际单项体育组织和国家(地区)奥委会这三大支柱的同舟共济中,成功举办了 29 届夏奥会、24 届冬奥会、3 届青奥会、3 届冬青奥会。在总共 59 届国际奥委会主持的奥林匹克赛事中,分别产生了 24 个夏奥会和 21 个冬奥会主办城市,伦敦举办了 3 届奥运会,雅典、洛杉矶、巴黎、东京举办了 2 届奥运会,巴黎和洛杉矶还将在 2024 年、2028 年第 3 次承办奥运会,而圣莫里茨、普莱西德湖、因斯布鲁克 3 座城市则各自举办了 2 届冬奥会,因斯布鲁克还承办过 2012 年第一届冬青奥会。而北京则成为现代奥林匹克运动历史上第一个"双奥之城"——继 2008 年夏奥会之后成功举办 2022 年冬奥会。

一、北京成为首个"双奥之城"的历史意蕴

　　国际奥委会主席巴赫在 2022 年 2 月 3 日的国际奥委会 139 次全会上说:"从明天开始,北京将正式成为第一个举办夏季和冬季奥运会的城市。今天,我们可以说:中国是一个冬季体育之国。"在北京冬奥会闭幕式上,巴

---

　　*　易剑东,温州大学体育与健康学院教授,北京 2022 年冬奥申委总体策划部及法律事务部副部长。

赫赞叹道："这是一届真正无与伦比的冬奥会，我们欢迎中国成为冰雪运动之国。"国际奥委会官方网站赫然列出"Beijing 2022 builds on Beijing 2008"（北京2022年冬奥会建基于北京2008年夏奥会）这样的文章标题。

其实，有两座城市也存在成为历史上第一个"双奥之城"的可能性。举办过1972年夏奥会的德国慕尼黑市在2009—2011年申办了2018年冬奥会，最后是韩国的平昌胜出。在2013年，也有媒体传出慕尼黑有意申办2022年冬奥会的新闻，但最终该城市没有被德国奥委会向国际奥委会推荐。曾经主办过1912年第5届夏奥会的瑞典城市斯德哥尔摩，出现在2013年11月3日被国际奥委会接纳的2022年冬奥会6个申请城市名单中，但该城市在2014年3月没有提交申请报告（applicant file），提前退出了申办竞争。

国际奥委会在2019年6月26日将《奥林匹克宪章》中原来习惯称谓的"主办城市"（Host City）修改为"主办地"（Host），2026年冬奥会的会徽上出现了米兰和科蒂纳两座城市，原先的《主办城市合同》（Host City Contract）也变成了《奥林匹克主办地合同》（Olympic Host Contract）。今后，奥运会和冬奥会出现一国多城乃至跨国举办的可能性增加，再加上举办冬奥会对山地和城市交通的严格要求，"双奥之城"很难被复制。

北京这个"双奥之城"的历史荣耀还可以在诸多层面得以体现。例如：北京是最短时间内两次分别主办奥运会和冬奥会的城市，仅间隔14年；北京是第一个成为"双奥之城"的首都；北京是承办奥运会和冬奥会时人口最多的城市；北京是申办和承办奥运会期间GDP增长率最高的城市；北京2008年奥运会开创了一个组委会组织奥运会和残奥会的先例；北京是第一个主办夏奥会和冬奥会都获得国际奥委会主席同样"无与伦比"（truly exceptional）赞誉的城市……

同时，北京2008年成为亚洲第3个夏奥会主办城市，2022年成为亚洲第4个冬奥会主办城市。无论前者还是后者，都使得亚洲在奥林匹克版图上的地位提升。韩国平昌在申办2018年冬奥会的报告中就提出促进东亚15亿人认识和了解冬季体育，北京2022年冬奥会在平昌2018年冬奥会和东京2020年奥运会之后举办，更使东亚成为世界奥林匹克赛事的热点区域，使亚洲成为继欧洲和北美之后世界冬季运动发展的第3个新极点，为世界范围内冬季运动的普及与传播开辟了一个崭新的空间。

自 1980 年冬奥会以来，夏奥会和冬奥会总共举办了 23 届，已经确定举办城市的有 4 届，主办国在申办年的 GDP 排名总体上居于世界前 15 名的有 23 届，只有南斯拉夫、韩国、挪威、希腊是 GDP 世界排名在 16 名以后的主办国（其中夏奥会和冬奥会各 2 届），前者占比 85%，后者占比 15%，一定意义上说明夏奥会与冬奥会主要是经济实力较强国家愿意也可以承接和承受的。2017 年，渥太华大学两位学者运用最小二乘法对 1967—2015 年共 48 年间举办夏奥会和冬奥会的 17 个国家（澳大利亚、奥地利、巴西、加拿大、中国、西班牙、法国、德国、希腊、意大利、日本、墨西哥、挪威、俄罗斯、韩国、英国、美国）的人均 GDP 线性趋势进行了详细统计，得出的基本结论是：总体上看，9 年夏季和冬季奥运会的赛事申办和筹备期和后续 5 年的积极和消极效应基本被抵消，只有发展中国家办奥运会的积极效应比较明显。这里最典型的代表显然是中国，北京 2008 年奥运会的积极后效应是鲜有的。2021 年，拉脱维亚维尔纽斯大学的一位学者发表论文，研究了 1972—2014 年的 12 届冬奥会对主办国人均 GDP 的影响，结论依然不令人乐观：举办冬奥会对举办国人均 GDP 没有额外的长期影响。第一个在《奥林匹克 2020 议程》全面指导下举办的北京 2022 年冬奥会，应属于该文没有讨论的例外和特殊的冬奥会积极效应的典范。

迄今为止，近 40 年来在世界 GDP 排名前 7 位的国家均举办过夏奥会或冬奥会，而在 23 个已经举办夏奥会和冬奥会的城市里，实现所在国家 GDP 世界排名上升的只有 6 个，排名不变的有 10 个，下降的有 7 个，看不出明显的正负效应（见表 1）。而 2026 年冬奥会与 2024 年、2028 年和 2032 年夏奥会这 4 个主办国能否实现举办年 GDP 世界排名不变或提升，依然存有变数。法国 2021 年 GDP 世界第 7 位的排名不大可能在 2024 年发生变化，但美国的 GDP 在 2028 年是否被中国超越，意大利、澳大利亚能否在 2026 年、2032 年分别保持 GDP 世界排名第 8、13 的位次，依然存疑。特别值得一提的是，北京在承办奥运会的 7 年间，GDP 的世界排名从第 6 跃迁到第 3，也是世界主要经济体中绝无仅有的，是近 20 年中奥林匹克运动与主办国家长期共赢、合作发展的显著标志。数据还表明，中国在 2001、2008、2015、2021 年的 GDP 分别达到 1.34、4.59、11.06、17.73 万亿美元，在北京 2008 年夏奥会筹备的 7 年周期增长 2.43 倍，在 2022 年冬奥会筹备的 6 年中增长 60.3%。同样周期内中国 GDP 的世界占比由 4% 增长到 18%，夏奥会筹备期 7 年增长 80.1%，冬奥会筹备 6 年增长 22.2%，都创造了近 40 年来的世界第一。

表 1　1980 年以来历届夏奥会和冬奥会主办城市与国家 GDP 的世界排名情况

序号	夏奥会 / 冬奥会	主办城市	申办成功当年国家 GDP 世界排名	举办当年国家 GDP 世界排名	变化情况
1	1980 年冬奥会	普莱西德湖	1（1974）	1	0
2	1980 年夏奥会	莫斯科	2（1974）	3	−1
3	1984 年冬奥会	萨拉热窝	24（1978）	24	0
4	1984 年夏奥会	洛杉矶	1（1978）	1	0
5	1988 年冬奥会	卡尔加里	7（1982）	8	−1
6	1988 年夏奥会	汉城	23（1982）	17	+6
7	1992 年冬奥会	阿尔贝维尔	4（1986）	4	0
8	1992 年夏奥会	巴塞罗那	10（1986）	7	+3
9	1994 年冬奥会	利勒哈默尔	25（1988）	29	−4
10	1996 年夏奥会	亚特兰大	1（1997）	1	0
11	1998 年冬奥会	长野	2（1991）	2	0
12	2000 年夏奥会	悉尼	15（1993）	15	0
13	2002 年冬奥会	盐湖城	1（1995）	1	0
14	2004 年夏奥会	雅典	32（1997）	28	+4
15	2006 年冬奥会	都灵	6（1999）	7	−1
16	2008 年夏奥会	北京	6（2001）	3	+3
17	2010 年冬奥会	温哥华	9（2003）	10	−1
18	2012 年夏奥会	伦敦	4（2005）	5	−1
19	2014 年冬奥会	索契	11（2007）	9	+2
20	2016 年夏奥会	里约热内卢	8（2009）	9	−1
21	2018 年冬奥会	平昌	14（2011）	11	+3
22	2020 年夏奥会	东京	3（2013）	3	0
23	2022 年冬奥会	北京	2（2015）	2	0
24	2024 年夏奥会	巴黎	7（2017）		
25	2026 年冬奥会	米兰 - 科蒂纳	8（2019）		
26	2028 年夏奥会	洛杉矶	1（2017）		
27	2032 年夏奥会	布里斯班	13（2021）		

注：（1）根据互联网奥运会相关资料信息统计整理。（2）括号中数字为申办成功的年份。

　　"双奥之城"的特殊历史意义还在于，北京 2022 年冬奥会沿用了北京 2008 年夏奥会留存的大量场馆遗产，北京赛区的竞赛场馆仅新建了国家速滑馆和首钢滑雪大跳台两个场馆，前者是 2008 年奥运会临时场馆——曲棍球场预留的土地，后者是首都钢铁厂产业转型的标志性冬季体育场馆。北京 2022 年冬奥会使用了 6 个 2008 年的奥运场馆，同时一些 2008 年时的城市基础设施等也被再次利用。例如：国家体育场"鸟巢"作为 2022 年冬奥会和冬残奥会开闭幕式场地使用；"水立方"（国家游泳中心）在冬奥会时变成"冰立方"，成为冰壶和轮椅冰壶的比赛场地；国家体育馆和五棵松体育馆在冬奥会时承接冰球比赛；2008 年奥运会时作为排球比赛场馆的首都体育馆在 2022 年成为短道速滑和花样滑冰场馆。北京冬奥村、主媒体中心等所使用的土地也是在 2008 年时预留出来的。地铁 8 号线和 10 号线，以及相应的变配电设施、自来水厂等，这些 2008 年使用过的设施也为北京 2022 年冬奥会提供了有效保障。

　　由于夏奥会和冬奥会间隔时间只有 14 年，更由于北京冬奥组委对国际奥委会的遗产和可持续战略的高度重视、积极践行，虽然夏奥会和冬奥会差异很大，但北京 2022 年冬奥会对北京 2008 年场馆极高的再度利用率，甚至超过了部分承办夏奥会和冬奥会两次以上的城市。同时，延庆赛区的新建场馆做好了赛后利用的规划，张家口赛区的竞赛场馆是在 20 多年滑雪产业发展基础上完成的，后续的再利用也不成问题。

　　近 30 年来，世界上还没有一个奥林匹克的主体育场区域能够在赛后实现持续盈利，亚特兰大、悉尼、伦敦都没实现，雅典和里约更是被报道出一系列烂尾或"白象"现象，因疫情被迫推迟一个日历年举办的东京奥运会的赛后遗产利用早已被高成本投入弄得狼狈不堪。北京 2008 年奥运会主要场馆——鸟巢、水立方虽然每年的运营成本较高，但奥运会结束以来总体处于盈利状态，2018 年鸟巢营收达 2.68 亿元，水立方营收达 1.24 亿元。

二、"双奥之城"的时代使命

　　北京 2022 年冬奥会获得了包括国际奥委会在内的国际社会的高度赞誉，其中也蕴含着国际社会对北京这座"双奥之城"寄予的无限期望。原因很简单，在北京申办 2022 年冬奥会之初，共有 5 个竞争对手，最终只有阿拉木图坚持到最后。一些退出的城市不堪全民公投和财务压力，对国际奥委会提出了质疑甚至批评，随后的 2024 年奥运会申办也只有巴黎和洛杉矶参与，这也促使国际奥委会相继推出《奥林匹克 2020 议程》《奥林匹克 2020 议程：新规范》《奥林匹克 2020+5 议程》。一方面是给申办和主办城市降低成本、简化程序、增强自主性和增加灵活性，另一方面显然也要让国际社会看到赛后遗产传承和主办地可持续发展的切实成果。用国际奥委会《2022 年冬奥会申办程序和问题答卷》中所说的，要"确定该愿景与城市 / 地区长期规划的契合度""申办和举办奥运会应给城市留下有益的遗产"。《奥林匹克 2020 议程》是 2014 年 11 月国际奥委会第 127 次特别全会正式发布的，此前就有一个全世界范围内征集意见的过程，北京申办、筹办 2022 年冬奥会的全过程就践行和彰显国际奥委会的这一改革精神。在申办阶段北京就提出以运动员为中心、可持续发展和节俭办赛三大理念，契合《奥林匹克 2020 议程》的三大主题：可持续、公信力、青少年。北京申办成功以后，2015 年 11 月，习近平总书记提出"绿色、共享、开放、廉洁"四大办奥理念；2017 年 1 月，习近平总书记深入张家口赛区实地考察，作出"努力交出冬奥会筹办和本地发展两份优异答卷"的指示；2021 年 1 月，习近平总书记提出了"简约、安全、精彩"的办赛要求。

北京成为"双奥之城"的时代意义可以在下列 3 个方面得到充分体现。

1. 为国际奥林匹克运动的健康发展提供信心和经验

索契 2014 年冬奥会被国际媒体传出花费 510 亿美元的新闻后，在国际社会引发了巨大反响，间接导致了几个 2022 年冬奥会申办城市退出。国际奥委会官方在《奥林匹克 2020 议程》的第 21 条，就建议要提高向国际社会输出强力主张的能力。可以说，在夏奥会和冬奥会遗产与可持续发展方面缺乏面向国际社会的有效主张和有力实践，在某种程度上造成国际社会对夏奥会、冬奥会等赛事存有忌惮之心。事实上，索契冬奥会之后的遗产传承和可持续发展是有旅游和体育等方面的大量积极效应和切实成果的，可惜没能在国际媒体得到广泛传播和公众理解。

北京 2022 年冬奥会不仅在理念上始终追求奥林匹克运动与主办城市、国家的长期共赢和共同发展，而且按照《奥林匹克 2020 议程》第 4 条和第 5 条全方位和全过程贯彻落实可持续发展理念的精神持续发力、多方协力，将冬奥会筹办实践与京津冀协同发展国家战略紧密联系起来，使国际社会看到了奥林匹克运动在中国健康发展的鲜活的样态，从而为奥林匹克运动的健康发展贡献了成果和经验，使利益相关者增强了信心，看到了希望。

经济指标是人们关注奥运会影响的关键因素，近年来的相关数据说明：夏奥会与冬奥会对 GDP 的贡献和资本投资的增长效应都是积极和正向的（见表 2、表 3）。

表 2　奥运会对 GDP 的贡献率

举办年份	举办国家	举办城市	对举办城市 GDP 的贡献率 /%
1988	韩国	汉城	1.4
1992	西班牙	巴塞罗那	2.9
1996	美国	亚特兰大	0.07
2000	澳大利亚	悉尼	1.0
2008	中国	北京	0.3
2012	英国	伦敦	1.7
2014	俄罗斯	索契	0.83
2016	巴西	里约热内卢	2.1

注：根据互联网奥运会相关资料信息统计整理。

表 3　2000—2020 年奥运申办城市资本投资预算提案

	主办年份（申办年份）	申办城市数	平均资金投入	平均资金投入（不含交通基建）
夏季奥运会	2000（1993）	7	4120.86	1449.47
	2004（1997）	11	6509.75	2674.07
	2008（2001）	5	15702.33	3158.76
	2012（2005）	8	8412.67	3224.83
	2016（2009）	7	8003.83	2667.69
	2020（2013）	5	19510.20	4604.24
	小　计	43	9298.74	2856.94
冬季奥运会	2002（1995）	9	949.51	676.13
	2006（1999）	6	2094.41	823.55
	2010（2003）	5	3036.89	915.16
	2014（2007）	7	6041.17	1327.53
	2018（2011）	3	3682.74	1677.02
	小　计	30	2987.17	943.66
	总　计	73	6705.16	2070.66

注：（1）根据奥林匹克博物馆、各奥申委资料信息统计整理。（2）夏季奥运会小计＝（每届的平均数 × 每届申办城市数）相加总和 /43；冬季奥运会小计＝（每届的平均数 × 每届申办城市数）相加总和 /30；总计＝（包括夏、冬奥会每届的平均数 × 每届申办城市数）相加总和 /73。（3）表中资金的单位为百万美元。

城市更新和场馆利用，是奥运会这类综合性国际大型赛事最具直观效应的关键领域。大型体育场馆一度被人们称为"时装模特"，奥运会等大型赛事被称为国际化城市的"成年礼"。即便是那些申办夏奥会或冬奥会不成功的城市，由于提前规划和两年左右的申办期间的努力，也可能带来一些额外的遗产，一项对 2000—2020 年间 80 个申办城市的研究就揭示了这一点。

表 4　高频次申办奥运城市的体育场馆建设投资情况

城　市	申办年份	投资均额	体育场馆投资
伊斯坦布尔	2000，2004，2008，2012，2028	1374.02	222.75 依照《2012 年土耳其全国体育计划》，土耳其房屋发展局在 2013—2019 年追加投资 10.03 亿元，该投资已经获得批准
马德里	2012，2016，2028	1195.93	784.52 马德里 2020 年奥申委的申办报告中强调，80% 的奥运场馆在之前奥运申办时已经建成
平昌	2010，2014，2018	543.95	271.67 平昌已经获得 2018 年冬奥会的举办权，96212 万美元的资金已经投入奥运选手村和媒体中心的建设。此外，55031 万美元的奥运场馆和场地维护整修资金也已经获得批准
里约热内卢	2004，2012，2016	892.03	245.02 为准备 2007 年泛美运动会，马拉卡纳体育场获得 17144 万美元来进行升级；为准备 2014 年世界杯赛，该体育场以及其他 4 个奥运场馆获得了 2742 万美元的财政资金，此外，还收到 2048 万美元用于 2016 年夏季奥运会

注：（1）根据各城市申办报告、历史卫星图像以及新闻和媒体公布的信息资料统计整理。（2）表中资金的单位为百万美元。

此外，国际奥委会还专门出台《可持续的品牌和标识材料采购指南》，对设计选择和采购规范提出了非常细化的标准，这是对可持续发展理念的具体化要求，对衡量和评价奥运会的可持续管理实践具有重要意义。

对城市更新与赛后场馆利用，中国目前呈现出的治理模式大体有以下几点：第一，明晰赛事场馆使用责权利和赛后利用的细则，如华润集体运营的深圳大运会场馆；第二，综合场馆自身特点探索运营方式的多维创新，如鸟巢包厢的运作；第三，利用场馆多元功能，致力于体育服务综合体运营，如五棵松体育中心盘活的周边相关产业；第四，以提升效率为本，谋求四季运营的可持续模式，如张家口冬奥场馆的夏季运营实践；第五，组建体育场馆联盟，促进区域协同发展，如山西青运会场馆在全省的布局；第六，嵌入城市精神和体育元素，构筑体育文化交互平台，如奥林匹克森林公园的运营。

表 5　北京举办国际大型综合性体育赛事场馆建设数量（京内）

赛事名称	比赛场馆	新建场馆	改扩建场馆	临建赛场
1990 年亚运会	33	19	13	0
2001 年世界大学生运动会	30	7	23	0
2008 年奥运会	31	12	11	8
2008 年世界智力运动会	1	0	0	0
2010 年世界武博运动会	4	0	0	0

注：根据北京市体育局公布数据和中国奥委会官方网站相关资料统计整理。

表 6　2008 年北京奥运会新建比赛场馆投融资信息

运行机制	新建场馆	资金投入/亿元	投资方式	管理部门
事业型	老山自行车馆	2.6	国家财政投资	国家体育总局自行车运动管理中心
	北京射击馆	4.6	国家财政投资	国家体育总局射击射箭运动管理中心
	中国农业大学体育馆	1.8	政府 + 自筹	中国农业大学
	北京大学体育馆	2.66	政府 + 自筹	北京大学
	北京科技大学体育馆	2.2	政府 + 自筹	北京科技大学
	北京工业大学体育馆	1.5	政府 + 自筹	北京工业大学
事业型 + 企业型	国家体育场	35.96	政府 + 企业	国家体育场公司
	国家体育馆	8.5	政府 + 企业	国奥投资发展有限公司
	国家游泳中心	11.18	华侨捐款	北京水立方有限责任公司
	顺义奥林匹克水上公园	4.5	政府 + 企业	北京顺义水上公园投资发展中心
企业型	五棵松体育馆	12	企业	华熙国际投资集团有限公司

注：根据北京市体育局公布数据和中国奥委会官方网站相关资料统计整理。

2. 为中国更多城市提供国际赛事举办的样板和模式

自 1896 年雅典主办第一届奥运会以来，目前已经举办、正在筹办和已经确定举办夏奥会、冬奥会、青奥会、冬青奥会的城市共有 50 个（含 2024 年平昌冬青奥会、2026 年喀布尔青奥会、2026 年米兰－科蒂纳冬奥会、2032 年布里斯班夏奥会）。2002 年 12 月在国际奥委会的支持下成立的世界奥林匹克城市联盟（The World Union of Olympic Cities）目前有 40 个城市是正式成员（含韩国釜山、美国丹佛、荷兰鹿特丹 3 个没有办过奥运会的城市），其中包括我国的北京、南京、青岛、秦皇岛。北京和南京作为奥运会、青奥会主办城市入选，而青岛和秦皇岛则以北京 2008 年奥运会帆船和足球举办城市的资格而进入。

总部位于英国伦敦温布尔镇附近的一家国际知名体育智库性质的公司 Sportcal 近年来每年发布世界体育城市和国家指数报告，将国际单项体育组织和其余相关国际体育组织旗下的赛事分别赋值，计算承办赛事的城市和国家的综合分数，中国在最新的 2019 年世界体育赛事国家的排行榜中首次位列第一。这背后展现的是中国多个城市已经或即将举办、承办世界体育赛事的现实场景：浙江杭州将举办亚运会，四川成都、福建晋江将分别举办世界大学生运动会、世界中学生运动会。显然，这也是中国众多城市进行产业升级乃至城市能级提升的契机，同时由于缺乏足够的国际赛事举办经验，要想赛事成功所面临的挑战也不小。

从目前看，北京 2008 年夏奥会和 2022 年冬奥会都获得了时任国际奥委会主席 "无与伦比" 的评价。国际上对 "truly exceptional" 的理解虽然也含有 "无与伦比" 的意味，但该词还包含着不易模仿乃至难以复制的意味。而对同属于中国的其他城市举办的国际大型赛事而言，这种 "双奥之城" 办赛经验的借鉴乃至复制则不会有制度性障碍或体制机制掣肘。

笔者以为，北京 2008 年夏奥会和 2022 年冬奥会成功举办为国内其他城市举办国际大型赛事提供的经验，大体包括以下几个方面。

第一，充分体现党中央的办赛理念。北京冬奥组委落实了习近平总书记提出的 "绿色办奥，共享办奥，开放办奥，廉洁办奥" 的理念，以及疫情条件下 "简约、安全、精彩" 的办奥要求。"绿色办奥" 理念指导下始终使用绿色能源，降低能耗，减少对自然环境的影响，并且用碳中和的理念指导整个冬奥会。"共享办奥"是通过办奥惠民生，让更多的社会阶层和民众融入冬奥会筹办过程当中来。"开放办奥"的重要体现是聘请了很多国际组织和相关机构的专业人士加入，冬奥会相关项目面向社会公开招投标。"廉洁办奥"采用了节俭的方式，物资品类70%是租赁的，能借不租，能租不买，极大节约了办赛经费，使得北京冬奥会的办赛成本得到有效控制。在安全方面，疫情条件下和国际奥委会及相关组织多次磋商后制定防疫手册，尽可能减少涉奥相关人员规模，通过闭环管理保障了冬奥会的安全。通过对赛事场馆设施的精心建设和精细管理，测试活动的高效组织，使得冬奥会的场地设施一流、服务一流，相关的住宿、交通和餐饮等服务保障都赢得了国际奥委会和相关国际组织的认可，参赛运动员的满意度也非常高。

第二，加强与国际组织的默契配合。北京冬奥组委在2015年12月31日成立以后，与国际奥委会、国际单项体育联合会以及国际奥委会北京冬奥会协调委员会一直高度配合，即便是在疫情期间，也坚持进行多次线上会议。整个筹办过程充分展示了中国与国际体育组织的合作共赢态度。

第三，保障各地各级政府组织效能。奥运会的筹备过程当中，北京市、河北省、张家口市、延庆区各级政府组织体系严密，在主席、执行主席和相关机构的协作配合下，三个赛区之间达到了同样的办赛标准和办赛水平，使得整个赛事有条不紊地运行。

第四，尽量利用既往办赛相关资源。北京2022年冬奥会较好地传承了北京2008年夏奥会的管理经验，特别是高度重视国际奥委会信息和知识管理库办赛知识的传输和内部分享，还有半数左右的冬奥组委工作人员有2008年夏奥会的工作经历，涌现出一批敢担当、善管理的优秀办赛人员，体现了中国承办国际综合性体育赛事的丰富经验和较高水准。

第五，高度重视属地和部门的配合。国家体育总局、中国奥委会、中国残联以及相关地方政府部门，在筹办冬奥会的过程当中，无论是干部的选配，专业人员的任用，还是资源的协调方面，都做得比较到位，保障了赛事的顺畅运行。

3. 为奥运遗产的规划与传承树立卓越的标杆和范式

北京2022年冬奥会申办与京津冀协同发展国家战略出台几乎是同步的。我国2013年11月确定申办2022年冬奥会后的3个月，即2014年2月，就提出了这一国家战略，致力于在环境、交通、产业、公共服务等领域实现京津冀协同发展。在申办过程中，又提出了京张体育文化旅游带建设的设想。在 2020—2021 雪季，我国冰雪旅游收入超过 3900 亿元，截至 2021 年 6 月 21 日，张家口的 12 个区县实现脱贫，包括 1970 个村庄的 93.9 万村民。

北京 2022 年冬奥会开幕前，文化和旅游部、国家发展改革委、国家体育总局联合印发了《京张体育文化旅游带建设规划》，将申办阶段的京张体育文化旅游带设想直接纳入战略规划，规划范围超出冬奥会场馆所在区域，扩展到北京市 7 个市辖区和张家口市 10 个区（县），辐射北京市和张家口市全域范围。这个代表着北京冬奥会遗产传承和可持续发展的核心规划包含一系列具体的目标：注重奥运场馆赛后利用，推进奥运场馆综合利用和低碳运行，努力塑造奥运场馆赛后利用国际典范；加快体育文化旅游融合发展，建设国际冰雪运动与休闲旅游胜地；创建全民健身公共服务体系建设示范区，打造体育文化旅游融合发展样板。

北京 2008 年奥运会筹办期间，国际奥委会要求组委会在赛后提交"奥运会影响"报告，北京申办 2022 年冬奥会期间乃至北京冬奥组委成立之初，国际奥委会依然希望推行"冬奥会影响"报告，包含经济、文化、生态 3 个领域。2013 年，国际奥委会推出《奥林匹克遗产》指南，将奥运会的遗产分为体育、社会、环境、城市、经济 5 类。2019 年 2 月 19 日，北京 2022 年冬奥会和冬残奥会组委会举行了遗产战略计划新闻发布会，确定从体育、经济、社会、文化、环境、城市发展和区域发展 7 个方面留下丰厚遗产，远远超出以往的 3 个领域，要求更加全面，而且不仅需要赛后提交遗产报告，筹办阶段就需要提交遗产报告。随后，主要由北京体育大学组织编撰的《北京 2022 年冬奥会和冬残奥会遗产报告（2020）》《北京 2022 年冬奥会和冬残奥会遗产报告集（2022）》《北京 2022 年冬奥会和冬残奥会遗产案例报告集（2022）》中文版和国际版相继公开发布，全面展示了北京冬奥会和冬残奥会遗产传承的亮点成果。可以说，全过程和全方位地规划和传承了奥林匹克遗产，是北京 2022 年冬奥会留给国际奥林匹克运动的卓越标杆和独特范式。

三、中国如何树立奥林匹克运动与主办城市共赢发展的典范

1. 城市和区域发展遗产

何振梁先生曾言及，北京申办 2000 年奥运会失利以后谋求申办 2008 年奥运会时，他曾私下和部分国际奥委会委员沟通，多数意见是最好由北京而非其他城市再次申办。而中国有意申办 2022 年冬奥会时，国际奥委会部分委员的建议依然是由北京而非其他城市申办。当然，需要在邻近区域寻找一个雪上赛区。笔者在参与撰写北京 2022 年申办报告的过程中，也从不同渠道得到类似信息，中国决定申办 2022 年冬奥会时的基本设想就是：北京承办冰上项目赛事，延庆区以高山滑雪和雪车雪橇项目为主，张家口崇礼区（最初申办时为崇礼县）承办其余雪上项目。值得一提的是，张家口处于京张交通线上的 10 个区县都属于贫困（区）县，但崇礼早在 1996 年就建成第一家雪场，逐渐成为华北滑雪产业的高地。可以说，张家口崇礼区利用地理和气候特点等打造的滑雪产业，为北京携手张家口申办 2022 年冬奥会做了难得的准备。北京 2022 年冬奥会是北京奥运经验和张家口滑雪产业的一次完美组合。在北京携手张家口申办 2022 年冬奥会的过程中，始终把激活北京城市活力和对延庆、张家口经济社会发展的带动作为重要使命。2014 年就提出的京张体育文化旅游带设想和 2022 年 1 月 29 日推出的京张体育文化旅游带建设规划，都鲜明体现出拉动京张沿线区域发展的理念。2014 年 2 月提出的京津冀协同发展国家战略，从环境、交通、产业、公共服务等多领域协同发展着力，2019 年 12 月开通京张高铁，就是带动京张沿线经济社会发展的实际举措。而 2019 年国际奥委会和北京冬奥组委推出的北京冬奥会和冬残奥会遗产战略中 7 个方面的内容就专门有城市、区域发展这 2 个方面，《北京 2022 年冬奥会遗产报告（2020）》中指出京张高铁和京礼高速以及三大赛区的交通设施完善，为赛后京张沿线的发展留下了宝贵遗产。而伴随着冬奥会筹办带动区域餐饮酒店服务体系建设、促进京张医疗服务协同发展、提升水电气热保障能力，均是提升区域公共服务水平的应有之义。在首钢园成为新时代首都城市复兴新地标的同时，延庆和张家口生态扶贫富民、提升基础设施水平、壮大体育就业和相关产业等，都是切实的冬奥遗产和直

接效益。

特别值得一提的是，习近平总书记 2014 年 2 月在索契冬奥会期间对国际奥委会主席巴赫说："在中国，冰雪运动不进山海关，如果冰雪项目能在关内推广，预计可以在两三亿人中带动更多人参与，由此点燃中国冰雪运动的火炬。"这里蕴含的举办 2022 年冬奥会的影响范围显然不仅是北京和张家口，而是整个山海关内。从 2013 年申办冬奥会至今，中国的冰雪产业已经遍布全国，所有 31 个省市区都有冰场或雪场，全国的雪场数量在 2020 年底就超过 800 个，同期我国的室内滑雪场数量多达 36 个，居世界第一。这种申办和筹办共 9 年时间内实现的冰雪产业大跃迁，是国际奥林匹克运动历史上前所未有的，巴赫认为，北京冬奥会将成为世界冰雪运动发展的里程碑。世界冰雪运动的历史可以划分为北京冬奥会之前和北京冬奥会之后。北京冬奥会期间，不少国际冬季项目单项联合会主席表示，未来的冰雪项目世界锦标赛、世界杯都可以在北京冬奥会的场馆举办。随着体育场馆再利用、国际冰雪赛事再举办、京张体育文化旅游带的全面激活，全国范围内的冰雪产业都将获得持续不断的积极收益和显著成果。

2. 北京奥运遗产 30 年传承期

北京 2008 年奥运会结束以后的 2010 年 1 月，国际奥委会协调委员会针对北京奥运会的最终报告提出：奥运会组织者应该有规划长期遗产的理念，思考遗产传承的时间可以达到 30 年，而不是奥运会结束以后的短期内。

按照传统的奥运会申办、举办和提交总结报告的规则，一届奥运会的运营时段大约是 10 年，包括 2 年左右申办、7 年左右筹办、1 年左右总结（随后解散奥组委），这在国际奥委会为指导北京申办 2022 年冬奥会推出的"奥运赛事惯例整合路线图"中就可看出。

从目前看，国际奥委会改变了申办奥运会的规则，可能使这个周期延长或者缩短，目前已确定的几个奥运会举办城市中，2028 年奥运会主办城市洛杉矶、2032 年奥运会主办城市布里斯班，分别在 2017 年、2021 年获得举办权，筹办期长达 11 年。长期以来，国际奥林匹克研究的惯例通常将城市举办奥运会的影响时间定位在筹办的 7 年间，如多数奥运经济影响就属此类。也有少数研究涉及申办的 2 年，还有些研究会在奥运会结束以后的 5 年左右采集数据和信息展开其影响研究。当然，大众媒体的相关报道和一些专题著作还可能将奥运会的影响时长拓展到几十年。

从国际奥委会近年来给申办奥运会、冬奥会城市提供的答卷中可以看出，谋求奥林匹克运动与主办城市、国家的长期共赢已经成为稳定的理念，对遗产和可持续发展的强调也日益显著。目前这些每两年更新一次的答卷中，体现出的是国际奥委会与时俱进的奥运会影响的理念，但没有发现其中提及具体的影响时限。一般来说，要求申办城市回答的 10 多个主题中，第一个主题就是"愿景、遗产和公众参与"。该主题会要求申办城市在申办报告中回答为什么申办以及奥运会愿景如何顺应申办城市和区域的长期发展规划。与此同时，国际奥委会还会为申办城市提供一些文本，帮助申办城市做好应答。2013 年推出的《奥林匹克遗产指南》文本中没有提及遗产传承的具体时长。2012 年伦敦奥运会以后更新的《奥运会影响技术手册（第 6 版）》从环境、社会文化、经济 3 个维度展开奥运影响研究，要求最终提交的报告中奥运会影响的时长是奥运会举办以后的 3 年。

随着北京携手张家口申办 2022 年冬奥会，国家层面和一些地方政府出台了一系列关于促进冰雪运动发展的规划。例如：国家发展改革委、国家体育总局、教育部、国家旅游局 2016 年 11 月 25 日印发《冰雪运动发展规划（2016—2025 年）》；文化和旅游部、国家发展改革委、国家体育总局于 2021 年 2 月 8 日印发并实施《冰雪旅游发展行动计划（2021—2023 年）》，2022 年 1 月 29 日，又联合发布《京张体育文化旅游带建设规划》，规划期至 2025 年，展望到 2035 年；国家体育总局于 2016 年 11 月发布《群众冬季运动推广普及计划（2016—2020 年）》。

地方政府政策规划方面，《北京市人民政府关于加快冰雪运动发展的意见（2016—2022 年）》及 7 项配套规划，明确了冰雪工作的 7 项核心任务——群众冰雪、竞技冰雪、青少年冰雪、冰雪体育产业、冰雪赛事、冰雪场地设施和冰雪运动人才。此外，还有《河北省冬季运动发展规划（2015—2022 年）》《黑龙江省冰雪旅游专项规划（2017—2025）》《北京市体育设施专项规划（2018—2035 年）》《吉林省冰雪运动高质量发展规划（2021—2035 年）》《阿勒泰冰雪旅游业发展规划（2020—2035）》等。

各类有关规划的时限大体有 2020 年、2022 年、2025 年和 2035 年，可以看出规划期望干预的时间长短不一，政策力度和辐射范围也各不相同，但普遍面临着施策过程中的具体执行问题的协调、政策效果的评估和反馈问题，还有众多领域和部门对政策实施认知的偏差，都需要较长时间的监督，以确保政策目标如期实现。如对雪场的国土、能源、税收、保险等方面的政策能否一以贯之，就是值得关注的方面。相关政策措施的科学助力和长远持续，是冬奥会的经济、社会、文化、生态等遗产能否取得理想成果的关键。北京 2022 年冬奥会和冬残奥会的组委会运行决算将在大约一年后向社会公布，实现盈余是必然的。可以预见，场馆、城市和山地基础设施、城市和山地运行经验都将继续发挥重要作用，在一个较长的时段内助推我国冰雪产业、旅游产业、体育产业、环保产业等全方位升级。

3. 竞技体育与大众体育、夏季项目与冬季项目均衡发展

北京 2022 年冬奥会对于国际冬季运动来说是一个分水岭，对于中国体育来说也是一个里程碑。中国不仅实现了在冬奥会上金牌数和世界排名的历史性突破，也在群众性冰雪运动方面取得了前所未有的进步，冰雪体育产业的发展速度和规模更是创造了难以想象的奇迹。

2017 年 2 月 24 日，习近平总书记在首都体育馆同短道速滑运动员交流时指出："现在我国冰雪运动的态势是冰强于雪，冰上运动要巩固优势，再上新台阶；雪上运动要奋起追赶，恶补短板。"北京 2022 年冬奥会上，中国取得 9 块金牌、名列冬奥会金牌榜第 3 名的历史最好成绩，而且实现了冰上和雪上项目的大体均衡：冰上项目 4 金，雪上项目 5 金。在冬残奥会上，中国体育代表团更是首次占据世界第一的位置，实现了中国冬季运动在国际奥林匹克舞台上竞技成绩的新突破。

从目前的统计看，中国自 1984 年以来共参加 10 届奥运会，取得了 264 块金牌（含女子竞走运动员切阳什姐和男子举重运动员吕小军递补获得的伦敦和里约奥运会金牌），1980 年以来共参加 12 届冬奥会，取得了 22 块金牌，剔除奥运会和冬奥会小项数的差异，其间的差距还是十分明显的。但北京 2022 年冬奥会中国体育代表团能夺得 9 块金牌并占据金牌榜第 3 名的位置，这是一个巨大的进步，向着实现夏季和冬季项目均衡发展迈出了坚实的步伐。

习近平总书记指出："2022 年冬奥会在北京举办，是中国体育和经济社会发展同世界奥林匹克运动发展开创双赢局面的重要契机，也将进一步激发

中国民众对奥林匹克运动的热情，带动更多中国人关心、热爱、参与冰雪运动，为奥林匹克运动发展和奥林匹克精神传播作出积极贡献。"

早在申办 2022 年冬奥会时，中国就向国际奥委会承诺，通过举办冬奥会使北京和张家口经常参加体育锻炼的人口比例分别由 46%、39% 提升至 55%、45%，体现出通过举办冬奥会带动群众性冰雪运动大发展的明确理念。从 2016 年开始，北京市教委每年组织"冰雪进校园"主题活动，内容丰富多彩，既有面向全体中小学生的基础性活动，也有面向有冰雪基础学生的特色活动。到北京冬奥会举办前，冰雪主题推广活动覆盖了 10 余万名学生，同时还举办了北京市中小学生冬季运动会、校际冰球联赛、滑雪比赛、花样滑冰比赛等高水平赛事。2018 年 2 月，为加快推动青少年冰雪运动普及发展，教育部、国家体育总局、北京冬奥组委印发《北京 2022 年冬奥会和冬残奥会中小学生奥林匹克教育计划》，强调有条件的北方地区中小学，要开设冰雪项目运动课程，鼓励南方地区城市中小学积极与冰雪场馆或冰雪运动俱乐部建立合作，促进青少年冰雪运动普及发展；还提出 2020 年全国中小学校园冰雪运动特色学校要达到 2000 所，2025 年要达到 5000 所的目标。

近年来我国冰雪运动发展迅猛，尤其是申办冬奥会以来，我国滑雪人数已经从 2014 年的 1200 万人增加到 2021 年的 2100 多万人。截至 2020 年底，滑冰馆已经达到 654 个，滑雪场更是提前在 2020 年就已经超过了原定 2022 年目标的 800 个，达到 803 个。冬奥会带来了前所未有的中国滑雪的进步。我国《冰雪运动发展规划（2016—2025 年）》明确提出到 2025 年冰雪产业总规模达到 1 万亿元的目标，占据体育产业总规模的 20%。目前我国滑雪相关企业已经有近 7000 家，仅 2021 年新增加了 1383 家，同比增长 57%。中国旅游研究院发布的《中国冰雪旅游发展报告（2022）》指出，全国冰雪休闲旅游人数从 2016—2017 冰雪季的 1.7 亿人次增加到 2020—2021 冰雪季的 2.54 亿人次，预计 2021—2022 冰雪季将达到 3.05 亿人次。

北京成为世界奥林匹克历史上第一个"双奥之城"以后，中国要实现国际奥委会支持的奥林匹克赛事的大满贯，还缺一项赛事——冬青奥会。目前，2010 年、2012 年分别开启的青奥会、冬青奥会已经分别举办 3 届，第 4 届青奥会原本定于 2022 年在达喀尔举行，因为疫情推迟到 2026 年举办，而第 4 届冬青奥会定于 2024 年在韩国江原道举行。这样看来,世界上还没有产生一个举办过夏奥会、冬奥会、青奥会、冬青奥会四大奥林匹克赛事的国家。中国目前独缺一次举办冬青奥会的经历,日本和韩国各缺乏举办青奥会的经历,而举办过多次夏奥和冬奥会的美国、意大利、德国、法国等均没有举办过青奥会和冬青奥会。

中国速滑冬奥会冠军张虹是国际奥委会委员,也是江原道 2024 年冬青奥会协调委员会主席,出生于黑龙江哈尔滨市,这也使我国的哈尔滨这座传统的冰雪运动名城申办 2028 年或 2032 年冬青奥会有了一定的优势。而随着奥林匹克效应在中国被普罗大众广泛看好,媒体传出有意申办 2036 年奥运会的中国城市也出人意料地多达 12 个,包括上海、深圳、广州等一线城市,还有一些知名的二线城市也希望能够成为奥运城市。笔者以为,继京津冀城市群之后,长三角、粤港澳大湾区、成渝 3 个城市群依次具有被批准参与 2036 年奥运会申办竞争的可能。

已故的国际奥委会主席罗格先生在《奥林匹克遗产指南》这份文本的扉页写道:一朝为奥运城市,便是永恒的奥运城市。北京已经抓住了作为世界上第一座"双奥之城"的历史机遇,中国还能再次举办冬青奥会从而成为世界奥林匹克历史上第一个"全奥之国"吗?

"双奥之城"形成中国特色奥林匹克教育模式

孔繁敏　李　岩[*]

奥林匹克运动的核心是以奥林匹克主义为指导、以体育为载体的教育。奥林匹克教育是"面向青少年，以体育运动为载体，向青少年传播奥林匹克精神和文化的一种社会教育活动"。2014 年国际奥委会通过《奥林匹克 2020议程》，其中指出进一步加强体育与文化的融合，加强奥林匹克价值观教育。举办奥运国家的不同历史文化背景有着不同的奥林匹克教育模式。北京作为全球首个"双奥之城"，从 2008 年夏季奥林匹克运动会到 2022 年冬季奥林匹克运动会，按照国际奥委会要求，结合主办城市实际情况和新形势变化，广泛持续开展了奥林匹克教育活动，逐步形成了具有中国特色奥林匹克教育模式，其主要内容体现在奥林匹克教育的组织性、普及性、思政性、示范性、实践性和学术性诸方面，为奥林匹克教育遗产的传承发展提供了中国方案。

一、精心组织策划

注重发挥我国社会主义集中力量办大事的制度优势，即由政府主导，集中力量整合社会资源，通过制订计划和政策、统筹协调、督促检查、总结交流等方式，形成举国上下、同心协力办奥运，支持、助力、奉献冬奥的良好局面，推动奥林匹克教育活动有序有效地进行。

---

* 孔繁敏，北京联合大学应用文理学院原党委书记、奥林匹克文化研究中心原主任；李岩，女，在读博士，北京联合大学应用文理学院党委副书记。

北京 2008 年奥运会筹办时，根据《北京奥运会申办报告》的承诺和《主办城市合同》的要求，及时启动了主要面向青少年的奥林匹克教育工作。2002 年，奥组委同教育部、北京市教育委员会接洽，开始制订奥林匹克教育战略计划。2004 年，开始在北京部分中小学进行奥林匹克教育试点工作。2005 年 11 月，奥组委和国家教育部制订下发《北京 2008 中小学生奥林匹克教育计划》。同年 12 月，北京市启动了《学校奥林匹克教育行动计划》。通过奥林匹克教育与学校德育、体育、新课程改革和实践活动的有机结合，让广大青少年学生关注奥运、了解奥运、参与奥运。

北京 2022 年冬奥会筹办时，借鉴以往经验，教育部、国家体育总局、北京冬奥组委，为贯彻落实《中共中央　国务院关于加强青少年体育增强青少年体质的意见》（中发〔2007〕7 号）和《国家中长期教育改革和发展规划纲要（2010—2020 年）》，推动冰雪运动普及，推动学校体育科学发展，全面实施素质教育，促进学生全面发展，研究制订了《北京 2022 年冬奥会和冬残奥会中小学生奥林匹克教育计划》（教体艺〔2018〕1 号），2019 年教育部等四部门又发布《关于加快推进全国青少年冰雪运动进校园的指导意见》（教体艺〔2019〕3 号），文件中提出工作目标、主要任务、组织保障，要求切实把冰雪运动进校园纳入各部门工作的各个环节，广泛开展青少年冰雪运动活动，不断提升学生冰雪运动素养和体质健康水平。

奥林匹克教育对不同区域和学校类型有不同的要求，对主办城市的学校有更高更具体的要求。2018 年 7 月北京市发布《关于实施北京 2022 年冬奥会和冬残奥会北京市中小学生奥林匹克教育计划的意见》（京教体艺〔2018〕15 号），具体制订了 2022 年冬奥会和冬残奥会北京中小学生奥林匹克教育 9 大计划，决定成立"北京 2022"北京市中小学生奥林匹克教育工作小组，指导全市开展冬季奥林匹克教育工作。工作小组由市教委、市体育局、北京冬奥组委新闻宣传部组成，负责奥林匹克教育工作的统筹规划和宏观管理，组织、指导全市中小学校落实奥林匹克教育工作，定期督促各项工作的落实并予以通报。

在奥林匹克教育具体实施中，教育主管部门既要求学校奥林匹克教育分阶段有步骤实施，同时注意及时进行总结交流。如 2019 年 1 月"北京 2022"奥林匹克教育全国学校工作会议在广东省梅州市召开。会议学习贯彻了全国教育大会精神，总结交流了各地学校体育工作、奥林匹克教育及冰雪进校园工作的经验，研究部署了奥林匹克教育总体工作，要求从立德树人出发，全面加快推进奥林匹克教育和冰雪进校园工作；明确当前中小学生奥林匹克教育工作的目标和任务；加强组织领导，制订发展规划，因地制宜开展工作；各地要加大经费投入，保证需要；将奥林匹克教育和冰雪进校园纳入督导检查范围，开展专项或综合性检查。以此保证奥林匹克教育计划的落实。

二、普及奥运知识

奥林匹克教育主要面向全国 4 亿青少年，重点是 2.3 亿中小学生。为扩大奥林匹克的感染力与影响力，相关主管部门和中小学校采取了多种措施，投入了大量人力物力，实现了奥林匹克历史上最大规模的奥林匹克教育覆盖面。

北京 2008 年奥运会筹办时，国家教育部和北京奥组委等有关部门在全国中小学生中开展以"绿色奥运、科技奥运、人文奥运"和"同一个世界、同一个梦想"为主题的奥林匹克主题教育活动。各学校以奥林匹克为主题，开展了摄影、绘画、诗歌、书法、合唱、征文、外语演讲、民族体育比赛等活动。2004 年，奥组委会同北京市教育委员会编辑出版了《北京 2008 奥林匹克教育大纲》、《小学生奥林匹克知识读本》、《中学生奥林匹克知识读本》、奥林匹克知识挂图、北京奥运会和北京残奥会项目介绍手册以及配套光盘等课程资源。2005 年，又组织专家相继出版了专为大学生、中学生和小学生使用的三种《北京奥运会读本》和《北京奥运会英语口语读本》等系列教材。此外，还通过与各种媒体联合开办奥林匹克教育专栏，创办《北京奥林匹克教育专刊》（报纸）和"北京市奥林匹克教育网"，为学生和教师提供更多的媒体性课程资源。2006 年 3 月，奥林匹克教育网站开通。2006 年 8 月 9 日，奥组委与强生赞助企业（上海）合作，共同开展送奥运知识挂图进校园的活动。2007 年 3 月 20 日，奥组委和教育部在上海举行了奥运教育快车万里行启动仪式。丰富多彩的教育活动，激发了广大青少年对奥林匹克运动的兴趣。

北京 2022 年冬奥会筹办时，为配合学校实施冬季奥林匹克教育，北京冬奥组委编辑出版《北京市中小学生冰雪运动项目教学指南》、中小学生

《奥林匹克知识读本》及配套光盘等，与此同时积极开展奥林匹克教育进校园宣讲活动，传播冬奥知识和奥林匹克价值观。截至 2021 年 12 月，北京冬奥宣讲团共开展超过 370 场宣讲，现场观众超过 15 万人，线上观众超过 1 亿人次。国际奥委会主席巴赫在 2019 年为宣讲团亲笔题词："教育是奥林匹克运动未来的关键，感谢北京冬奥宣讲团在中国传播奥林匹克价值观！"

北京市教委联合市体育局、冬奥组委新闻宣传部和北京奥运城市发展促进中心相互协调，组织中小学生积极参与北京 2022 年冬奥会和冬残奥会征集吉祥物、火炬、口号等文化宣传活动以及火炬传递、倒计时等重要节点文化活动。2018 年开展的"我心中冬奥吉祥物"主题教育活动，吸引了全国 4.6 万所学校、1515 万中小学生参与，从全国各地收到了 30 余万件吉祥物设计作品。通过各省教育主管部门筛选，3000 余幅中、小学生设计作品同专业设计作品一起，被提交到专家评委会进行评选。而且，在最终入围全国吉祥物征集前 10 名的作品中，就有中、小学生设计的作品。

为充分展现广大青少年学生积极参与体育运动、弘扬奥运、支持冬奥的精神风貌，中小学普遍开展以"冬奥"文化为创作素材的音乐节、合唱节、舞蹈节、戏剧节等艺术活动；开展中小学生征文、绘画、摄影、英语大赛、知识竞赛等活动。如北京市中小学生冬奥知识竞赛活动已经连续开展 3 年，获得了越来越多青少年学生的积极响应和社会的广泛关注。参加竞赛的小选手们除场内答题外，还走进首钢园区，在大跳台和冬奥展厅里接受考验，和冬奥一线工作者进行交流，更让他们感受到冬奥会的零距离。

筹办北京冬奥会以来，每年都会召开几次国际奥委会的项目审议会和协调委员会会议，奥林匹克教育的计划和执行情况是每次会议的重要汇报内容。在每次北京冬奥组委汇报教育有关工作进展的时候，都会得到国际奥委会方面非常热烈和积极的反馈。国际奥委会北京冬奥会协调委员会主席小萨马兰奇曾经表示，国际奥委会方面看到的中国开展奥林匹克教育普及的一些数字非常令人振奋，这是在世界其他地方所不能看到和想象的。

三、纳入教学体系

奥林匹克教育与学校素质教育有着促进学生和谐发展的共同目标，因而我国教育主管部门和中小学校在开展奥林匹克教育过程中，特别注重与社会主义核心价值观教育相融合，与学校德育工作相结合，与学校体育改革相适应，将奥林匹克教育作为学校育人的重要内容，由此促进奥林匹克教育真正进入学校课程。

在成功申办北京 2008 年奥运会后，有关教育主管部门就明确认识到，筹办奥运是对我国青少年实施素质教育的良好契机，部署在中小学生中广泛普及奥林匹克知识，积极推进奥林匹克教育，与学校德育和体育工作紧密结合，拓展中小学生的国际视野，培养文明素质，促进学生健身，实现奥运教育"进课堂、进教材、进头脑"。奥林匹克教育示范校普遍开设了"奥林匹克主题教育课"，一般每月不少于 2 课时。从 2006 年到 2008 年，北京市的中学考试和高等学校考试，也适当反映奥林匹克教育的内容，以此激励学生学好奥林匹克课程。

在北京 2022 年冬奥会筹办过程中，奥林匹克教育以《北京 2022 年冬奥会和冬残奥会中小学生奥林匹克教育计划》为依据广泛开展。全国中小学普遍将冬季奥林匹克教育纳入学校教育教学，通过体育课、体育活动、地方课程、校本课程、综合实践活动等方式，开展奥林匹克主题教育。截至 2021 年底，中国超过 2800 所学校将冬季运动纳入课程。北京教育部门规定奥林匹克教育纳入体育课程教学平均每月不少于 3 课时；有条件的学校要将奥林匹克知识及冬季运动项目内容纳入体育课程教学，安排冰雪项目运动课程；鼓励学校通过购买社会服务的方式，与滑雪场、滑冰场、冰雪运动俱乐部、冰雪培训机构及其他相关社会机构合作开设冬季运动课程，提高冬季运动教学质量。为促进学生学习奥林匹克知识，部分地区在中考、高考多学科试卷中融入冬奥内容。此外，在特教学校开设冰蹴球、模拟冰壶、雪鞋走、轮滑等适合残疾学生的冰雪或仿冰、仿雪运动项目课程。

为更好开展奥林匹克教育，广泛传播卓越、尊重、友谊的奥林匹克核心价值观和勇气、毅力、激励、平等的残奥核心价值观，在国际奥委会和国际残奥委会的大力支持下，2021 年北京冬奥组委正式发布：北京 2022 年冬奥会和冬残奥会教育材料，共三套，包括《奥林匹克价值观教育》（Olympic Values Education Programme，简称 OVEP）中文版、《残奥价值观教育》（I'm POSSIBLE）中文版和《走进北京冬奥会》知识读本。其中，《奥林匹克价值观教育》和《残奥价值观教育》分别由国际奥委会和国际残奥委会研发，是面向全世界青少年介绍奥林匹克和残奥知识的通用教育材料，其中文版是首次引入我国。北京冬奥组委不但首次以中文形式出版这本教材，还与中国的教育部门合作进行了论证、改编，让奥林匹克精神能够以中国师生熟悉的方式融入教育中。

四、运用典范引路

教育主管部门决定遴选部分学校作为奥林匹克教育示范基地、先进典型，通过示范学校和特色学校建设，从课堂教学、体育课和课外活动等多方面推动中小学生奥林匹克知识和精神传播。

设立奥林匹克教育示范校始于北京 2008 年奥运会，也是中国首创。2008 年北京奥组委和国家教育部在全国 40 多万所中小学开展奥林匹克教育活动，从中选出 500 余所学校作为奥林匹克教育示范基地，从课堂教学、体育课和课外活动等多方面向全国中小学生传播奥林匹克知识和精神。从 2005 年 12 月 6 日首批 20 所"北京 2008 奥林匹克教育示范学校"命名挂牌后，奥组委和教育部共选出全国 556 所学校获此称号。这 556 所奥林匹克示范校成为北京奥运会开展奥林匹克教育的重要标志和内容。奥林匹克教育示范校的成立和推广，其重要意义就在于将内涵丰富而积极的奥林匹克精神辐射开去，影响全国的众多中小学，并通过这些学校及联系着学校的无数个家庭，最终影响到整个社会，从而促进我国教育水准的均衡发展、社会的全面进步。

北京 2022 年冬奥会奥林匹克教育活动中借鉴此经验，同时针对校园冰雪运动基础薄弱的特点，决定在全国遴选建设一批全国青少年校园冰雪运动特色学校，实现奥林匹克教育和冰雪进校园双轮驱动。

2019 年 1 月教育部办公厅下达《关于做好全国青少年校园冰雪运动特色学校及北京 2022 年冬奥会和冬残奥会奥林匹克教育示范学校遴选工作的通知》，其中指出在全国遴选建设一批全国青少年校园冰雪运动特色学校（以下简称特色学校）和北京 2022 年冬奥会和冬残奥会奥林匹克教育示范学校（以下简称示范学校）的工作目标是："通过特色学校和示范学校遴选，树立一批校园冰雪运动教育教学工作的先进典型，推动广大青少年普及校园冰雪运动，促进青少年对冬奥会和冬残奥项目知识的了解和兴趣的培养，不断丰富体育教学活动内容，构建具有中国特色的冰雪运动教学、训练、竞赛和条件保障体系，传播积极健康的生活方式和包容性发展理念，夯实冬季运动青少年基础，增强青少年体质。到 2020 年，计划遴选出 2000 所特色学校，到 2025 年计划遴选出 5000 所特色学校和 700 余所示范学校。"2020 年计划遴选出 1000 所特色学校和符合条件的示范学校。2020 年经在单位申报、各级教育行政部门审核推荐的基础上，教育部组织专家对全国各地推荐的特色学校、示范学校进行了综合认定，共认定并命名 627 所中小学校为北京 2022 年冬奥会和冬残奥会奥林匹克教育示范学校，1036 所中小学校为全国青少年校园冰雪运动特色学校。

对特色学校和示范学校的政策支持主要有以下三点：

（一）对最终认定的特色学校和示范学校，分别命名为"全国青少年校园冰雪运动特色学校""北京 2022 年冬奥会和冬残奥会奥林匹克教育示范学校"。

（二）教育部对特色学校和示范学校在校园冰雪运动教学、训练和竞赛、师资培训、选送学生培训等方面给予一定支持；并将特色学校和示范学校建设情况纳入对地方政府教育工作考核内容，纳入各级教育行政部门年度目标考核内容。特色学校和示范学校优先享有本地有关部门给予的有关校园冰雪运动教学、训练和竞赛、经费和条件保障等方面的政策支持。

（三）鼓励各地依据全国青少年校园冰雪运动特色学校和北京 2022 年冬奥会和冬残奥会奥林匹克教育示范学校基本要求，开展本地特色学校和示范学校建设工作，形成建设梯队。

根据教育部关于做好全国青少年校园冰雪运动特色学校及奥林匹克教育示范学校遴选工作的要求，各地区分批次进行遴选建设工作。2020 年全国冰雪运动特色校已达 2062 所，奥林匹克教育示范校已达 835 所。2022 年北京市遴选出 200 所特色校、200 所示范校，冰雪运动已进入 16 区 600 多所学校，中小学生走上冰雪人次达 210 万。特色学校、示范学校的学生成为推动青少年冰雪运动的骨干力量。

五、丰富教育实践

为让青少年接近冰雪、体验冰雪，加强冬季运动课外活动，鼓励学生积极参加校外冬季健身运动，熟练掌握一至两项冬季运动技能。鼓励有条件的学校建立常态化校园冬季运动竞赛机制，举办冬季运动会或冬季运动节。依托已建成的滑雪场、冰雪乐园等建立青少年冬季运动营地、俱乐部。在"全国大众冰雪季"上专门为青少年开设"世界雪日暨国际儿童滑雪节"活动。利用假期举办青少年冰雪冬令营、青少年公益冰雪系列活动，吸引越来越多的青少年参与其中。在北京冬奥会倒计时节点，联动北京、延庆、张家口三个赛区，举办奥林匹克教育系列活动，带动青少年学习冬奥知识，传播冬奥文化，讲好中国故事，开拓国际视野。北京市青少年冰球、滑雪、花样滑冰等赛事迅猛发展，其中北京青少年冰球俱乐部联赛已成为亚洲规模最大、时间跨度最长的青少年冰球赛事。

中小学奥林匹克教育实践呈现多样化特点。如北京延庆姚家营中心小学，借鉴海淀区羊坊店中心小学2008奥林匹克教育成功经验，将冬奥理念融入校园文化建设，充分利用墙饰进行奥运文化宣传，广泛开展旱地冰球、地壶球等项目，并将冬奥元素与学校教育结合，设计五环币、奖牌、小雪花评价手册、贴纸等。其中"冰雪运动旱地化"得到考察专家的高度评价。冰壶运动的姊妹篇——地壶球也已经在中国300多所学校开展。

注重吸引社会力量，让冰雪运动进校园。许多学校由于受制于硬件条件制约，冰雪运动的教练、器材、场地都比较欠缺，大部分学校都需要借助外力，采取政府主导、市场化运作模式，用政府补贴、政府购买体育服务等方式，促进学校与冰雪运动场馆、企业开展合作，推进体育社会机构与学校体育的融合。不断完善政策措施，逐步建立社会力量支持学校体育发展的长效机制，引导技术、人才等资源服务学校体育教学、训练和竞赛等活动，营造重视冰雪、支持冰雪、参与冰雪的社会氛围。

因地制宜，创新发展。冰雪运动深受地理位置因素影响，有关主管部门要求各地依据自然环境、气候条件、社会需求和经济发展水平，宜冰则冰、宜雪则雪，室内外结合，加强公共滑冰馆、室外滑冰场、滑雪场、综合性冰雪运动中心等场地场所建设。据报道，北京不少学校以前的冰雪课程主要停留在体验上，至 2019 年，北京市首批 52 所冰雪运动特色学校为解决冰场有限的难题，大都引入了旱地冰雪训练方式。冰雪运动"旱地化"成为多所学校解决冰场不足的一项措施。南方地区特别重视做好"类冰雪"设施，充分利用国内外新技术、新材料、新工艺建设旱雪场、旱冰场、仿真冰场、可拆装冰场等替代性冬季运动场地，充分利用现有资源，挖掘潜力，不断创新，让更多孩子参与"类冰雪"等活动。

六、重视研究交流

奥林匹克教育需要科研支撑与人才储备。北京 2008 年奥运会筹办时，北京体育大学、中国人民大学、北京联合大学等高等学校设有专门的奥林匹克研究机构。北京师范大学与北京市教育委员会联合组建"北京市奥林匹克教育研究中心"，首都体育学院成立了"北京市奥林匹克教育博物馆"，北京市少年宫设立了"北京市少年奥林匹克研究院"。这些教育研究机构主要进行奥林匹克人才的定期培训、社会服务、奥林匹克研究等活动。北京教育科学研究院承担了国家哲学社会科学基金资助的"国际奥林匹克教育中的北京模式"研究项目。首都体育学院与北京教育学院为北京市教育系统奥运培训基地，两个培训基地培训了北京市 2200 多所中小学的 5500 余名体育教师，为中小学奥运教育做好师资准备。

借助举办北京 2022 年冬奥会的重要机遇，依托首都体育学院在奥林匹克教育方面的平台优势和师资力量，2020 年首都体育学院成立北京国际奥林匹克学院。该学院的建立不仅有利于弘扬奥林匹克精神和残奥理念，加强国际交往与对话，为未来中国大型赛事和奥运会筹办提供宝贵的智力财富，也有利于传播中华文明，促进中国优秀文化与世界多元文化的汇聚融合。由国际奥委会、北京冬奥组委、中国奥委会、希腊奥委会支持，国际奥林匹克学院、北京冬奥组委新闻宣传部、萨马兰奇体育发展基金会联合主办的"2019 国际奥林匹克教育论坛"在北京召开，论坛主题为"奥林匹克价值观与中国青少年教育发展"。通过国内外奥林匹克教育领域学术交流，分享奥林匹克教育经验，促进我国奥林匹克教育进步与发展。

北京 2008 年奥运会筹办期间开展了"同心结"国际交流活动。"同心结"是组织北京中小学校与参加北京奥运会和残奥会的国家（地区）奥委会以及所在国（地区）的一所相应的学校进行结对联系，开展以教育交流为核心的交流活动。2006 年 12 月 17 日"同心结"活动正式启动，至北京奥运会召开时，北京 210 所同心结学校与 205 个国家和地区奥委会、160 个国家和地区残奥委会建立结对联系，与 161 个国家和地区的中小学校建立了姊妹校关系。据 2007 年底的不完全统计，"同心结"活动开展 1 年来，北京同心结学校共开展各种交流活动 3500 多次，学校接待结对奥委会或政府部门来访 134 次，学校与境外结对学校开展交流活动 272 次，学校间互访 118 次。在奥运会期间，同心结学校组织学生参加结对国家或地区代表团在奥运村的升旗仪式，在赛场上为结对国家或地区的运动员加油助威。作为中外青年学生友好交流的桥梁和载体，奥运会结束后，同心结学校还继续与结对学校开展各种形式的交流活动。

北京 2022 年冬奥会制订计划："推进北京 2022 年冬奥会和冬残奥会同心结学校建设工程。北京市、河北省教育和体育部门组织设立同心结学校，与各国家、地区的学校进行结对联系。在冬奥会期间，组织学生代表参加结对国家或地区运动员在奥运村的升旗仪式等活动，组织学生在冬奥会赛场特别是在冬残奥会赛场上为结对国家或地区的运动员加油助威。"此计划实施过程受到全球新冠肺炎疫情流行的制约，但学校立足培养具有国际视野和文明礼仪风尚的青少年学生，仍力所能及延续北京奥运会的成果，如北京广渠门中学与瑞典的结对学校就冰雪运动内容进行了互访。

第三部分　冬奥经济

冬奥助力区域发展和产业推进 *

陈　剑

2022 年北京冬奥会于 2 月 4 日开幕。在申办冬奥成功以来的筹办期内，中国交出了冬奥筹办和区域发展、产业推进的优异答卷。

首先，将筹办冬奥会融入京津冀协同发展战略。筹办伊始，主办机构与主办城市一起，研究制订与区域长期发展目标相一致的发展计划，推动交通、环境、产业等领域协同发展，既有力保障了冬奥会筹办，又为京津冀区域协同发展发挥了重要牵引作用。此外，筹办冬奥会还有效提升了京津冀三地环境治理水平，促进了生态环境改善。

申办成功至今，北京朝阳、延庆、张家口、首钢园区在交通网络、基础设施、环境治理、公共服务和人文环境等方面形成诸多城市发展成果。京津冀三地交通基础设施更加完善，京张高铁将张家口纳入北京一小时交通圈；北京的智力资源、教育资源、科技资源借冬奥会契机向张家口等地渗透，提升了京张沿线冰雪产业整体创新能力；冬奥会市场开发签约 45 家赞助企业，其品牌价值促进了京张、京津冀的人流、物流、信息流、资金流的顺畅流通，有效促进了冰雪资源、旅游资源、文化资源在区域内的合理配置。

北京冬奥会为经济高质量发展提供强大动力支持。2021 年，北京经济增长 8.5%，北京地区生产总值从 2015 年的 2.5 万亿元提升至 2021 年的 4 万亿元，成为全国率先进入 4 万亿元俱乐部的城市。冬奥使昔日的国家级贫

---

* 原载《经济参考报》，2022 年 1 月 28 日。

困县崇礼，成为中国滑雪之都和最大的高端滑雪胜地，2020 年崇礼冰雪旅游度假区获评国家级旅游度假区。延庆作为北京冬奥会三个赛区之一，借助此契机，大力发展特色文化体育旅游产业，成功创建国家全域旅游示范区。2016 年至 2020 年旅游收入累计达到 323 亿元，同比增长 30.3%。

其次，冬奥经济助推中国冰雪运动蓬勃发展。冬奥经济促进了冰雪运动在中国的普及和发展，实现了冰雪运动由竞技向全民健身、产业发展辐射，推动了冰雪运动从小众向大众、从区域向全国、从冬季向全年的转变。北京冬奥会带动冰雪运动跨越式发展，进一步激发了全民健身热情。有数据显示，自申办成功至 2021 年 10 月，全国居民参与过冰雪运动的人数达到 3.46 亿人，冰雪运动参与率达 24.56%，"带动三亿人参与冰雪运动"从愿景逐步走向现实。

最后，冬奥经济助推中国冰雪产业发展。以冬奥会为契机，我国冰雪产业获得快速发展。以场地设施建设为基础，冰雪竞赛表演、冰雪会展、冰雪装备制造加速发展，冰雪旅游成为新的消费热点。筹办冬奥以来，我国冰雪产业规模连续迈上新台阶，产业链已基本形成完整闭环。尽管受新冠肺炎疫情影响，2019 年至 2020 年雪季冰雪产业遭受一定影响，但 2020 年至 2021 年雪季迅速反弹回升。到 2021 年初，全国已有 654 块标准冰场，较 2015 年增幅达 317%。已有 803 个室内外各类滑雪场，较 2015 年增幅达 41%。冰雪旅游业进入快速增长期，2020 年至 2021 年，雪季冰雪旅游人数达 2.3 亿人次，冰雪旅游收入 3900 亿元。冰雪装备制造业发展壮大。截至 2019 年，全国各地在建及拟建的冰雪装备器材产业园区及小镇接近 20 个。到 2025 年，我国体育产业总规模将超过 5 万亿元。其中，冰雪产业规模将突破 1 万亿元。

奥运效应下河北两翼之"张北地区"绿色发展研究[*]

治丹丹　　任　亮^{**}

在绿色发展视域下，如何建设河北两翼进程中的"张北地区"，本文就此问题做一阐述。

一、奥运效应推进"张北地区"绿色发展进程

2021年是"十四五"开局之年，河北制订实施了《河北省推进京津冀协同发展"十四五"实施方案》、年度工作要点和"三区一基地"工作方案，坚持以疏解北京非首都功能为"牛鼻子"，主动对接京津、服务京津，大力实施雄安新区和张北地区"两翼"带动发展战略，加快推进重点区域和重点领域协同发展，推动京津冀协同发展取得新成效。

2022年北京冬奥会已经圆满闭幕，无论从硬件还是软件方面都给世界留下了一串惊叹。特别是在"绿色办奥"理念指导下，2022年北京冬奥会期间所有场馆全部采用绿电，这是奥运历史上首次实现全部场馆100%清洁

---

* 基金项目：国家社会科学基金项目"人地耦合视角下京津冀生态涵养区生态环境适应性评价与社会力量参与治理研究"（19BSH077）；河北省高等学校人文社会科学重点研究基地项目"生态建设与产业发展研究"（冀教科〔2014〕31号）；河北省教育厅人文社会科学研究重大课题攻关项目"发挥奥运效应打造北翼发展新高地研究"（ZD202006）资助。

** 治丹丹，河北北方学院生态建设与产业发展研究中心研究人员；任亮，河北北方学院副校长、教授、博士生导师。

能源供应。北京冬奥组委规划建设部部长刘玉民认为，这主要得益于京津冀协同发展。首先，张家口赛区和延庆赛区都有丰富的清洁能源储备，能保证冬奥场馆绿电供应；其次，在京津冀地区的 500 千伏柔性直流电网采用很多世界领先技术，是目前世界上电压等级最高、输送容量最大的直流电网；再次，电力需求不大时，直流电网上富余电能将被输送到河北丰宁抽水蓄能电站，电力需求大时再把储存电力送上电网。张家口赛区顺利完成了冬奥会运行和保障任务。在冬奥会带动下，冰雪产业加快聚集，张家口市累计签约冰雪产业项目 109 项。京张体育文化旅游带建设有序实施，《京张体育文化旅游带建设规划》印发实施，张家口市与内蒙古乌兰察布市、北京市延庆区共同举办京张体育文化旅游带发展论坛并成立联盟。不仅如此，张家口首都"两区"建设成效明显。印发实施首都"两区"建设规划及坝上地区植树造林实施方案，与北京统筹推进重大生态工程项目建设，水源涵养和生态环境支撑能力不断提升。

二、"张北地区"的界定

2017 年 2 月 23 日，习近平在视察雄安新区座谈会上提出"要以 2022 年冬奥会为契机，推进张北地区建设，努力成为河北另一翼"。[①] 中共十九大报告指出，"我们要建设的现代化是人与自然和谐共生的现代化，既要创造更多物质财富和精神财富以满足人民日益增长的美好生活需要，也要提供更多优质生态产品以满足人民日益增长的优美生态环境需要。必须坚持节约优先、保护优先、自然恢复为主的方针，形成节约资源和保护环境的空间格局、产业结构、生产方式、生活方式，还自然以宁静、和谐、美丽。"[②] 京津冀协同发展国家战略明确张承地区的发展定位是京津冀生态环境支撑区。张家口市"十三五"规划纲要提出未来五年的发展定位是"抢抓京津冀协同发展、京张携手筹办冬奥会、建设国家可再生能源示范区三大机遇，坚持转型升级、跨越发展、绿色崛起主基调，坚守发展、生态、民生三条底线，大力

---

① 李风瑞 . 努力把雄安新区建成协调发展示范区 [N]. 河北日报，2017–04–26（007）.

② 习近平 . 决胜全面建成小康社会　夺取新时代中国特色社会主义伟大胜利 [N]. 人民日报，2017–10–28（001）.

培育大生态、大旅游、大数据、大健康和新能源、新技术、高端制造主导产业，着力打造水源涵养功能区、绿色产业聚集区、可再生能源示范区、国际休闲运动旅游城市和奥运名城。"[①] 2017 年 3 月 20 日，张家口市委书记回建在中国共产党张家口市第十一次代表大会上进一步明确"锐意改革、勇于担当，高标准完成冬奥会筹办、脱贫攻坚和首都水源涵养功能区建设三大历史任务，扎扎实实交出冬奥会筹办和本地发展两份优异答卷，是我们任期内必须完成的任务"。[②] 目前，张家口市正在积极推进"首都水源涵养功能区和生态环境支撑区"建设，规划方案已报国务院审批。这一系列政策导向已明确指向一个基本事实——"张北地区建设"将成为张家口地区建设发展的必然选择。

2019 年 7 月 14 日，河北省委书记王东峰在河北雄安新区规划建设工作领导小组会议上指出，"雄安新区规划建设要坚定不移贯彻习近平生态文明思想，努力打造新时代的生态文明典范城市"。那么，作为河北"两翼"之一的张家口，也将比肩雄安新区，建设成为新时代的生态文明和绿色发展典范地区。根据地理空间和生态环境的统一性原则，笔者认为，"张北地区"不是指字面上的张北县区域，而应该是包括张北县在内的张家口全域。张家口地区甚至包括承德地区，从生态学意义上共同构成京津冀地区上下游生态关联区，建设发展上具有明确的整体性要求。

三、"张北地区"绿色建设发展遵循的原则

总体而言，"张北地区"建设发展遵循的原则应该包括三方面，即坚持绿色发展、着力解决突出环境问题、加大生态系统保护力度。

（一）坚持绿色发展

加快建立绿色低碳循环发展的经济体系。构建绿色技术创新体系，发展绿色金融，壮大节能环保产业、清洁生产产业、清洁能源产业。推进能源生产和消费革命，构建清洁低碳、安全高效的能源体系。推进资源全面节约和

---

① 张家口市国民经济和社会发展第十三个五年规划纲要 [N]. 张家口日报，2016-05-10（001）.

② 回建. 锐意改革 勇于担当 为扎扎实实交出冬奥会筹办和本地发展两份优异答卷而奋斗 [N]. 张家口日报，2017-03-29（001）.

循环利用。倡导绿色低碳的生活方式。全面和严格实施产业发展生态化，将传统资源型、数量型产业替代升级为环保型、低碳型、可持续型、高科技高技术的质量型产业。

（二）着力解决突出环境问题

确保北京上风上水地区生态环境绝对安全。持续实施大气污染防治行动，打赢蓝天保卫战。加快水污染防治，实施流域环境和近岸海域综合治理。强化土壤污染管控和修复，加强农业面源污染防治，开展农村人居环境整治行动。加强固体废弃物和垃圾处置。建立污染排放惩罚机制，提高污染排放标准，强化排污者责任。

（三）加大生态系统保护力度

建立健全区域间生态补偿机制。实施重要生态系统保护和修复重大工程，优化生态安全屏障体系，构建生态廊道和生物多样性保护网络，提升生态系统质量和稳定性。完成生态保护红线、永久基本农田、城镇开发边界三条控制线划定工作。开展国土绿化行动，推进水土流失综合治理，强化湿地保护和恢复，加强地质灾害防治。完善天然林保护制度，扩大退耕还林还草。严格保护耕地，扩大轮作休耕试点，健全耕地草原森林河流湖泊休养生息制度，建立市场化、多元化生态补偿机制。

四、建设"张北地区"绿色发展的必然性

高起点规划高标准建设雄安新区，重点打造北京非首都功能疏解的集中承载地，它的意义主要是"疏解"。"张北地区"建设则应以生态发展、绿色产业建设为抓手，把清风、净水、蓝天、白云输送给首都，在抓好"本地发展"的同时为北京输入优质生态产品，确保生态安全。

（一）地理上北京与河北原本一体

河北省大部分属于海河流域，与北京共同构成一个完整的生态共同体。河北有近 19 万平方公里的草原、山地、丘陵、平原和海岸，水系由北向南依次是潮白河、永定河、卢沟河、拒马河、白沟河、滹沱河、滏阳河等河流，这些河流全部都流入海河，注入渤海，构成一个完整的自然流域。长期以来，这个完整的自然流域被京津冀三地的行政区划分成三块，上中下游协

同发展以及资源开发、产业布局、生态保护等诸多方面的统筹受到限制。一个完整的生态系统需要一体化维护和建设，在行政区域分割情况下，生态环境建设出现体制机制问题。现在，水资源短缺、环境污染、生态破坏、大气污染严重等环境问题凸显。2014 年 2 月 26 日，习近平总书记主持召开京津冀协同发展座谈会，将京津冀协同发展上升为国家战略，明确指出"要把河北张承地区定位为京津冀水源涵养功能区"。京津冀协同发展打破行政区划限制，协同发展，统一规划，在交通一体化、生态环保、产业转移等三个重点领域率先突破，使被切分为上、中、下三段的海河流域生态建设得以完整推进。

（二）历史上京津冀本来一家

抓好京津冀协同发展，实质上是历史的回归。明清以来，河北省是封建王朝的直隶省，从大名府、河间府、正定府、保定府、顺天府、永平府，到八达岭以北的宣化府，都属直隶省，没有分开过。天津是明代的一个卫，新中国成立初期曾经是河北省的省会。明成祖朱棣迁都北京之后，河北地区尤其是保定、宣化、永平府成为畿辅之地。改革开放 40 年来，首都北京在各方面快速发展，发展水平已经遥遥领先于周边地区，这种发展的落差已经对区域生态环境一体化建设和区域经济协同发展造成不利影响。进入新时代，首都的发展需要与周边地区多领域、全方位、深层次地协调联动。应该以站在区域发展整体性思维的角度，整体性规划发展空间，共同建设生态环境，就是提出"张北地区"建设的历史考量。

（三）建设"张北地区"是张家口发展的历史必然

新中国成立以来，张家口市是以重工业发展为主，产业结构完备的经济均衡发展地区，地区生产总值多年稳居河北省前 5 名。由于历史原因，张家口经济发展一直以矿产资源开发和重工制造业为主，经济发展和产业结构与东北重工业区基本相同，属典型的资源型、数量型经济。随着国家改革开放和经济全球化、经济结构转型升级的加快，绿色可持续发展成为大势所趋，张家口原来的经济发展特征已经不可持续，甚至构成发展桎梏。中共十八大以来，秉持"五大发展理念"，在习近平新时代中国特色社会主义思想指引下，张家口市委市政府以极大的魄力和勇气，破旧立新，抢抓京津冀协同发展、与北京联合承办冬奥会、创建国家可再生能源示范区三大历史机遇，积极创建"首都水源涵养功能区和生态环境支撑区",一张绿色崛起的宏伟蓝图日渐清晰。可以说,把张家口地区建设成为新时代的生态文明和绿色发展典范地区既是张家口经济社会发展的战略要求,也是历史的必然选择。目前,为适应生态文明和绿色发展,张家口市产业结构正在持续优化,正由数量型、资源型经济向质量型经济转化:三次产业结构持续优化;新兴经济蓬勃发展,资源型经济、过剩产能经济正在收缩,新经济、新动能增长明显。以葡萄酒业、烟草加工业为主的现代农产品加工业实现稳定增长。以汽车制造业、通用装备制造业为代表的先进制造业实现快速增长。以废旧资源再加工利用产业和新能源发电产业为代表的绿色环保产业实现大幅度增长;经济对外开放程度进一步扩大。

（四）生态建设是建设"张北地区"的前提和保障

第一,生态优势突出。张家口市土地总面积 3.68 万平方公里。其中,农用地 249.7 万公顷,占土地总面积 67.9%;建设用地 16.31 万公顷,占土地总面积 4.4%;未利用土地 101.93 万公顷,占土地总面积 27.7%。全市森林面积达 2737 万亩,森林覆盖率达 43%。域内拥有内陆河水系、滦河水系、永定河水系、潮白河水系、大清河水系五大水系,水资源总量为 17.99亿立方米,全市多年平均水资源可利用量为 11.25 亿立方米。全市湿地面积为 346 万亩,湿地覆盖率为 5.95%。张家口优越的地理特征和适宜的自然环境呈现出鲜明特点:一是地形复杂多样,土地类型多样性保证了生态资源和开发利用的多样性。高原、山地、丘陵、河谷、盆地一应俱全,且植被丰富,生态保持良好。二是环境清洁优美,保证了生态资源开发的可用性和承载力。张家口市水资源并不丰富,但是全市地表水监测断面水质优良率达87.5%。空气质量综合指数 4.18,PM2.5 年均浓度 31 微克 / 立方米,空气质量达标天数 268 天,保持京津冀地区最好水平。三是可再生能源储量丰富,可再生能源开发利用前景广阔。2015 年国务院批准张家口设立可再生能源示范区。2018 年底,全市风能发电总装机容量达 932.7 万千瓦,并网 872.3万千瓦。光伏发电装机容量 408.8 万千瓦,并网 408.8 万千瓦。中科太阳能储热、100MW 空气储能等 12 个示范项目取得进展,全球首个规模最大柔性直流电网试验示范工程获国家核准。以可再生能源开发利用为核心的技术、产业正在向张家口汇聚,从技术研发到装备制造,再到新能源消纳,张家口新能源全产业链日趋完整。第二，生态建设取得新进展。提升森林覆盖率。2018 年完成绿化造林面积 601.02 万亩，全市林木覆盖率达到 2472 万亩，林木覆盖率达 44.7%。扩大草原面积。加大轮作休耕与退耕还草面积，改善草原生态环境，计划实施退耕还草面积 180 万亩，2022 年前完成退耕还草规模 98.2 万亩。建设国家草原公园及精品牧场。在坝上地区规划建设若干个面积在 1 万—2 万亩的精品牧场，试验示范草原围栏封育、草原改良、典型区域治理和农牧交错带畜牧业转型升级，国家草原公园的建设框架已经拉开。扩大湿地面积。全市湿地面积 345 万亩，湿地覆盖率 6.2%。对坝上 30 万亩高原湿地链进行了抢救性恢复保护，保护并修复潮白河与永定河上游 67 万亩湿地，推进建设 10 大国家湿地公园和 10 大省级湿地公园。实施蓝天工程。推动重点行业排污深度治理和"散乱污"企业整治，全面淘汰 35 吨及以下燃煤锅炉，新能源和清洁能源公交车比重提高到 100%。冬奥崇礼赛区 2021 年前 PM2.5 年均浓度稳定降至 25 微克 / 立方米，其他区域空气质量明显改善。实施碧水工程。提升水环境质量，重点构建"城园镇村全域化"污水排放防控和处理体系，严格执行水污染物排放总量和浓度双控制度。实施净土工程。提升固体废物资源化利用效率，加大了农村面源污染治理力度，全面治理农村土壤污染和水体污染。加大了矿山固体废弃物资源化利用，在张家口市区、宣化区、崇礼区建设建筑垃圾资源化利用中心，在张家口市区和崇礼区建立 2 处生活垃圾资源化利用中心。

五、"张北地区"绿色发展的对策建议

建设"张北地区"的有效措施应该适时提上日程并落到实处，如制订实施方案，加强顶层设计；做好空间规划，优化国土利用；多管齐下，打赢环境保护攻坚战；构建绿色产业体系，实现生态强市；完善制度体系，改善营商环境等。

（一）制订实施方案，加强顶层设计

要坚持生态建设、脱贫攻坚、新型城镇化、绿色产业"四位一体"，统筹生产、生活、生态，制定具体的行动计划和实施方案。首先，制定北京水源涵养功能区和生态环境支撑区建设实施方案。着力解决突出环境问题，确

保北京上风上水地区生态环境绝对安全，加大生态系统保护力度，实施重要生态系统保护和修复重大工程。其次，坚持绿色发展，制订绿色低碳循环发展的经济发展规划。推动产业发展生态化，将传统资源型、数量型产业逐步升级为环保型、低碳型、可持续型、高科技高技术的质量型产业。

（二）做好空间规划，优化国土利用

要坚持"多规合一"，综合考虑人口分布、经济布局、国土利用、生态环境保护等因素，科学布局生产空间、生活空间、生态空间，构建集成统一、权责明晰、科学高效的国土空间规划体系。特别要对全市林、草、湿地、水资源进行彻底清查，摸清生态资源总量。依据生态优先原则，对全市进行生态建设区划，划分生态保护核心区（严禁开发、人口迁出、全面保护）、限制开发区（以保护为主，可进行不破坏生态的浅度开发）、混合开发区（保护与开发相结合），明确不同生态保护区内的产业布局规划和负面清单。

（三）多管齐下，打赢环境保护攻坚战

关停所有不符合环评标准的损坏生态环境和造成环境污染的所有矿山，严格矿上项目审批和监管。严格控制地下水开采，严格控制工农业用水，地下水开采量控制在5亿立方米以下，水资源涵养量提升到35亿立方米以上。实施"引黄济张"工程，从万家寨引黄河水，经大同、阳原、宣化，向永定河补水。彻底修复坝上草原生态，创建国家草原公园和生态牧场，对草场资源科学利用，草原"三化"面积治理率达95%以上。实施清洁供暖，取缔燃煤锅炉，减少污染排放。大力推动绿化造林，到2035年全市森林覆盖率达55%。建立严密的环境监测网络，全方位加强对大气、水体、土壤环境污染监测，严格控制污染排放。

（四）构建绿色产业体系，实现生态强市

以建设国家可再生能源示范区和筹办绿色冬奥为契机，不断提高可再生能源开发利用能力，完善可再生能源装备制造、科技研发、生产服务全产业链，形成国家级可再生能源应用示范基地。发展零度以下经济，引进高端冰雪装备制造产业，打造中国冰雪装备品牌，形成研发、制造、展销、经营全产业链。发挥毗邻京津优势，做优大数据产业，构建绿色数据产业集群。围绕高端化、智能化、网络化，引进和培育一批高端装备制造业。做精绿色生态农业，推进农村三产融合，优化种植结构，培育地方优秀作物品种，发展农产品加工业，实现农业现代化。做活文化旅游康养产业，充分发挥本地生态环境优势，立足深厚的文化底蕴，与北京合作开展京张文化旅游带建设，打造京北康养休旅天堂。借筹办冬奥契机，大力发展冰雪运动和冰雪旅游，提高冰雪赛事服务水平，推动冰雪文化创意、冰雪运动、冰雪旅游融合发展。

（五）完善制度体系，改善营商环境

要制定完善各个层面、各个环节的工作标准，建立全程化的质量标准体系，确保各项工作有力有序有效推进。从财税、土地、金融、人才、社会保障等各个方面制定相关配套政策，为科学摆布发展格局、优化空间格局、调整产业布局提供政策支撑。与北京、天津协商，研究制定上下游间的生态补偿机制研究，测算上游资源输出量，给生态资源合理定价，对生态资源权属进行确权，明确补偿客体，测算机会成本损失量，建立合理稳定的生态补偿机制。

后冬奥时代张家口冰雪产业与旅游产业融合发展研究[*]

孔 伟 任 亮 韩 燕[**]

　　2022 年北京携手张家口迎来了第 24 届冬季奥林匹克运动会，实现带动 3 亿人滑雪。崇礼地区作为比赛场地给张家口的冰雪旅游产业发展带来广阔的前景，使张家口崇礼区成为京津冀地区闪闪发光的"运动之城"。大量有关冰雪运动政策的出台，推动冰雪业态延伸并呈现多元化，滑雪场地扩展新建、相关基础设施不断完善，滑雪项目产业链不断完善与升级。近年来，张家口市累计引进冰雪产业项目 109 项，已投产运营 51 项，冰雪产业呈现出强劲发展态势。冬奥盛宴落下帷幕后，张家口如何续写冰雪"文章"，如何充分利用举办奥运会而兴建的场馆等一系列配套设施，实现张家口冰雪产业可持续发展，通过系统梳理相关理论与文献，对后冬奥时代冰雪产业与旅游产业融合发展的可行性进行分析，提出两者融合的路径，助力后冬奥时代张家口产业经济可持续发展。

---

　　* 基金项目：国家社会科学基金项目"人地耦合视角下京津冀生态涵养区生态环境适应性评价与社会力量参与治理研究"（19BSH077）；河北省高等学校人文社会科学重点研究基地项目"生态建设与产业发展研究"（冀教科〔2014〕31 号）；河北省教育厅人文社会科学研究重大课题攻关项目"发挥奥运效应打造北翼发展新高地研究"（ZD202006）资助。
　　** 孔伟，河北北方学院生态建设与产业发展研究中心副教授、硕士生导师；任亮，河北北方学院副校长、教授、博士生导师；韩燕，河北北方学院生态建设与产业发展研究中心研究人员。

一、文献综述

《冰雪运动发展规划（2016—2025 年）》提出，随着北京冬奥会成功申办，要着力促进中国冰雪体育运动繁荣发展，全方位为冰雪产业发展注入新动能，推动中国冰雪产业发展迈进更高阶段。"冰雪热"吸引了许多国内外相关学者对冰雪产业进行研究。国外学者 Fischer A.[1] 通过案例研究对冰川、积雪和气候变化在奥地利滑雪旅游的影响和可能的适应措施进行分析；Steiger，Robert[2] 分析气候变化的脆弱性对敏感性滑雪住宿行业企业的影响；Toeglhofer C.，Eigner F.，Prettenthaler F.[3]，研究冰雪条件对旅游需求的影响；Daries-Ramon N.[4] 通过 eMICA 模型分析滑雪胜地的网页，在分析滑雪胜地网站内容技术的基础上，提出滑雪胜地旅游电子商务采用。当前中国的冰雪产业进入了快速发展的黄金时期，产业实现高质量发展要紧抓冬奥契机[5]。白鹤松[6] 认为，冰雪产业是依托冰雪资源的新兴资源型产业，提出未来冰雪产业的发展要更加注重理论框架的研究与完善，以及对冰雪产业全产业链的构建及发展研究，克服资源约束实现可持续发展。学术界很多学者对旅游相关的产业融合现象进行研究，取得了很多具有现实意义的研究成果。例如，王慧敏[7] 认为，旅游产业较强的渗透性使得旅游产业与其他产业融合形成新业态成为可能。王颖[8] 认为，旅游产业的发展需要大量相关产业的支撑，其

---

[1] Fischer A., Olefs M., Abermann J. Glaciers, snow and ski tourism in Austria's changing climate [J]. Annals of Glaciology, 2011, 52 (58): 89–96.

[2] Steiger, Robert. The impact of snow scarcity on ski tourism: an analysis of the record warm season 2006/2007 in Tyrol (Austria) [J]. Tourism Review, 2011, 66 (3): 4–13.

[3] Toeglhofer C., Eigner F., Prettenthaler F. Impacts of snow conditions on tourism demand in Austrian ski areas [J]. Climate Research, 2011, 46 (1): 1–14.

[4] Daries-Ramon N., Eduard Cristóbal-Fransi, Martin-Fuentes E., et al. E-commerce adoption in mountain and snow tourism: Analysis of ski resort web presence through the eMICA model [J]. Cuadernos De Turismo, 2016, 37: 483–487.

[5] 郭金丰. 北京冬奥会背景下推动我国冰雪产业发展的对策 [J]. 经济纵横，2018（8）：7.

[6] 白鹤松. 冰雪产业发展研究综述 [J]. 中国人口·资源与环境，2016（S1）：4.

[7] 王慧敏. 旅游产业的新发展观：5C 模式 [J]. 中国工业经济，2007（6）：13-20.

[8] 王颖. 西藏旅游发展战略探析 [J]. 地域研究与开发，2008（4）：81-85.

产业边界逐渐变得模糊，出现了与其他产业融合的现象。当前中国致力于推动旅游产业的转型升级，李太光和张文建[①] 在主体维度、产业维度、空间维度、功能维度和技术维度上指出旅游产业的融合化发展有三种主要路径：一是"泛休闲化"，二是"广服务化"，三是"准模块化"，从而提升旅游产业发展效能。

《河北省冰雪旅游发展实施方案（2021—2023 年）》提出，以 2022 年北京冬奥会为契机，深入挖掘冰雪旅游发展潜力，使冰雪旅游朝着高质量方向发展，积极构建冰雪旅游产业发展新格局。随着信息化时代的发展，冰雪产业与旅游产业作为相互关联紧密的社会经济现象，其两者相互融合渗透的创新模式成为发展的必然趋势[②]。近年来，有关冰雪产业与旅游产业融合发展研究也取得了一些有价值的成果。如李在军[③] 通过自组织理论对冰雪旅游产业融合发展进行研究，强调了信息技术、政策引导、业态发展的重要性。秦继伟[④] 从边缘效应理论视角，运用数据包络分析法（DEA）对当前冰雪产业和旅游产业融合发展效率进行评估，分析了造成融合效率不高的原因并提出促进两者融合发展的策略。张蕾青[⑤] 基于国际视角，对冬奥会举办城市的相关发展措施进行借鉴，优化产业功能，为张家口市冰雪旅游产业发展提出战略思考。王晓军[⑥] 将奥运经济效应融入产业发展过程，提出了在冬奥影响下张家口冰雪产业发展的三个阶段的不同情况，对推进冰雪旅游产业链的发展提出具体举措。林志刚[⑦] 认为，冰雪产业与旅游产业深度融合有利于产业结

① 李太光，张文建．新时期上海推动旅游业转型升级的若干思考 [J]．北京第二外国语学院学报，2009，31（3）：44-49.

② 李在军．冰雪产业与旅游产业融合发展的动力机制与实现路径探析 [J]．中国体育科技，2019，55（7）：56-62+80.

③ 李在军．冰雪产业与旅游产业融合发展的动力机制与实现路径探析 [J]．中国体育科技，2019，55（7）：56-62+80.

④ 秦继伟．边缘效应理论视角下冰雪产业与旅游产业融合发展策略研究［J/OL］．经济地理：1-15 [2022-02-12].

⑤ 张蕾青．2022 年冬奥会效应下张家口冰雪旅游产业发展的战略思考 [J]．中国旅游论坛，2018（3）：25-38.

⑥ 王晓军，王浩．2022 年冬奥会对张家口冰雪旅游产业的影响及对策研究 [J]．冰雪运动，2016，38（3）：65-69.

⑦ 林志刚，李杉杉，吴玲敏．2022 年北京冬奥会推动京津冀冰雪旅游公共服务协同发展策略研究 [J]．中国体育科技，2021，57（9）：20-28.

构转型升级，要加快京津冀冰雪旅游公共服务协同发展。

越来越多的专家学者注重对冰雪产业融合发展的研究，相关研究成果逐渐增多，但冰雪产业与旅游产业融合发展仍缺乏系统性的理论成果。且国内的研究集中在冰雪旅游的类型与特征、冰雪产业与旅游产业融合的重要性和具体措施，对冰雪旅游产业的内涵、冰雪产业与旅游产业融合可行性分析及现实发展路径等方面的研究尚缺乏系统的理论支撑，仍要不断丰富冰雪产业与旅游产业融合发展的研究视角和研究方法，拓深其研究广度和深度。总之，现有研究总量较少，目前仍处于起步阶段，未来还有较大的探索空间。

二、冬奥驱动的张家口冰雪旅游产业发展现状及问题

（一）发展现状

张家口市，地处河北省西北部，河北省下辖地级市。其雪资源条件极佳，发展潜力巨大，不仅拥有优质的天然滑雪区域，更是国内最优质的滑雪资源富集地之一。近年来，张家口市正抢抓冬奥会重大机遇，大力发展冰雪产业为主导产业，完善冰雪产业链。冬奥前期，大量滑雪场地兴建，相关基础设施更加健全。在冬奥举办过程中，张家口市知名度在国际上大幅度提升，吸引着国际政商界以及冰雪运动爱好者。2019 年张家口市参与冰雪运动人数达 304 万，2020 年已达到 500 万，受疫情影响 2021 年参与冰雪运动约为 220 万人，虽然较上一年相比有所下降，但参与冰雪运动的人数从总体上看也在大规模增加。由此可见，参与冰雪运动的人数不断增多，冰雪运动越来越多地被大众所了解并尝试，真正实现带动 3 亿人参与冰雪运动（图 1）。

随着滑雪场地的改进完善，张家口近几年承办冰雪赛事项目数量不断增加，承办比赛规模、赛事等级均呈上升趋势，其注册运动员数量也不断增加：2016 年张家口注册运动员人数为 189 人；2017 年、2018 年分别增长至 207 人、243 人；2019 年、2020 年均为 325 人，到 2021 年人数增加至高峰，达到 2000 余人，冰雪运动逐渐国际化（图 2）。

张家口市冰雪旅游产业兴起于 20 世纪 90 年代初期[①]。崇礼区建立了张

---

① 郝梦雨 . 2022 年冬奥会对张家口冰雪旅游产业发展的影响 [J]. 才智，2017（4）：257.

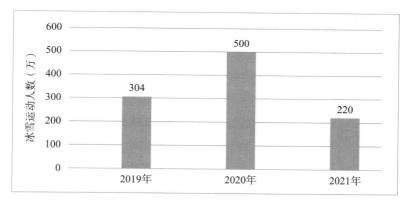

图 1 张家口参与冰雪运动人数
数据来源：张家口市 2021 年国民经济和社会发展统计公报

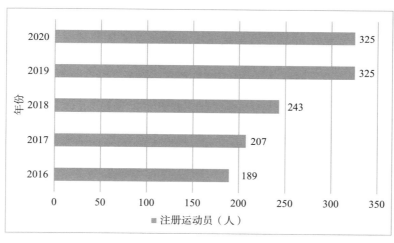

图 2 2016—2020 年张家口注册运动员人数
数据来源：张家口市 2021 年国民经济和社会发展统计公报

家口市第一个滑雪场——塞北滑雪场并作为冬奥比赛项目承办分赛区，借奥运会的东风，知名度快速提高，越来越多的游客光顾崇礼滑雪场，冰雪旅游业发展前景广阔，旅游服务设施也日益完善。崇礼区因此获得了经济发展的"金钥匙"。万龙滑雪场、太舞滑雪场、富龙滑雪场等，也迎来巨大发展契机，场地规模质量及旅游服务水平不断国际化。由此可见，张家口市冰雪旅游产业发展已成为必然趋势。

（二）存在问题

近年来，《张家口市冰雪产业发展规划（2019—2025 年）》的提出，加速了冰雪旅游产业融合发展进程，冰雪产业与旅游产业融合作为新业态受到越来越多的重视。但目前张家口市冰雪旅游产业整合性不高，仍存在产业集聚带动能力弱、缺乏技术创新与专业性人才的问题。

1. 产业集聚与带动能力弱

张家口冰雪旅游产业园区建设资金缺口较大，财政力度不足，市场发展较慢，产业综合配套水平较低，共有 9 处冰雪旅游资源接待处，其中只有 3 处接待能力较强。虽然在雪场开发上具有很大优势，但冰雪产业相关配套服务设施不够完善，如适应冰雪旅游衍生出的酒店、宾馆等，与景区相距较远，交通不便。缺乏高质量的配套服务，难以将冰雪旅游的各个环节完整有效地串联起来，造成产业集聚与带动能力下降，不能更好发挥冰雪旅游的优势，也在一定程度上对张家口举办冬奥的国际形象产生影响。

2. 冰雪旅游复合型人才少

冰雪产业与旅游产业融合形成一套完整的产业服务链，冰雪人才的培养不同于其他项目，冰雪专业人才培训周期较长，因此对相关环节人员配置要求不断提高。张家口冰雪旅游产业专业人才储备不足的弊端日益显现。与冰雪旅游相关的人才，如冰雪运动竞技人才、培训服务人才、冰雪旅游运营管理人才等都面临紧缺。特别是在冰雪旅游旺季，专业教练人员不足，业务能力较差，在运动过程中存在诸多问题。另外，由于专业人才缺少导致高质量滑雪运营组织少，相关管理团队缺乏专业的管理思维和管理系统，造成产业运营机制难以达到协调一致，这在很大程度上降低冰雪旅游消费者的期待值，市场缺口大，不利于冰雪产业与旅游产业融合的可持续发展。

3. 冰雪旅游缺乏技术创新

张家口抢抓冬奥契机，冰雪旅游迎来发展爆发时期，但同时也伴随诸多问题。由于技术条件的限制，相比于国际著名旅游滑雪胜地，张家口冰雪旅游资源开发不充分。技术创新是产业发展的重要支撑，由于张家口冰雪装备高端制造竞争力不强，自主研发能力不足，人工造雪技术与国外相比仍存在差距，冰雪旅游"一季养三季"的现象得不到改善，从而缩短冰雪旅游周期。旅游产品开发缺乏创新，产业间融合不够充分，产业宣传不够充分，较少在全国范围的媒体或平台上进行宣传和推介，像欧美国家及邻国俄罗斯、韩国、日本等国的冰雪产业游客数量都非常大。由此可见，张家口冰雪旅游发展品牌影响力较弱，以消费冰雪体验性产品来调动民众参与冰雪消费的热情上仍存在欠缺。

4. 产业间业态整合性不高

张家口历史悠久，文化底蕴深厚。滑雪旺季接待游客数量不断增长，以崇礼区为例：2020—2021 雪季接待游客 235.02 万人次，同比增长 78%；旅游收入 19.4 亿元，同比增长 83%，但产业融合并没有将张家口地区区域特色融入其中，业态融合不充分的问题依然存在。如具有浓厚当地民俗的旅游项目与冰雪产业相关项目未能实现深入结合，冰雪旅游文化创新性得不到提高，缺乏独特的竞争优势以及新的竞争活力。冰雪旅游与康养、购物等其他产业的整合性同样有待提高。

三、冰雪产业与旅游产业融合的可行性分析

产业融合是社会发展的必然趋势，冰雪旅游产业是冰雪产业与旅游产业深度融合的新兴产业形态[①]。产业间的高度关联作为产业融合的基础，内靠消费需求的驱动，外靠科学技术的推动，冰雪产业为旅游产业提供滑雪运动市场，旅游产业为冰雪产业提供休闲游玩等元素，使冰雪产业与旅游产业融合具有可行性（如图 3）。

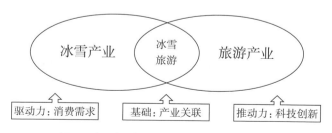

图 3　冰雪产业与旅游产业融合的可行性分析

---

① 彭筱媛，张宏，陈越红 . 冰雪旅游产业对黑龙江经济发展的促进研究 [J]. 经济研究导刊，2018（6）：152-153.

（一）产业高度关联是冰雪产业与旅游产业融合的基础性条件

冰雪旅游产业，其综合性较强，且具有多层次的特点。从冰雪产业的角度看，冰雪产业为旅游产业提供独特性和地域性，包括天然的旅游资源、旅游活动场地，器材以及相关基础设施。从旅游产业的角度看，旅游产业的发展能够吸引更多旅游者，因而提高冰雪产业的知名度，作为服务产业，不仅在一定程度上会吸纳人员就业，增加区域经济收入，以此推动冰雪运动装备、场地等朝着更高质量发展，而且通过丰富的旅游产业资源不断满足人们的精神文化需求。由此可见，产业间高度关联是冰雪产业与旅游产业融合的基础性条件。冰雪资源和旅游资源优势互补，产生 1+1>2 的协同效应，实现双赢，进而促进社会经济可持续发展。

（二）内在驱动力

冰雪旅游产业是以需求为导向、以产品为载体、以服务为平台的体验型经济。消费者的需求是产业经济发展最有力的支撑。随着冬奥会的结束，人们对冰雪运动需求增加，越来越多的人渴望体验冰雪旅游活动。当前人们对冰雪旅游需求的提高分为以下两个特点：多元化和情感化。多元化体现在由于外部环境的变化以及个体的差异性，无论是对冰雪旅游产品还是消费过程的体验感都提出了更高的要求，消费需求趋于个性化、多元化。另一方面，社会快速进步，人们生活水平提高，单一的冰雪运动产品质量和性能难以满足消费者需求，而冰雪产业与旅游产业融合实现体育运动与旅游文化相结合，能更好地增强满足感，赢得消费者的情感信赖。因此，冰雪旅游消费升级成为冰雪旅游产业融合发展的内在驱动力。

（三）外在推动力

技术创新是推动产业融合重要动力源。冰雪旅游业的发展需要借助技术创新实现转型升级。产业技术创新并在产业间互相扩散导致不同产业之间技术性进入壁垒逐渐消失，使不同产业形成了共同的技术基础，并使不同产业的边界趋于模糊，最终导致产业融合①。冰雪产业与旅游产业的融合广度和深度受科学技术的创新影响，比如通过技术创新丰富产业间融合内容及形式，人工合成特殊材料建造绿色环保的旱冰场、滑雪场，不仅降低旅游成

---

① 于刃刚，李玉红，麻卫华，等 . 产业融合论 [M]. 北京：人民出版社，2006：18.

本，而且为冰雪产业与旅游产业融合发展提供了更广阔的空间。

四、融合路径

奥运会是张家口地区冰雪产业发展的新引擎，为发展特色冰雪旅游产业奠定坚实基础。后冬奥时代张家口市应紧抓机遇，持续释放冬奥效应，跑出发展"加速度"。从资源、技术、人才、业态四个方面创新冰雪产业与旅游产业发展的新路径（如图4）。

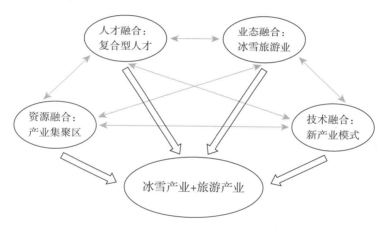

图 4 冰雪产业与旅游产业融合发展路径示意

（一）资源融合：加快相关设施建设，增强产业集聚与带动能力

张家口应加快推进冰雪运动装备产业园工程建设，强化资金支持，破解产业基地建设融资难题。借冬奥的东风，实现冰雪装备制造产业项目快速发展，增强产业集聚与带动能力；加快推进冰雪产业及相关基础设施建设，为加速冰雪产业与旅游资源优化整合，实现冰雪旅游产业共建共享做充分准备。

《中国冰雪旅游消费大数据报告（2019）》指出，张家口已成为中国十大人气最高的传统冰雪旅游目的地之一。因此张家口要以冰雪产业为基础，以旅游产业为依托发展冰雪旅游业，形成以崇礼区为中心的发展布局。构建"体育＋旅游"产业集聚区，充分利用产业集聚效应，有效地将冰雪旅游

"吃、住、行、游、购、娱"各个环节完整有效地串联起来，提高雪场专业设施配备水平，注重滑雪体验，提供附加服务。致力于打造独具特色的冰雪旅游名片，不断拓宽张家口冰雪旅游产业的发展空间。

（二）人才融合：完善人才培养体系，培育高质量滑雪运营组织

知识融合是产业融合的前提，人才是实现知识融合的关键，冰雪人才是冰雪旅游产业提质增效的关键要素。要想实现产业融合，归根到底要实现人才融合。在市场化认知上，应该形成"全域的大局观"。系统地培养专业人才，充分利用普通高校、体育学院、旅游学院等设立体育旅游方向，结合张家口现状制订人才培养方案。开设冰雪雕塑、滑雪旅游、冰雪设备维护等相关课程，加强张家口市冰雪运动人才储备，同时与崇礼雪场、万隆雪场等签订实习合作，理论与实践相结合进行"冰雪＋旅游"复合型人才培养。

实施人才引进机制，鼓励并组织冰雪企业、冰雪相关企业在张家口进行招聘活动，为更多的人提供就业岗位同时储备大量冰雪人才。注重培养滑雪体育高水平运营人才，形成高质量滑雪运营组织，打造专业的管理团队，协调产业运营机制，能够出台更多旅游策划、规划、运营、管理和营销等举措来吸引专业人才投入冰雪产业与旅游产业的融合当中来。推动冰雪企业与旅游企业兼并重组，通过整合资源，提高冰雪旅游消费者的期待值，既满足消费需求赢得市场，又促进冰雪产业与旅游产业融合的可持续发展。

（三）技术融合：打破产业技术壁垒，创新冰雪产业与网络融合新模式

冰雪旅游的发展因冬奥会的举办迎来爆发期，随着冬奥的落幕，为了避免后奥运时代冰雪旅游出现一些场馆闲置、产业发展缺乏吸引力导致经济发展后退的现象，打破产业间的技术壁垒，形成"冰雪产业＋互联网"的创新型新模式，成为后奥运时代张家口冰雪产业发展亟待解决的问题。

为了缩小冰雪旅游淡旺季收益差距，相关企业可以利用"四季经营"的思路进行自救，通过提高技术创新能力，高质量生产人造雪、建设室内滑雪场等，解决滑雪旅游"一季养三季"的问题。此外，在互联网快速发展的趋势下，冰雪产业与网络产业间技术融合创新已成为后奥运时代张家口实现冰雪旅游发展的必然趋势。将计算机、大数据等科技融入冰雪旅游，为消费者提供更为全面的服务。利用冰雪旅游网络平台，整合各种旅游信息资源，精准定位消费者需求，"一站式"服务使冰雪旅游获得全方位保障。另外，借

助互联网技术对张家口特色冰雪旅游进行宣传，将冰雪旅游、张家口特色城市、国际赛事举办相结合，强化网络营销方式，延续冬奥后续效应。以技术创新促进产业经济发展不断进步。

（四）业态融合：拓展业态融合空间，丰富"冰雪＋X旅游"消费端供给

张家口冰雪产业在奥运红利驱动下快速发展。体育旅游作为冰雪产业与旅游产业深度融合的新型产业形态，成为张家口旅游消费升级的重要方向，更是张家口旅游产业转型升级的重要引擎[①]。张家口地区要实现后奥运时代产业可持续发展，就要拓展业态融合空间。通过一系列冰雪活动，以旅游资源为依托，创新发展模式，推动"冰雪产业＋购物旅游""冰雪产业＋康养旅游""冰雪产业＋文化旅游"协同发展。

冬奥期间，充满中国元素的奥运吉祥物畅销全国，"实现冰墩墩自由""一户一墩"等网络热词的出现，启示张家口可以设计具有当地特色元素的纪念品、吉祥物，投放于各大滑雪场。与鸿星尔克、安踏、贵人鸟等国产运动品牌合作，丰富体育服饰、鞋帽以及运动器材等消费端供给，增加各类体育服务、运动场馆预订和冰雪园区观赏等活动的消费，实现冰雪购物旅游。借势"后奥运"时期冰雪旅游发展张力，发展冰雪康养旅游，实施冰雪度假基地、冰雪旅游小镇和温泉养生小镇等项目。加快推进冰雪产业年俗、文创进行融合，不断完善冰雪旅游"吃住行游购娱"要素，推进冰雪旅游实现全域覆盖。

综上所述，中国冰雪旅游每年达到560多万人，具有巨大的发展潜力。张家口地区由于自身具备发展为国际一流滑雪胜地的资源条件，加之北京冬奥会的成功举办，留下丰富的冬奥遗产，加速了冰雪旅游产业的融合发展。相关设施不断完善，产业集聚发展吸纳更多就业人员；专业人才促进冰雪旅游国际化；技术创新在实现产业可持续发展的同时也为相关业态融合奠定基础。伴随着冰雪旅游产业结构的不断转型升级，不仅有利于满足人们休闲体育运动需求，而且有利于促进社会经济进步。当然，在具体实施过程中也会出现很多问题，但冰雪产业和旅游产业融合形成新业态发展的大方向一定是正确的。

①　史敏，郭艳萍 . 山西"体育＋旅游"产业融合途径探究 [J]. 山西广播电视大学学报，2021，26（3）：105–108.

体育强国的文化和金融支持

陈　剑

一、体育强国的文化支撑

体育文化深层结构是一切体育行为的根本原因。这包括与体育有关的哲学思想、价值判断、健康观、审美观等构成的思想体系。由此决定体育文化具体形态的存在依据、发展原则和发展方向。

法国教育家顾拜旦把体育纳入现代教育体系中，将体育运动的竞技特性与"更高、更快、更强"精神特质相结合，由此创建的奥林匹克主义，是体育与文化融合的经典。

国际奥委会在其《奥林匹克宪章》中指出，奥林匹克主义是使人"全面均衡发展的一种生活哲学"，奥林匹克是要创建一种新的"生活方式"，这种生活方式让体育运动为人的和谐发展服务，并"促进建立一个维护人的尊严的、和平的社会"。

体育与文化的融合，中国有着丰富的历程。新中国成立以来，中国一直提倡"友谊第一，比赛第二"，就是将体育运动作为增进人类共存共享理念的桥梁。从"乒乓外交"到2008年北京奥运会，体育比赛既是增进人们健康的手段，也是增进世界各国互相理解的桥梁，这背后既有中国拥抱世界的胸怀，也体现了中国传统文化海纳百川、有容乃大的精神。

体育关乎人民幸福。随着经济持续增长，近年来人民群众对体育健身、健康的需求大大提高。中国在全球快速崛起，也要求体育与之相适应，即加快建设体育强国，以与人民需求相适应。何谓体育强国，就是把人民群众对健康幸福美好生活的向往作为奋斗目标，实现竞技体育、群众体育和体育产业齐头并进，共同发展。这其中，体育文化支撑不可或缺。

现阶段，中国在竞技体育发展方面有一些优势项目，例如乒乓球。也有一些弱势项目，例如三大球。此外，竞技体育项目如何更多展示中华民族有特色的活动项目，增添体育文化的中国特色。比如武术、龙舟等，还需要付出努力。

以"全民健身"为代表的群众体育如火如荼并滋养了体育文化的积淀；体育运动在人民群众健康生活中的重要性得到了快速提升，提升了整个社会的活力。经常参加锻炼人数在逐年增长，体育休闲娱乐项目不断丰富。健身已经成为人们普遍接受的一种生活方式。

在体育产业发展方面，体育产业占 GDP 比重逐年提高。中国体育产业的快速发展，是与人民生活水平达到中等收入国家后呈现的阶段性特征密切相关的。体育与文化旅游相融合，由此推动了休闲、娱乐、旅游等产业的发展，并进一步推动了健康中国战略的实施。

二、金融支持，助力中国体育产业

体育产业的进一步发展，需要金融服务的支撑，进而破解资金的瓶颈等问题，而金融产业也需要在体育产业发展中寻找到自身发展机会。两者的融合发展，实际上是一个双方受益增值过程。一个行业发展，它只有达到熟练运用金融理念、金融工具的程度，才算成熟。体育产业需要借力金融工具。同时，金融企业也需要提供差异化的服务。从近年来融合发展的情形看，这两个行业近些年来在信贷、信息、具体项目、人才各方面的合作都有过一些很好的探索、基础和经验。例如，2018 年全国体育产业发展大会上，国家体育总局就与中国工商银行等 6 家金融机构就金融支持体育产业发展签订了合作协议。重点对发展运动项目产业，建设健身休闲设施，打造体育产业园区、运动休闲特色小镇、体育服务综合体，打造体育赛事和活动，培育体育产业市场主体等方面提供金融支持。再比如，2021 年，青岛市体育局与浦发银行青岛分行研究推出了支持体育产业发展八条措施，为体育产业相关企业提供并购贷款、流动资金贷款、贸易融资、跨境结算、商户收单、现金管理等多方面的金融产品服务。为青岛体育产业的快速发展提供金融保障新方案。

应当对体育产业的自身特征有所了解。体育产业的特征是高投入、低产出，投资的回报相对比较慢，产业链条相对比较长，变现期限相对比较长；而资本内在要求则希望快速流动见成效。体育产业特征和资本内在要求形成矛盾。只有克服这一矛盾，金融资本与体育产业才能够实现有效对接。

为进一步实现体育产业与金融融合，需要在以下几方面有所推进：

1. 形成稳定预期收益，这对体育产业来说十分重要。例如，场馆经营权的问题，如果一个场馆能够保持比较稳定的收益，银行一定愿意以经营权来放贷。从金融角度看，所有的服务对象都必须有一个相对稳定的预期。不然，投资也好，贷款也罢，都存在着比较大的矛盾。

2. 需要建立符合体育产业规律、且各方均认为公允的价值评估体系，唯有如此，才能为体育产业与金融资本的对接奠定一个好的基础。

3. 商业模式需要清晰。是主要来自本身的票价收入，还是主要来自广告收入，或是主要来自赞助的收入，还是主要来自附带价值的收入等等。只有给市场一个清晰的商业模式，才能为金融资本对接奠定好的基础。

4. 建议为体育产业发展设立政策性体育金融机构，以自主体育场馆、公共设施为主，并进行投资的非银行金融机构。其优点在于可以针对不同类型的体育组织和机构进行不同的扶持，比如对营利性的组织，其信贷方式主要是投中长期、抵押贷款为主。

推进京张体育文化旅游带高质量发展对策建议

杨润田 [*]

一、京张体育文化旅游带面临的承载力制约条件

（一）资源环境承载力根本性制约明显

资源环境承载力是京张体育文化旅游带综合承载力的基础。研究表明：崇礼区人均水资源量不足 800 立方米，为重度缺水地区，存在河流断流的隐患。水资源供需不平衡，2010 年以来平均供水量为 2130 万立方米，研究预测冬奥会年份需水量在 3300 万立方米左右，存在超载风险。实际上从 2015 年起，崇礼本地供给滑雪场用水能力已经接近上限，开始从赤城云州水库调水，且调水量逐年增加。在引起用水超载的众多因素中，城镇人口增加、水浇地和菜地等耗水用量大是主要原因，人工造雪量增长也是一个重要因素。同时，有限的土地空间也使滑雪场等设施建设成本直线上升，如林地租用费用从过去的 3000 元 / 亩，上涨到 60000 元 / 亩，有限、脆弱的生态环境承载力对产业发展有着根本性的制约。

（二）产业经济承载力不确定性突出

首先，新冠肺炎疫情突发事件和国内外经济形势趋紧严重影响滑雪场经营收益。据崇礼旅游局统计，2019—2020 雪季与 2018—2019 雪季同期相比滑雪接待总人数下降 40% 左右，营业收入减少 50% 左右，如万龙滑雪场停

———————
* 杨润田，京张冬奥研究中心特约研究员，张家口学院教授。

业所带来的直接销售额损失达 1.29 亿元，680 名季节性员工失业，各个滑雪场都处于入不敷出的窘境。其次，崇礼存在着特有的"奥运经济风险"。研究测算结果显示后奥运时期，滑雪人次将由冬奥前的年均增幅 25% 左右，下降到 5% 至 8.2% 的区间，进入低速增长阶段，受游客减少和消费低迷的叠加影响，企业收益下降幅度会更大。最后，滑雪场和部分酒店等企业在疫情等外在因素影响和运营成本增加、银行还本付息增多等内在多重因素叠加下，财务风险逐渐加大，如 2019 年滑雪场仅还贷款利息就需 1 亿—3 亿元；平均每家滑雪场用水成本高达 200 万—300 万 / 月；用电成本约 100 万元 / 月；采暖燃气成本为 200 万—300 万 / 月，且在不断增加中。

（三）社会承载力不稳定性增强

首先，申奥成功后，随着产业快速发展、游客增长明显带来了房价、物价等生活成本的增加，如崇礼房价从申奥成功前的 5000 元 / 平方米飙升至 10000 元 / 平方米，甚至最高达到 15000 元 / 平方米，同时，外地游客的高消费、部分拆迁村民一夜暴富等现象给当地居民带来严重的心理冲击，受上述因素影响导致失望和失衡心态的人群明显增加。其次，每年有多达百万人次以上的外来打工者和各类旅游者涌入崇礼，有些还购置房屋用于工作、度假居住，严重挤压了当地居民的生活、工作空间，各种车辆显著增加导致的交通拥堵成为常态，调查显示崇礼居民的紧张和焦虑情绪正在普遍增高。再次，当地居民与外来者文化背景、生活理念、行为方式存在差异，导致双方在日常交往中时常发生摩擦，部分外地人的"反客为主""不守规矩"现象，引发了本地居民的反感情绪和强烈的抵触心理，使得彼此之间的心理隔阂进一步拉大，增加了社会性群体矛盾引发点，维稳工作面临严峻挑战。

（四）综合承载压力累积负面效应凸显

首先，自然资源、产业经济、社会各承载力风险点之间存在着传导叠加效应，如因水资源紧张导致当地蔬菜等农业生产用水价格上涨，对农民利益造成了损失，同时，增加企业用水成本，减少收益，致使失业人数增多，社会不稳定因素增强等，风险点间相互作用的复杂程度逐渐增强。其次，单一承载要素风险点存在放大效应，如当地居民与外地游客、打工者个别偶发矛盾冲突，有可能引发社会性群体事件；单个企业倒闭导致的债务危机逐步扩大和欠薪引发的连锁反应等，极易引发"黑天鹅"事件。再次，累积强度不断加深。如崇礼区西湾子镇既是区政府所在地，也是来崇礼旅游的中间接驳枢纽地，近 5 年来，区域面积始终保持在 22440 公顷，但近几年来常住人口和城镇建区常住人口数量均出现显著增长，加之，游客季节性的快速增加，进而造成住房、用水、交通等方面公共资源的紧张，以及废物排放、利益分配、旅游者活动导致的当地居民和游客积累的不满情绪等各种承载压力交织在一起，累积强度和复杂度不断加深，会产生"灰犀牛"效应。

二、以"三新"为统领确立统筹区域综合承载力的根本遵循

（一）统筹区域综合承载力是立足新发展阶段面临的首要任务

京张滑雪旅游的发展是京张体育文化旅游产业带的缘起，也是其核心组成部分。京张滑雪旅游产业的发展起于 1996 年，2015 年北京冬奥会申办成功引爆了该产业的发展。随着冬奥会的举办和后冬奥的来临，京张冬奥将迈入场馆运营、产业发展的新阶段，发展模式由"蓄力夯基"转为"释力振兴"，主要特征表现为从资金投入为主转向效益产出为主，从资本起主导作用转向人才和技术起主导作用上来。其承载力的表现也由过去水资源、土地空间等单要素约束转化为游客大幅度增长与多种类资源有限供给的动态性供需矛盾，所产生的风险呈现出传递性加快、隐蔽性加深、突发性加大、复杂性加剧的特点。科学统筹区域综合承载力是迈入新发展阶段面临的首要任务，是关系到京张体育文化旅游带建设目标和使命顺利实现的基础性工作，是保障区域内居民、游客生存环境安全和追求幸福生活，实现可持续发展的根本基础。

（二）统筹区域综合承载力是遵循新发展理念的具体举措

加快建设京张体育文化旅游带是在产业结构调整、消费转型升级的新形势和建设首都"两区"的新环境下，完成京津冀协同发展和带动张北之"翼"发展战略的新任务。在建设京张体育文化旅游带中，体育是发展平台和特色表现；文化是价值体现和精神内涵；旅游是发展出口和成效显现，三者之间相互嵌入、相互融合、相互促进，其发展业态和规模，既需要"看得见"的自然资源、接待设施等硬性承载能力的支撑，也会受"感受到"的心理承受力和社会包容性的制约。发展的形势、环境、任务、要求、条件变

了，发展理念必须要变。为此，要以"创新、协调、绿色、开放、共享"新发展理念为根本遵循，科学统筹好单一要素承载力和综合承载力、现实承载力和潜在承载力、绝对承载力和相对承载力之间的关系，通过综合施策，标本兼治，提高承载支撑力，缓解承载压力，矫正不合理要素配置，扩大有效供给，提高全要素生产率，强健资源节约型、环境友好型承载环境。

（三）统筹区域综合承载力是构建新发展格局的根本保障

将"绿水青山""冰天雪地"转换为"金山银山"；通过要素流动促进京津冀协同发展，进而形成河北"两翼"发展新格局，是推进京张体育文化旅游带高质量发展的根本任务和最终目标。首先，要以"绿水青山就是金山银山"新发展理念指导京张体育文化旅游带高质量发展。科学统筹区域综合承载力，不断寻找保护生态环境与发展经济之间最大的"公约数"，构建起从靠山吃山到富山养山转变的长效发展格局机制。其次，京张体育文化旅游带是通过要素流动促进京津冀协同发展的重要载体，科学统筹区域综合承载力，就是把京张两地的承载支撑能力全面统筹，以此来推动京张两地深度融合，使京张联合办奥形成的合作机制，转化为以体育文化旅游为纽带的产业经济发展融合机制，用市场配置资源要素的功能性张力引发京张两地经济与社会的拓展性效应，用创新的价值链、产业链将体育旅游更深度地嵌入京津冀协同发展中，进一步扩大带动效应，进而形成产业"内循环"与河北"两翼"发展新格局"外循环"的根本保障。

三、具体对策建议

（一）强化风险管控意识，守住承载总量底盘

一是完善治理体系，防患于未然。首先，建立承载风险监测预警机制。强化实时监测手段，要常态化收集、汇总崇礼发展状况，分析产业压力与支撑力的对比关系，及时发现先导指标异常，定期评价承载风险等级；确定风险类型，预估严重程度；其次，建立源头追踪机制，准确判断承载风险警报是内源产生、外源输入还是不可抗力导致，从而最大限度地提升预警效率与效果。再次，要牢牢扼住生态风险咽喉，抓住水资源供求失衡这一关键短板，统筹和优化水资源供需结构，在涵水蓄水、集约用水、多源增水下真功

夫；采取政企合作的模式建立流域治理投资公司，把政府的"河长"责任落实为"河工"的具体治理，强化治理协调机制建设，推动水资源综合治理与生态修复的高质量发展。

二是协调各方利益，构建风险防范与化解共同体。区域产业经济发展是一个增长社会利益的过程，承载力风险防范是一个社会利益博弈的过程，无论是增长利益或是博弈利益，都会涉及不同主体的利益关系，各方的利益冲突不可避免。协调好各方利益，把影响承载力的阻力、摩擦力变为合力、推动力，是疏解承载压力的有效途径和重要手段。首先，按照产业发展规划，以实现可持续发展为指导，利用政策、资金等手段，在供水、土地等公共资源使用以及配套服务设施建设用地上进行有效的引导，建立利益协调与共赢机制和利益发展与保障长效机制。其次，采取多种措施，加大综合性经济政策供给，妥善应对经济社会风险。贯彻落实用水、用电、供暖三大保障政策，实施贷款贴息、税收优惠、专项资金补贴等扶持措施，切实降低滑雪场的经营成本和资金成本。促进本地居民与外地游客的交流融合，有效调控物价房价上涨，加大对低收入人群的保障。再次，利用滑雪场及旅游企业不同特征、接待能力、服务设施档次，价格差异等，根据掌握的客源需求特征，如对初学者和经常滑雪者进行区分，在客源分流上，采用不同手段加以引导，形成不同滑雪场各自目标客户群不同，建立健全利益"发散"与"收敛"长效机制。

（二）提升发展要素，统筹做好承载结构提质

一是科学统筹功能配置，优化区域产业发展承载结构。有限的水资源和空间承载范围是京张体育文化旅游带承载存量的两个关键性指标，它是决定着产业发展规模大小和效益如何的基本要素，为此，一方面，通过整合区域土地资源，最大限度地提升有限空间的承载力。依据山形地貌和土地空间禀赋条件及位置，分别划定突出体育运动和赛事集聚的体育文化旅游主体功能区；体育运动装备制造产业集聚区和人才培养及产业辅助功能区等，科学统筹生态涵养区、核心功能区、产业拓展区等不同区域的承载存量，利用不同功能用水和空间服务功能的差异性，采取分时段、分企业、分用途进行配置，使承载要素与空间产业功能匹配更加科学合理。同时，要积极推进域外水资源等要素的利用，尽快提升已建成的赤城云州水库调水调配使用效率。

另一方面，要与乡村振兴、空心村治理等紧密结合，把一些非核心功能的生产服务尽量分散到附近乡村，甚至产业周边的区县，既可弥补崇礼产业核心区空间承载不足短板，也能进一步提升乡村振兴和空心村治理成效。

二是利用科技提升现有承载能力。首先，要着重培育科技＋数字＋绿色的新兴体育文化旅游产业项目，围绕需求链、产业链，配置创新链、项目链，以技术链延伸产业链，加强供给与需求之间的动态适配，从新技术创新新产品上入手提升经济承载效益。其次，建设太子城冬奥小镇、高铁站、滑雪场等体育文化旅游核心区客流监测调度系统，通过实时掌握客流动向，及时疏导客流，尽可能使区域内人员达到均衡，弥补空间承载力短板，有效避免人员过度集中带来的瞬时超载产生的风险。同时，建立网上预约、定制服务、价格调节滑雪时间等网络服务平台，实施预防式管控，用科技生产力提供智力支撑，提升服务承载效率。再次，加大节水用水科技投入，大力提升农业节水，生活循环用水能力，最大限度地提升资源承载效能。

（三）创新发展路径，统筹做好承载压力转化

一是以创新创业为引领，构建体育文化旅游"双创"人才特区，创新承载机制，将"消费压力"转化为"发展动力"。习近平总书记强调"发展是第一要务，人才是第一资源，创新是第一动力"；"抓创新就是抓发展，谋创新就是谋未来"。人才特区是经济特区的概念及经验向人才要素领域的延伸，是人才发展体制机制改革和政策创新的实验区，体现了对人才认识的深化，反映了经济发展方式的转变。经过 20 多年的发展，崇礼已经成为全国最大的滑雪旅游产业集聚区，同时，借助举办冬奥会品牌和建成的国际一流基础设施"硬环境"，不仅吸引了众多国内滑雪爱好者，而且也吸引了国内外众多体育专业人才，成为我国发展体育旅游的人才集聚地。人才是创新之源，创新是转型之本，以创新创业为载体，通过创造新供给来催生新需求，是实现高质量发展的有效途径。为此，抓住人才是"十四五"时期区域体育旅游发展的主导力量和核心要素，利用冬奥会形成的"人气"热度和"刚需"，调动体育运动爱好者群体对新兴产业创新创业的个人微观动机和群体经济行为的主动性和能动性，以太子城冬奥小镇为核心构建体育文化旅游"双创"人才特区，将"消费压力"转化为"发展动力"，用无数个"双创"个体微观动机形成的群体宏观行为，凝聚形成打破区域和产业壁垒的创新创业生态

圈，以及让北京乃至国内外旅游者、滑雪者转变为"创新者""创业者"的传导链，使京张体育文化旅游带成为创新的"策源地""试验场"，推动区域高质发展和实现"河北两翼"发展战略的"动力源"。

二是借力催生新业态，以统筹体养、康养、生态等资源为突破，扩大承载面，推动体育引领的"幸福产业"深度融合。身心健康既是人追求幸福生活的基础，也是追求幸福生活的最大目标。推动京张体育文化旅游带高质量发展的首要目标就是满足广大人民群众追求美好生活的需求。为此，我们要抓住后人口红利时代和健康老龄化带来的中老年对参与体育运动需求，利用首都"两区"建设创造的优质生态环境和体育、康养、医疗等相关设施，将体育运动与中老年健身健美、亚健康体养、慢性病康养等有机融合，针对中老年消费者差异化、个性化、高端化的健康需求，创新完善中老年运动赛事体系，探索提供"治疗式休闲""人体运动处方"等服务项目，通过引入专业的体育人才和体育思维，改进中老年运动健身方法，引导中老年运动健身由零散盲目向科学规范转变，借力催生"多类多元"融合开发模式和新业态，进一步挖掘体育文化旅游经济的带动能量。

（四）培强发展动能，统筹做好承载增量提效

一是发挥体育"再生产功能"突出优势，以统筹产业经济发展全要素为抓手，强化承载动能，培育体育文化旅游用品"智造"优势。体育旅游是以个人的运动喜好或喜好某一运动作为旅游活动的动机、行为和目的，其偏好度和黏性更强，参与性、重复性、体验性等特征更加突出，持续传播价值和衍生品开发空间更广，再生产属性与功能十分突出，如各种运动器具及辅助设备、运动专用服装的创造、制造等。同时，随着数字技术、新材料、5G等的推广和应用，大众体育旅游智能穿戴设备的研发、生产和制造将进入大发展时期。借助举办冬奥会和一流的交通、接待、场馆等设施，京张体育文化旅游带势必会成为各种资源要素的"引力场"和围绕新需求的体育旅游创新"重要场景试验场"，为此，发挥体育"再生产功能"突出优势，以统筹体育文化旅游经济发展全要素为抓手点，利用崇礼冬夏季国内外各类体育赛事聚集优势，通过探索新技术、新材料应用场景，持续做大体育"智造"作用，把体育文化旅游体验区的"智造"与工业园区体育用品"制造"有效结合，加快冰雪运动装备制造产业园区向体育用品制造产业园区的拓展，不断

做好体育用品"智造"与制造业新技术等要素相互融合的"乘法";以创新创业为载体的发展体育用品定制工厂的"加法";率先在全国建成体育文化旅游用品科技成果孵化和产品转化的综合性工场,持续培育体育文化旅游用品"智造"新优势。

二是借助京冀协同发展战略,搭建京张体育文化协同创新平台,提升承载效能,构筑更具国际影响力的体育文化高地。北京是我国影视、动漫、音乐、会展以及收藏拍卖业的发达地区,产业实力雄厚,专业人才济济,为京张合力发展体育文化旅游提供了坚实基础。借助"体育+"的模式,体育影视业、体育动漫业、体育音乐业、体育会展业、体育收藏拍卖业等新业态成为当代人美好生活新方式。采取灵活方法,以创新体育文化新场景提高后冬奥会场馆和设施设备承载利用率为目标,用构建京张专项、专业体育文化协同创新平台来催生一批体育影视、动漫、音乐、会展以及收藏拍卖业等新业态,培育涌现更多原创性的体育文化精品。把崇礼太子城冬奥小镇打造成为集聚世界一流的体育文创企业、体育赛事(文化)机构、体育文化领军人才的"码头";激活体育文创的"源头";引领体育文化旅游消费的"潮头"。构筑起更具国际影响力的体育文化高地,更高水准的体育文化地标集群、更高人气的体育文化交流舞台、更高能级的体育文化交易平台。

旨在解决经济发展中不平衡不充分问题,这就内生地决定了新发展格局是一种"整体发展格局",其战略实质是"供求动态平衡"。现阶段,我国面临着传统增长模式难以为继和经济风险加剧的压力,客观上决定了新发展格局是一种"改革深化格局"和"风险防范格局"。因而,新发展格局的战略支撑是创新引领,战略基点是扩大内需,战略方向是深入推进供给侧结构性改革,战略重点是"一带一路",战略突破口是区域改革开放新高地,战略目标是现代化经济体系。我国正处在第一个百年目标实现基础上开启第二个百年目标新征程的新起点上,应统筹"两个大局",这就历史性决定了新发展格局是一种"目标导向格局",其根本目的是中华民族近代以来最伟大的梦想,实现中华民族的伟大复兴,实现中国特色社会主义基本纲领。

张家口冰雪旅游发展现状及提升方向研究 *

贾贺男 闫江华 **

北京市和张家口市携手筹办举办 2022 年冬奥会和冬残奥会，为京张体育文化旅游带建设提供了战略机遇。大力发展冰雪经济，扎实推进冰雪产业发展，为京张体育文化旅游带建设注入新动能。深入发展大众旅游，以冰雪运动、文化体验、休闲旅游为核心的体育文化旅游市场需求日益增长，为京张体育文化旅游带建设带来新活力。与此同时，区域内发展不平衡不充分，跨区域共建共享机制尚不健全，基础设施、公共服务均等化水平有待提高，赛后场馆利用和体育文化旅游融合发展模式的探索与创新不足。此外，新冠肺炎疫情也将在一段时期对京张体育文化旅游带建设形成影响。

一、京张文化体育旅游产业带

2021 年 1 月 20 日，习近平总书记主持召开北京 2022 年冬奥会和冬残

* 基金项目：国家社会科学基金项目"人地耦合视角下京津冀生态涵养区生态环境适应性评价与社会力量参与治理研究"（19BSH077）；河北省高等学校人文社会科学重点研究基地项目"生态建设与产业发展研究"（冀教科〔2014〕31 号）；河北省教育厅人文社会科学研究重大课题攻关项目"发挥奥运效应打造北翼发展新高地研究"（ZD202006）；河北省科技厅创新能力提升计划软科学研究专项项目"后冬奥时代京张体育文化旅游带协同建设、驱动机制及河北对策"（225576130D）资助。

** 贾贺男，河北北方学院生态建设与产业发展研究中心研究人员；闫江华，河北北方学院法政学院本科生。

奥会筹办工作汇报会，作出"要积极谋划冬奥场馆赛后利用，将举办重大赛事同服务全民健身结合起来，加快建设京张体育文化旅游带"的重要指示，为京张体育文化旅游带建设提供了根本遵循和重要指引。

京张体育文化旅游带是以北京市和张家口市奥运场馆所在区县为核心，以连接两地的高铁、高速沿线两侧区县为重要组成部分的区域。自北京市携手张家口市联合成功获得 2022 年冬奥会和冬残奥会举办权以来，该区域体育文化旅游融合发展取得明显成效，具备在更高起点上推动高质量发展的良好条件。为深入贯彻落实习近平总书记的重要指示，加强统筹协调，加快推进京张体育文化旅游带建设，编制规划指导当前和今后一个时期京张文化体育旅游带建设。

规划范围包括北京市东城区、西城区、朝阳区、海淀区、石景山区、昌平区、延庆区等 7 个市辖区和张家口市桥东区、桥西区、宣化区、下花园区、万全区、崇礼区、张北县、怀来县、涿鹿县、赤城县等 10 个区（县），总面积 2.48 万平方公里，辐射北京市和张家口市全域范围。

二、冰雪旅游的发展现状

（一）冰雪旅游在国内外发展现状

张家口市旅游发展委员会 2018 年推出《张家口市全域旅游发展规划》，重点强调在以中共十九大精神为指引，京津冀地区协同发展建设，首都新两翼发展建设的条件下，充分利用张家口区位优势以及资源优势，推动第三产业发展，促进旅游业对第三产业经济发展推动作用不断提升，创建国家全域旅游示范区。

从国内看，以筹办北京 2022 年冬奥会为引领，北冰南展西扩的发展局面正在形成。据中国滑雪产业白皮书的统计数据，截至 2019 年底，国内共有冰雪运动场地 1520 家。2018/2019 冰雪季，全国总滑雪人次超 2 亿人次，冰雪旅游的收入已经达到了 1460 亿元。在 2018—2019 年期间，冰雪旅游投资规模超过 6000 亿元。虽然 2020 年受疫情冲击，全国冰雪旅游受到冲击，但是并不影响投资，2020 年全年冰雪旅游投资规模已经达到 3000 亿元。目前，全国冰雪产业呈现出以北京和河北为代表的京冀冬奥滑雪运动，以吉林和黑龙江为代表的东北冰雪旅游资源"双核驱动"的发展势头；呈现出世界性：中国正日益成为世界瞩目的冰雪运动大国；呈现出普众性："带动三亿人参与冰雪运动"催生了全民参与冰雪运动的新浪潮；呈现出带动性："冰雪+"让冰雪运动成为综合发展的大产业。同时，也要看到国际经济发展环境存在的不确定性和国内经济发展面临下行压力等因素对中国冰雪产业发展产生了重要影响①。

在国家疫情得到有效控制后，且受益于国家相关政策支持，中国冰雪产业迎来一轮新的发展。根据国家颁布的《中国冰雪运动发展规划（2016—2025年）》《关于促进全民健身和体育消费推动体育产业高质量发展的意见》中提到，力争到2025年，使中国的冰雪运动基础更加坚实，进而普及程度大幅提升，竞技实力得到极大提高，产业体系较为完备的冰雪运动会有更好的发展格局。

从国际看，在经历百余年发展历程的基础上，冰雪产业在欧美发达国家已形成滑雪场建设、滑雪设施及装备生产等完备的产业链条；滑雪场经营多元、住宿餐饮配套服务也拥有着完善的市场体系。冰雪产业分布在全球100多个国家的6000余个滑雪场，保证每个雪季吸引滑雪者约4亿人次，其总产值可达7000亿美元左右。

1. 冰雪经济发展越来越受到重视

法国、意大利等国家将其加入制订国家中长期发展规划；奥地利、瑞士等国的冰雪产业早已成为国民经济的重要支柱。奥地利蒂罗尔州的总人口数75万，却拥有雪道总长4000千米，拥有超过百万人次规模的雪场10个，以滑雪为核心的旅游收入73亿欧元，占其国家GDP的18%。瑞士总人口数在800余万人，但其每年接待的国外滑雪旅游人次高达1500万，可创收70亿美元，冰雪旅游占瑞士旅游总收入的60%以上、占国民生产总值的30%左右。

2. 冰雪装备制造业，冰雪设施设备科技智能程度较高

世界大型装备企业以及滑雪场都把高科技应用放在首当其冲的重要位

置。如滑雪板产量常年居世界第一的法国夜莺公司、生产高级滑雪服的瑞士奥索卡公司等国际制造商也都纷纷选择加大其对科研的投入，不断去提升滑雪装备产品的科技性、网络化和智能程度。

3. 冰雪旅游度假形态日趋成熟，大众参与度显著提高

北美大多数大中型滑雪场推进整合策略，如阿尔卑斯山地区实现互联式融合发展、全季体育休闲旅游格局。另外，近几年利用互联网等通信手段组织的大众参与冰雪赛事不断增多，带动大众参与观看高端赛事，如北美职业冰球联赛的观赛人次已经超过 1 亿，而其年营业收入则超 40 亿美元，成为冰雪产业收入最重要组成之一。

4. 新市场兴起，世界冰雪产业重心开始向东亚转移

近年来，受人口出生率下降影响，欧美国家滑雪人数增长放缓，滑雪市场早已呈现饱和状态；日韩在经历了 20 世纪末的快速增长期后，其滑雪市场也出现相对稳定的状态，近年中国作为冰雪产业新兴市场增长迅猛，从而对欧美具有更大的吸引力。冰雪装备制造和冰雪旅游等主力业务逐步向以中国、日本、韩国为中心的东亚地区进行转移。

（二）冰雪旅游在张家口市的发展现状

对于张家口市来说，其地理位置和自然条件都十分适合开展冰雪旅游，所有滑雪场都建设在坝上地区，无论是海拔、坡度、雪场落差，都符合国际对于优质雪场认定的标准。张家口市的冬季风速平均在 2 级左右，存雪期可长达 150 天，地理物理条件的充盈被国际雪联认定为"世界最适宜滑雪地方之一"。张家口市以冰雪资源为依托，大力推动本地冰雪旅游产业的发展，以冰雪体育运动、冰雪文化旅游为重点，加快打造在全国范围内具有竞争力的冰雪全产业链基地[①]。

三、张家口市冰雪旅游发展分析

（一）滑雪市场现状分析

冰雪运动对冰雪场地的要求是很高的，截至 2020 年 3 月，张家口市已

---

① 李博雅. 冬奥会背景下张家口市地区的滑雪旅游产业发展研究 [D]. 哈尔滨体育学院，2017.

经建成 9 家永久性滑雪场和 177 条雪道，已然形成了国内最大的雪场集群。就滑雪场的整体情况来看，高级赛道占了大部分，多是为了奥运会的比赛项目而建设的，普通群众滑雪的基础比较薄弱，高级赛道的利用率不高。

（二）张家口市发展冰雪旅游的优势分析

1. 地理区位和交通优势

随着 2022 年冬奥会和冬残奥会筹办举办，京津冀协同发展纵深推进，北京市和张家口市联系日益紧密，交通、产业、环境、公共服务等领域合作不断深入。张家口市位于河北省的西北部，由于温带大陆性季风气候的影响，冬季严寒，降雪时间长，能够为冰雪旅游提供丰富的冰雪资源，由于张家口市有着良好的冰雪运动的基础，不需要新建大量场馆，这减轻了市政府的财政压力[①]。与此同时，张家口距离首都北京 180 千米，京礼、京藏、京新等高速和京张高铁连通两地，张家口市直通北京市的公交线路达到 4 条，张家口市已融入北京市 "1 小时交通圈"，游客来往便捷。

2. 社会背景与文化基础优势

张家口是北京文化的延伸，冰雪运动是城市的名片，在张家口可以领略到多种形式的冰雪运动，例如冰雪文化旅游节、冰雕艺术节等等。冰雪运动的发展催生了冰雪旅游，民众在张家口参与冰雪运动的同时，能够感受到冰雪文化的魅力，体会张家口市特有的冰雪文化风情。与此同时，建设京张文化体育旅游带在 "三核引领" "六区联动" 的基础上开展冰雪旅游，从而加快张家口市冰雪旅游的建设和发展。

在冰雪运动尚未普及的时候，冰雪运动的参与者大多为专业人士，普通群众由于缺少了解的途径，所以参与度是比较低的。张家口市在申办奥运会的过程中加强了对冰雪运动的宣传，市民也自发地了解冰雪运动的历史、种类等，这为冰雪旅游提供了生存的土壤，使得冰雪旅游在张家口市拥有着更加广阔的发展空间。冰雪旅游已经成为张家口这一城市的代名词，只要提到2022 年冬奥会，大众首先就会想到张家口。

3. 生态与自然条件优势

良好的生态环境是获得冬奥会举办权的重要条件，张家口市一直都将生

---

① 朱玫琳 . 冬奥背景下张家口市大众冰雪运动的开展现状与对策研究 [D]. 河北师范大学，2017.

态建设作为城市建设的重点内容之一，制订了一系列的生态保护计划，经过多年的努力，其森林覆盖率超过 34%，不仅形成了生态优势，而且实现了生态保护与经济的协同发展。

北方的冬季比较寒冷，民众大多选择在室内活动，旅游也相对处于淡季阶段。但依托于丰富的冰雪资源，张家口市冰雪旅游发展却如火如荼，不仅增强了城市的经济实力，推动了张家口城市建设的进程，而且形成了以冰雪旅游为核心的产业集群。旅游需要交通、住宿、饮食等多个因素的支撑，冰雪旅游能够吸引大量游客的聚集，这也反过来带动了餐饮、住宿等行业的发展[1]。不仅如此，冰雪旅游不仅为张家口经济建设作出了贡献，而且还能够辐射周边地区，推动区域经济水平整体提高。

4. 冬奥会背景优势（设施设备优势）

冰雪旅游的发展依赖于冰雪运动基础设施的完善，在成功获得冬季奥运会的承办权后，张家口市在新建雪场的基础上还对原有的雪场进行升级改造，为冰雪旅游的进一步发展提供了资金、场地等多方面的支持[2]。此外，京张体育文化旅游带区域内拥有 25 个奥运场馆、21 个大众滑雪场、6 项世界文化遗产、136 个全国重点文物保护单位、61 项国家级非物质文化遗产代表性项目、3 个国家公共文化服务体系示范区、56 个高等级旅游景区、2 个国家级滑雪旅游度假地、1 个国家级旅游度假区、2 个国家全域旅游示范区、11 个全国乡村旅游重点村镇，体育文化旅游资源较为富集。

冬奥会为大众了解冰雪运动提供了窗口，人们对于冰雪运动项目的需求使冰雪旅游兴起并不断繁荣，最终带动其他产业的发展。

四、张家口冰雪旅游发展存在的问题

（一）尚未形成完整的产业链，发展相对滞后

在成为 2022 年冬奥会的承办城市之后，张家口着力打造在国际范围内具有影响力的全产业链，具体包括冰雪文化旅游、冰雪设备研发制造等，但

---

① 刘瑞娟. 冬奥会对张家口市地区发展的带动作用研究 [D]. 北京邮电大学，2018.
② 彭健. 2022 年北京—张家口市冬奥会雪上项目场地资源赛后利用分析 [D]. 哈尔滨体育学院，2019.

是由于资金、人才等多个因素的制约，冰雪运动相关产业的发展落后于大众对冰雪旅游产品的现实需要，冰雪文化氛围营造还有待加强[①]。作为第三产业，冰雪旅游对技术、资金、人才的要求较高，张家口冰雪旅游处于起步阶段，其建设资金、研发人才都比较短缺，在短时间内很难与世界上其他冰雪旅游发达的城市相抗衡。

（二）冰雪旅游存在显著季节性差异

由于在地理位置和自然条件上存在优势，所以张家口市冬季冰雪旅游十分火爆，但是在其他季节，冰雪旅游处于淡季，其季节差异十分明显。为了实现冰雪旅游的四季平衡，首先要通过多种宣传手段来改变大众的认知，使大众体会到冰雪旅游在四季有不同的魅力，其次要通过资金投入来建设体育场馆、滑雪场，让大众在夏季也能够参与冰雪运动，最重要的是要以冰雪旅游产品开发为切入点，根据季节的不同组织相应的冰雪运动及其他度假型活动吸引民众关注参与，从而实现冰雪旅游的四季平衡发展。

（三）冰雪旅游市场空间有待进一步开发

冰雪旅游以冰雪运动为核心，冰雪运动的推广程度决定着冰雪旅游的市场开发程度，虽然自决定承办 2022 年冬奥会起，张家口市就通过多种手段来推动冰雪运动的普及，但是实际上的社会参与度并不高，喜好冰雪运动的大多为在校学生。即便是在国家大力建设京张文化体育旅游带的背景下，冰雪旅游的开展成果依旧不够卓越，现有的滑冰场地也不利于冰雪旅游的发展[②]，目前有 9 个永久冰雪场地已经投入使用，其他的都处于规划或即将完工的阶段。张家口市冰雪旅游不能将目光只局限在张家口地区，其周边的北京、天津等地具有十分广阔的市场，应当将注意力放在如何吸引这些地区的民众体验张家口冰雪文化上来。迎接新时代获取信息的方式，必须要注重新方式的营销和宣传渠道整合。

（四）引进人才机制和旅游体系产业存在短板

对于已圆满承办 2022 年冬奥会的中国和张家口来说，国家对于新热运动的人才培养计划，人才留存规划都已进行详细的铺垫和准备，但是张家口市对于人才的吸引和留存保障仍不完善，导致人才的流失等问题，仍需进一

① 张复利.冬奥会对张家口市旅游业的影响及对策研究 [D].北京第二外国语学院，2016.
② 沈盛敏.冬奥会背景下崇礼滑雪体育旅游发展问题及对策研究 [D].首都体育学院，2019.

步改善，以期达到与国际水准相匹配。

（五）基础设施不完善

就冰雪运动而言，中国的基础设施建设基础薄弱，经验匮乏，人才储备不足。近年来，随着冬奥会的申办，国家才开始在冰雪运动基础设施建设方面投入大量的建设资金，冰雪运动才开始进入飞速发展的跨越性历史时期。冬奥会的成功申办，让全国乃至世界开始关注张家口的冰雪运动设施建设，这对于完善相关产业的基础设施建设具有十分重要的意义。

五、张家口市冰雪旅游提升方向分析

（一）完善产业链，打造"滑雪＋"产业布局

张家口市的冰雪资源十分丰富，因此其拥有发展冰雪旅游的先天条件，但是仅仅依靠这一产业是难以实现城市可持续发展的。张家口市政府要在大力发展冰雪旅游的同时，乘借京张文化体育旅游带建设的东风，依托冰雪资源大力开发类型多样的旅游产品，从而形成合理的产业布局，为城市经济发展注入新鲜的血液。文化的影响力是巨大的，因此张家口市在开发旅游产品的时候还要注重形成具有鲜明地域特色的冰雪文化，并将这种文化传扬出去，通过文化的潜在影响来提升本市冰雪旅游的竞争力。冰雪旅游的繁荣会给交通、餐饮等带来压力，但也会为这些行业带来商机[①]。首先，为了配合冰雪旅游的发展，张家口市应当改善交通环境便利的交通才能够带来大量的游客；其次，应当加强对餐饮、住宿行业的监管力度，避免出现欺骗消费者的现象，影响大众对城市的整体观感，更为重要的是，要在全市形成友善好客的社会氛围，使游客宾至如归。

（二）整合自媒体营销，拓宽旅游宣传渠道

在信息化时代，如果想要旅游产品被更多的公众知晓，就必须重视宣传，对多种宣传资源进行整合。张家口市在宣传本市旅游资源的时候，首先，要发挥自媒体的优势，可以邀请一些具有影响力的自媒体创作者来体验当地特色的旅游产品，并通过他们的视频传播给更多的观众。其次，张家口

---

① 王嘉.冬奥背景下的冰雪旅游城市建设发展策略研究 [D].大连理工大学，2019.

市旅游部门也可以在微信、微博上注册官方账号，通过视频、图文等形式来宣传冰雪运动，从而吸引更多的民众到张家口市"打卡"。在互联网＋时代，人们的阅读习惯呈现碎片化的特点，为了让大众在短时间内体会到冰雪运动的乐趣，张家口市可以借助互联网平台，在抖音、快手等短视频平台上定期更新本市冰雪运动开展情况、冬奥会准备情况等内容，从而提高大众对冰雪运动的热情与期待度。

（三）加快高素质旅游人才队伍培养建设

旅游的竞争是十分激烈的，张家口市如想要在竞争中获得一定的优势地位，就必须有高素质的旅游人才做后盾，只有这样才能够源源不断地开发出具有新颖性的冰雪旅游产品。基于此，张家口市要加快高素质旅游人才队伍的建设进程，以奥运会服务以及冰雪旅游需要为培养目标，在地区高校教育中开设专业课程，并形成一整套完备的人才培养体系。与此同时，张家口市还应当重点引进专业型旅游人才，并通过各种福利待遇确保人才能够真正留在张家口市，为张家口市的冰雪旅游服务。冰雪旅游只是张家口城市发展的手段，最终是要为城市建设服务，为了在众多的冰雪旅游城市中脱颖而出，张家口市必须以人才建设作为重点内容，在人才培养、人才待遇等方面根据冰雪旅游的实际情况作出相应的革新。

（四）以冰雪旅游为核心，完善旅游产业体系

中国冰雪旅游城市普遍存在着四季发展不平衡的现象，冬季游客数量占全年游客的 70% 以上，因此若想要实现冰雪旅游的四季均衡，就必须对张家口市的旅游资源进行整合，从而开发出全季的旅游产业链。张家口市除了冰雪资源丰富外，还可以开展多样的户外休闲旅游，例如登山、徒步等，从而使旅游产业体系更加完善。不仅如此，在冬奥会的大背景下，张家口市还可以从中国的传统节气中获得相应的灵感，设计出具有中国特色的季节庆典，不仅避免了旅游人数过于集中的情况，影响旅游体验，而且能够宣传中国传统文化，从而使中国的优秀文化得到更好的传承与弘扬。冬季奥运会是全世界都参与其中的大型赛事，张家口市可以借鉴其他冰雪城市建设的优秀经验，结合本市的实际情况有所取舍，从而实现张家口市其他产业的协同发展。

张家口与中国的旅游产业都处在快速发展的阶段，潜在发展空间巨大。

1930 年中国建成第一个滑雪场，直到在 2002 年冬奥会上中国运动员夺得首枚金牌后，冰雪运动才逐渐被大众知晓。与国外城市相比，中国的冰雪旅游与城市建设还处在发展的初级阶段，尚未形成系统化的产业集群。但是随着大众对体育运动的热爱程度提高，冰雪旅游与冰雪运动逐渐走入普通民众的视野，在冬奥会这一大背景下，张家口市及其他冰雪城市要牢牢抓住这一发展机遇。

北京—张家口承办 2022 年冬奥会，京津冀地区成为国内冰雪场地最为先进、基础设施配套最为完善的核心区域，辐射、传导和带动京津冀周边地区及国内冰雪体育旅游消费需求，具备良好的体育产业发展条件和消费市场。

以张家口为代表的冰雪旅游城市要构建起完善的冰雪运动产业体系，为城市发展注入活力。中国大部分的冰雪旅游城市都存在着冰雪运动基础设施不完善、冰雪文化特色不鲜明等问题，究其原因，主要是因为冰雪旅游产业发展不平衡，产业集群并没有建立起来。为了解决上述问题，张家口市要借助冬奥会这一契机，将其建设成具有鲜明特色的冰雪城市，并在此基础上加快多类型产业的集群建设，集中优势力量向"高峰"攀登。

第四部分　冬奥遗产

对北京冬奥遗产的几点认识

魏纪中 [*]

2022 年北京冬奥会在全球新冠肺炎疫情严重的情况下如期举办。国内外好评纷纷。国际奥委会也给了极高的评价。有位国际奥委会副主席在北京冬奥会期间打电话告诉我，北京这次冬奥会出现一件以前没有过的事，我没有在冬奥会场所内听到大家有埋怨组委会的话。北京成为名副其实的成功举办了夏季奥运会和冬季奥运会的双奥城市了。

一、用好北京冬奥遗产

遗产就是一笔供将来可以使用的财富，包括物质的和精神的财富。我看还要加上人力资源和人力资本。这两者是将来创造财富的。这次冬奥会我感到的一个前所未见，也许是前所未有的特点，就是北京冬奥会还没开，期望中的遗产已经有所感、有所见了。这就是我们在申办 2022 年冬奥会期间所做的承诺，在中国将有 3 亿人参加冬季冰雪运动，而且是全国范围的。我当时是申办报告的文字统稿人之一。我们用中、英、法三种文字，不小的篇幅不仅是描述式的，而且是数字指标式地写了下来。我记得伦敦在申办 2012 年夏季奥运会的申办书上写过为了促进青年全面发展的描述性语言，但是没有具体目标和措施。当时大家已经认为颇有新意了。现在中国实现了 3 亿人

＊ 魏纪中，京张冬奥研究中心名誉主任，中国奥委会原秘书长，国际排联终身名誉主席。

上冰雪目标。这说明一是我们的举国体制是出自民心，符合民意的；二是符合民意的事，号召一下，人民就会响应号召；三是人民中存在着巨大潜力，缺的只是机会。奥运会就能使承办者发掘不少这样的机会。

二、体育与人类命运共同体

领导人提出了世界百年大变局的论断。最近基辛格也说世界上新的大变局使得世界不可能再回到变局前的原点。我国作家王蒙在之前讲解老子《道德经》时就说过老子是用又大、又变、又稳固的道的大概念说明事物变化回归自身。这就是辩证法的核心之一，否定的否定规律。习近平主席论断了百年大变局最终会回到人类命运共同体这一终极命题。在变局中，体育当然也要变，要回归自身。领导人对北京冬奥会的多次指示就给奥林匹克运动，包括奥运会，在全球变动中如何扬长避短，在更高层次上回到原点提出了预判。因此，国际体育界人士中有人认为，北京冬奥会将是一个转折点。它使奥林匹克在这个大变动中保持了清醒的头脑，排除万难朝更理想的方向转变。

在全球这种大转变中，在人类遭遇了不幸的新冠肺炎疫情的灾害中，这也是英国物理学家霍金在离世前留给我们的提醒，病毒是人类的一个大威胁，体育运动当然也要发生变化。在变化诸多的不确定性中我们似乎可以看到，群众性体育运动始终是人类体育运动的发展基础。毛泽东主席提出的普及基础上的提高和提高指导下的普及始终是最基本的道理。在疫情中人们对体育运动的认识有了提升，对过去在体育运动中发生的不尽如人意的现象有所警觉，对体育运动在构建人类命运共同体中可以起到的正能量作用有了进一步认识。运动会这个平台是人类命运共同体实践的一个有益有利的场所，更多的年轻人会在这里通过体育运动这一共同语言感悟到人类命运共同体的真谛。

三、奥运精神遗产

奥运遗产恐怕是精神方面稍大于物质方面的。因为物质的东西难免贬值或被超越，为了维护保养还需继续再投入。而精神方面的遗产在我们的提倡下会越发发扬光大。这次总结出的北京冬奥会精神就是我们的一笔精神财富。如果我们能把历届运动会留下的精神财富整理一下，对体育界来说就是一笔可观的财富了。

办运动会成立组委会，这个组委会就是一个培养现代人才的学校。它教育人培养人，真是难得的、成本低的机会。国际运动会天天要和国际接轨，学习把国际规则与我国的实际结合起来，同时也是了解外界社会的机会。它不比派出国外学习收益小。它开阔视野，又能辨别出哪些适合我们的国情，哪些仅是借鉴而已，不会照搬照抄。同时组委会又不是什么权力部门，你要办什么事必须与有关主管部门协调，从而培养出大局观念和协调能力。这种协调是国内的协调再加国际的协调，在学校里和培训班中很难学到。人才是创新的一个源泉。创新又是发展的必经之路。

关于冬奥遗产的一些思考

胡艳雯[*]

2022 年北京第 24 届冬奥会和冬残奥会取得了圆满成功。认真总结举办赛会成绩的同时，我作为张家口赛区的工作人员，拟就本区冬奥遗产的问题，谈一些认识和想法。

一、冬奥遗产价值

首先是直观的、物质的遗产。国家与社会乃至海外的同胞们、朋友们投入了大量的财力、物力和人力建设了现代化的场地、场馆、交通、食宿和各种配套设施。这是硬件的、宝贵的有形资产。作为有着 14 亿人口、冰雪运动正在蓬勃发展的中国，一定能保障这些硬件遗产功能的发挥和使用寿命的延长。其中先进科技成果与设备的利用，我们要尽可能地为它们保值保优甚至保密。

其次是有形的、隐形的或无形的各类精神或非物质的文化遗产。在整个赛会的筹划与运行当中，接待食宿、防疫卫生、交通保障、人员引导、志愿服务、赛场管理、技术安全等接待方面的方案、规范、调度、安排乃至实施质量的检查与监测，这是一个庞大系统的工程，是一套完整而珍贵的冬奥软件遗产。如果我们把它们归纳整理，将是一套十分有价值的竞赛管理科学、

＊ 胡艳雯，京张冬奥研究中心副主任，北京冬奥组委张家口运行中心赛会服务协调处副处长。

场务管理科学、会务管理科学著作。

二、从直观层次对冬奥遗产进行科学而高效利用

首先是竞赛场馆的利用。对于张家口赛区，这是一个靠京津冀很近，交通十分便捷的冰雪活动基地，适时举办各级各类单项的、综合的国际国内赛事是十分理想的。在非赛季，一些场馆还可以用来搞演出等大型文化活动。这次冬奥会又把以崇礼为代表的整个张家口赛（地）区进行了十分生动、十分全面、十分吸引人、十分感染人的推荐。这是百年不遇的亮点包装和广告宣传，张家口冬奥场馆云顶滑雪公园是获得奖牌数最多的场馆，管理完善，堪称典范，最具特色的国家跳台中心"雪如意"也是巧夺天工，展现了中国人的智慧与科技水平。张家口冬奥村非常有特色，将中国的院落庭院的概念与自然相融合，给来自世界各地的运动员留下了难忘的回忆，优美的环境、温馨的服务、有序的组织、安全顺畅地运行，赢得了国际国内广泛赞誉和高度评价，为"简约、安全、精彩"的冬奥盛会书写下浓墨重彩的一笔。

对于直接用于冰雪运动的场馆、赛道、领奖台等，一律坚持利用并发挥其本来的功能，理想的是尽可能地提高场地质量、安全保障和现代化、智能化的管理水平。从崇礼乃至全市各县区的冰雪活动场馆来看，我们要分清竞赛用场地、练习用场地和游戏用场地，以吸引不同年龄段的冰雪爱好者，"巩固和扩大带动三亿人参与冰雪运动"的成果。

对于公铁运输和区内公交，要尊重其所属的管理系统，根据不同的季节的实际需要，保障正常运营。这些方便迅捷、能源清洁的交通系统，是国家通过冬奥会留给我们张家口开创性的、受益无穷的宝贵遗产。

对于各类餐饮住宿、文化娱乐等接待性设施，我们认为应进一步做好调研、规划和分级分类。从崇礼作为冰雪运动名区、四季旅游胜地的发展前景看，现有接待设施不是不能满足需要的。这里我们想特别强调的是，冬奥村一定不要作为别墅性房产出售给个人。在比赛季它们会很忙，在平时，我们也建议：

把它们用来做游客宾馆，做冰雪运动员、教练员、场地保障人员、接待

导引人员乃至志愿者的中短期培训中心。

把它们用来做接待有关冰雪运动、冰雪事业、冰雪产业、冰雪文化研究者们的学术或纪念活动场所。

把它们（或其中一部分）用来做举办中技或中专性质的、有学制学历的职业教育机构，尤其应当考虑的是张家口（或称崇德明礼）旅游服务学校，张家口（或称崇德明礼）物业管理学校。

上述两所职业学校的学员不但毕业后可以就业或准备就业，而且我市一旦有赛事活动，他们就是很好的运行保障队伍。

对于医疗卫生、防病防疫、城镇文化娱乐、专业商品销售等配套设施，对于崇礼区来说，目前不是遗产处理利用的问题，而是规划、充实甚至扩建、新建的问题。

三、冬奥遗产的开发利用

冬奥遗产开发利用，理想的目标是把崇礼建成以冰雪运动文化为代表的全年候、内涵丰富多彩的京西北文化旅游示范区。

要把崇礼作为国家规划的、京张体育文化带上的一个重要节点，热络而顺畅地进入京津冀晋蒙文化旅游网络。要实行跨区域的统一规划、科学引导与协调利用区域内丰富的文化旅游资源。

要更加具体生动、系统有力地推介崇礼体育文化名区的现代形象，积极联系和主动承揽国内外各级各类的冰雪赛事。

要十分精心地规划全崇礼各文化旅游景区、景点乃至标识系统、导引系统、示意图表的设计、制作、置放和管理。要大力宣传崇礼全区的山川地理、自然风光、人文历史、风土人情；要响亮地喊出"绿色家园""天然氧吧""四季乐土""清丽山乡"等名号；要多方式、多形式、多角度、多技巧地扩大与增强我们全区的吸睛力、注意力、知名度、感召力……

要按照开展文化旅游的五大基本要素，一一细致全面、有品位、有特色地科学规划，分步建设崇礼旅游示范区。

吃——要继续保持并逐步提高这次冬奥会对各国运动员、教练员、裁判员、工作人员、志愿者乃至来访宾客的餐饮供应水平。当然，对于疫后各类宾客的餐饮接待要考虑不同民族、不同信仰、不同国家、不同地域、不同性别、不同年龄、不同季节、不同习俗、不同爱好、不同品位，分别介绍或推荐不同的食谱与供应方案。

住——要充分利用崇礼城区、乡镇和村落的住宿条件，多品类、多价位地开发宾馆、旅店、民宿、农家乐、山乡小院、土窑洞等种种住宿形式。要留心接待寻乡愁、念故旧、全家福式的回乡度假。要留意接待同学、师生、战友、老乡的回乡聚会。

游——这是文化旅游的核心部分。要留心分辨观光游、体验游、研学游这三种主要类型。

观光游。即使是走马观花，也要尽可能地对游客展示崇礼的自然美、生态美、建设美、人情美。能让来者流连忘返，争做回头客，这才是最理想的观光游。

体验游。这是如今各类文化旅游景区景点都认真策划、用心开发、精心设置、大力提倡的深化旅游方式。不论是建棚播种、浇水施肥、及时护理、适时采摘，还是负重行军、风餐露宿、跋山涉水、营地野炊；不论是攀岩蹦极、巨轮摩天、驾三角翼、飞无人机，还是自制茶点、烹饪中餐、琴棋书画、学承非遗……都是在参与、模仿、实习、磨炼中让游客特别是青少年体验和理解生活的丰富、生活的艰苦、生活的乐趣、生活的感悟。

研学游。这是我们诚心希望、有意倡导的。这是有目的、有方法、讲学问、讲水平的文化旅游。如果一个景区或景点能够吸引不同层次、不同专业的人才、专家、学者经常到这里来潜心攻读、交流研讨、讲座教习、静心创作甚至临摹速写、影视拍摄、吟诗作画、墨书篆刻等等，这才是我们的景区或景点有特色、有品位、有氛围、有魅力的标志。

乐——好的文化旅游地要有品质高尚、内涵丰富、形式多样的文化娱乐活动。崇礼全区要考虑影剧院、歌舞厅、电子游艺厅、杂技场、曲艺馆的规划与布局。要支持和奖励单位、团体或个人举办博物馆、图书馆、展览馆、纪念馆、陈列馆、书画院等文化活动场所。这不仅是为了吸引游客，而且是提升全区文化欣赏与创作水平的重要举措。

多姿多彩的非物质文化遗产，是前人创作并精心传承下来的宝贵的文化资源。民间技艺、工艺制作、节日民俗、乡艺社火乃至乡规民约、家规家训、寺庙祠堂以及种种民间仪式性生活和场所，都是吸引游客的有力磁石。

购——好的文化旅游地必须要有口碑传颂、游人云集的商品市场。崇礼要考虑建设土特产品集市或一条街，食品小吃集市或一条街，文创产品（工艺品、纪念品、礼品等）超市或一条街。它们不仅仅是吸引顾客放心高兴地消费，而且将激励和带动旅游业乃至整个崇礼区的发展和繁荣。

张家口冬奥场馆赛后运营路径分析及其对策 [*]

安定明　马振刚 ^{**}

冬奥会结束以后，为冬奥服务的场馆场地，作为一种独特的、不可替代的遗产资源，能否成为推动张家口经济社会可持续发展的助推器，给张家口带来持续的经济社会效益，就成为我们当前必须认真考虑的一个问题。

一、张家口冬奥场馆赛后运营可能面临的困境

1. 场馆维修资金短缺，维护运行成本高

对于冬奥场馆来说，除进行大规模的硬件设施建设以外，还要长期造雪、维护雪道。因此高昂的场馆维护与运营费用，应该是冬奥后困扰场馆运行与发展的最大难题。为了保持雪的滑行感，滑雪场每周都要用压雪机对雪进行整理，而压雪机的用油成本就高达 40 万元左右，所以仅压雪机一项就是一笔不小的开支。另外，冬奥场馆各大滑雪场的用水、用电、用气等成本，每个月也都分别在 100 万元以上，有的甚至高达 200 万到 300 万元。而张家口经济基础又比较薄弱，因此在冬奥场馆场地的维护保养方面压力很大。

2. 群众基础薄弱，本地客源不足

崇礼区作为冬奥会的举办地，在冬奥会结束以后，必然会吸引大量的滑

---

　　* 基金项目：冬奥会后张家口冬奥场馆长效运营机制研究（项目编号：21557638D）；课题来源：河北省科技厅创新能力提升计划项目软科学研究专项。

　　** 安定明，张家口学院副教授；马振刚，张家口学院副教授。

雪爱好者蜂拥而至，共同感受滑雪的魅力。但由于张家口本身的经济条件限制，真正参与到冰雪运动中的本地游客并不多，因此在一定程度上会影响到冬奥场馆的后期利用。另外，由于我国在冰雪运动的普及和冰雪基础设施的建设方面，与国外一些发达国家相比还有很大的差距，所以导致我国民众参与冰雪运动的热情不高。

3. 滑雪旅游的季节性强，场馆使用率不高

冬奥场馆都是按照国际标准设计的，投资规模大，经营成本高，如果以过低的价格向群众开放，则可能导致投入资金很难及时回收。而如果单纯依靠各类赛事来维持运营，则盈利的空间非常小，因此极有可能导致冬奥场馆赛后运营陷入困境。再加上滑雪产业受季节的影响比较大，所以说在一定程度上降低了冬奥场馆的使用率。

4. 配套设施不完善，市场化程度低

冬奥场馆的运营，需要各种相关设施的配套，包括餐饮、住宿、购物、娱乐等，同时还需要有相对比较稳定的客流量，这样才能维持场馆的正常运转。但是随着全民健身的不断深入，滑雪爱好者的需求越来越多元化，所以说冬奥场馆急需衍生出新的配套服务项目，来吸引游客。但就目前情况来看，场馆的配套设施还不是很完善，因此也就很难培育出稳定的消费群体。另外，要搞活冬奥场馆，切实提高场馆的经济效益，还需要积极融入市场环境，引入市场机制，加大场馆对外开放力度。但是冬奥场馆的市场化运作涉及一系列问题，包括相关的人事制度、薪酬制度、产权制度、税收制度、财务制度、政府参与模式等都需要做相应的调整[①]，因此急需得到政府相关部门法律和制度层面的支持，而我们在这方面做得还不够。

5. 场馆运营管理效率低下，环保压力比较大

据调查，现在多数场馆的管理人员都缺乏体育场馆管理相关专业知识，对体育市场经济政策知之甚少，这就直接导致了场馆经营管理工作混乱无序，经营管理方法明显滞后。如果在冬奥结束以后，比赛场馆仍以现在的这种方式进行经营，那么赛后运营情况将不容乐观。由于缺乏专业的管理人才与团队，因此导致场馆的运营管理水平相对比较低。另外，随着国家生态建

---

① 曹学智. 对全国第二届青年运动会场馆赛后利用的研究 [D]. 太原：山西大学 2019 年硕士学位论文.

设力度的加大，势必会对崇礼以山地和冰雪资源为基础的滑雪旅游产业构成一定影响。而随着 2022 年冬奥会的举办，必然会带来大量的客流量。因此在增加场馆经济效益的同时，也带来了巨大的环境压力。

二、影响冬奥场馆运营的主要因素

1. 场馆远离市区，周边市民消费能力较弱

冬奥场馆远离市区，虽然现在交通非常方便，但是也会在一定程度上影响到周边市民的参与程度。滑雪是一项高消费运动，而张家口本地居民的收入水平在河北省属于比较低的地区。如果不是出于特别的爱好，去崇礼专门从事滑雪运动的市民不会太多，可以说消费能力极其有限。而张家口崇礼区的人口数量和经济状况又不足以支撑冬奥场馆的正常运营，所以说这也在一定程度上直接影响到了场馆的赛后利用问题。

2. 融资压力过大，市场培育艰难

庞大的投资体量和巨额的运营成本使冬奥滑雪场主要通过银行贷款来进行融资，政府与民间资本的投入非常少，因此冬奥场馆的还贷压力很大。虽然在冬奥会结束以后，冬奥场馆会迎来大量的客流，但由于未来欧美、日韩等对全球高端滑雪客源的垄断和国内东北三省、北京等地对全国滑雪客源的分流，崇礼滑雪旅游市场的培育仍然存在很大的不确定性[①]。

3. 经营模式单一，无法维持场馆正常运转

冬奥场馆的日常维护和运营需要大量资金，仅靠体育赛事和演唱会的收入很难维持场馆的正常运行，因此这就需要场馆经营者积极地引入市场机制，开展多业态运营，以创造经济效益。但是，由于冬奥场馆起初建设的目的主要是满足冬奥赛事的需求，而并非盈利，因此这就在一定程度上影响到场馆的正常运转。虽然冬奥场馆从其社会属性来看，主要是为竞技体育和群众体育服务，但是为了场馆的可持续运营，赛后我们完全有必要打造一套行之有效的商业营销模式，以拉动体育消费，促进经济增长。

---

① 丛佳琦. 崇礼滑雪产业发展困境与破解 [J]. 经济论坛，2019（8）：24–27.

4. 旅游产品单一，对外宣传力度不够

在冬奥结束以后，我们急需要对现有场馆的发展运营进行重新规划与定位，以有效规避赛后场馆闲置问题。但从目前的经营情况来看，各大场馆主要以滑雪体验为主，休闲度假型产品相对较少，四季旅游尚未形成体系。虽然为了提高游客接待量，各冬奥场馆都在探索四季运营模式，但其在场馆收入构成中所占的比重依然偏小，目前还不足以改变场馆旅游产品单一的局面。另外，冬奥场馆自身品牌的打造，与媒体、互联网密不可分，因此冬奥结束以后，冬奥场馆应该利用多种宣传手段提升自身形象。有鉴于此，冬奥会结束以后，各冬奥场馆应该整合各自的信息资源，便于公众了解。如果赛后缺乏有效的宣传，就会在一定程度上影响到公众对场馆的感知体验，进而影响到公众的出行情况。

5. 专业人才短缺

冬奥后场馆的维护与运行，急需各方面的专业人才，包括雪场经营与管理、滑雪教练、媒体宣传、市场营销等。而从目前冬奥场馆的运行情况来看，专业人才，尤其是高素质的复合型人才严重短缺。而随着冬奥会后奥运场馆的对外开放，对具备较高综合管理能力的复合型人才的需求量将会越来越大，因此缺乏体育场馆管理专业人才，尤其是高素质的体育经营管理人才，将可能是制约冬奥场馆对外开放的瓶颈之一。这种情况的直接后果就是导致游客的滑雪体验感比较差，旅游相关产品的开发不足，滑雪场内的冰雪旅游活动内容单调[①]。因此，冬奥场馆急需引进各种高级人才，来解决当前困扰雪场运营过程中的人才短缺问题。

三、张家口冬奥场馆赛后运营的可行路径分析

1. 不断完善场馆功能

2022 年冬奥会后，广大人民群众将对冰雪运动产生强烈的参与意愿。为此，要遵循国家广泛开展全民健身活动工作要求，积极规划冬奥场馆周边交通线路，为市民前往冬奥场馆提供方便。同时开通市民观赛、健身直通

---

① 吴家志.大连市体育中心后全运时期场馆利用与发展模式研究[D].大连：辽宁师范大学 2018 年硕士学位论文.

车，以努力改变场地相关配套设施不足的局面①。另外，冬奥场馆管理者应该充分利用赛后冬奥场馆相关设施，组织群众性体育运动，以营造一个和谐有序的冬季运动文化氛围，吸引更多的人参与冰雪运动，使冬奥场馆真正成为广大群众户外健身、休闲娱乐的好去处。

2. 创新场馆运营机制，完善场馆经营产业链

冬奥场馆的运营离不开市场的支持。然而，冬奥场馆的市场化运营面临许多挑战，因此这就需要我们采用全新的经营理念去科学运作。因此，对管理方式的创新是冬奥场馆赛后开发利用的最主要动力。实践证明，把冬奥场馆的经营纳入市场化、商业运营当中去，在满足场馆基本体育活动需要的同时，适当举办一些体育赛事、演唱会、商业会展等大型活动，不仅能够有效减轻政府的财政压力，同时还能够为场馆赛后的维修改造以及日常维护提供资金支持。

3. 加强市场化运作，开发冬奥无形资产

随着中国体育市场的逐渐成熟，很多商业机构与企业对场馆冠名产生了浓厚的兴趣。尤其是随着"互联网＋"的兴起，一些商业企业对网络营销的重视程度空前提升。而体育产业作为一种朝阳产业，必将受到网络"大咖"的青睐。因此，冬奥会后，我们完全可以借助冬奥会的影响力，在利用好实体资源的同时，对场馆冠名权、特许经营权、广告发布权以及品牌形象等无形资产进行深度开发，以发挥冬奥场馆更大价值。

4. 拓展市场开发空间，实现多业态融合发展

冬奥场馆的建设，除了满足场馆赛事活动的需要以外，还应当适当考虑赛后场馆的商业运营，为日后承办娱乐活动、体育竞赛及商贸会展奠定基础。因此我们应力求从生态环保、节能降耗等方面降低运营成本，以提升其经济效益。与此同时，我们还应该积极借鉴国外冬奥场馆运营的成功经验，以体育赛事、大型演出、专业培训为重点，引入文化、休闲娱乐等多种产业形态，将这些场馆打造成集体育、休闲娱乐于一体的商业集群②。在吸引消费群体眼

---

① 吴家志．大连市体育中心后全运时期场馆利用与发展模式研究 [D]．大连：辽宁师范大学 2018 年硕士学位论文．

② 高文瀚．第七届世界军人运动会体育场馆赛后开发利用研究 [D]．武汉：武汉体育学院 2020 年硕士学位论文．

球的同时，也带动了周边商业集群的发展，从而实现了多产业融合发展。

5. 调整投融资结构，推动管理体制改革

基于冬奥场馆高昂的投资运营与维护成本，冬奥会结束以后，我们可考虑将冬奥场馆委托给一些体育机构来运营，或者作为某俱乐部主场。它不仅能够反映体育场馆的本体功能，而且还能够大大缓解国家的财政压力。有鉴于此，我们可以借鉴发达国家的成功经验，促进冬奥场馆投资向多元化方向发展，努力吸引社会资本参与到冬奥场馆的建设中，将会议、展览、商业、酒店等项目的建设与冬奥场馆进行深度融合，以避免投资结构过于单一。因此冬奥场馆，应在保证全民健身、专业训练和教学需求的同时，推动管理体制改革，积极引入社会资本以委托经营、合作经营等手段，不断拓展企业招商、会展、文艺演出、各类体育培训等多元化经营项目，以增强体育场馆独立运营能力。

四、张家口冬奥场馆赛后运营的主要对策

1. 引进专业人才，打造专业运营管理团队

高级专业人才的匮乏，可以说一直都是制约冬奥场馆赛后运营的重要因素。因此，为了更好地做好场馆的赛后利用，我们要积极引进场馆管理与运营专业人才，特别是应加强滑雪运动教练人才的储备，并成立专门的开发管理机构对场馆进行科学运营与管理[①]。要根据场馆的区位布局、优劣势及资产负债等情况，开展市场调研，充分研究冬奥场馆的市场定位，科学规划场馆未来的发展路径。

2. 加大媒体宣传力度，促进全民健身运动开展

为了更好地提高市民对冰雪运动的了解和参与积极性，提升张家口冰雪运动的社会影响力，我们可以利用电视广告、网络短视频、微信公众号等多种形式对冰雪运动的公益性和独特性进行有针对性的宣传，以提高市民对于场馆赛后运营方式的了解，提升场馆自身人气和社会影响力[②]。

① 郭增，李彦红，李娜.2022年冬奥会赛后张家口赛区场馆利用研究 [J]. 张家口职业技术学院学报，2020，33（1）：22-23.

② 郭木华. 首钢冬奥会场馆及周边场地赛后利用的探讨 [J]. 现代商贸工业，2020（20）：206-207.

3. 盘活场馆资源，打造品牌赛事活动

冬奥场馆的赛后利用，不能仅仅局限于训练竞赛和全民健身，而是应打造成集健身、休闲、娱乐、餐饮、购物、住宿、旅游于一体的复合型运营模式。要选择合适的营销策略，立足于竞赛表演和大众健身，通过举办大型赛事活动、体育培训、招商引资、体育会展等方式，促使冬奥场馆各类资源实现融合发展。另外，冬奥场馆还要利用现有的场馆设施，创立和引进属于自己场馆的品牌体育赛事，打造主场文化，以提升场馆自身的品牌知名度，从而为进一步开拓市场打好基础。

4. 优化营商环境，开展多业态运营

体育产业作为一大朝阳产业，其关联带动作用非常强。因此，张家口完全可以利用举办冬奥会的契机，在群众体育、休闲娱乐、文化旅游等方面发力，通过多业态运营，实现冬奥场馆的高效利用。而要想实现场馆赛后的有效利用，我们就需要积极融入到市场环境中去，不断优化营商环境。因此，在场馆运营过程中，我们需要将冬奥场馆与配套设施紧密结合起来，依据市场需求改革冬奥场馆的服务和管理模式，增加商业利用空间，促进娱乐、休闲等商业活动的开展，并适时引入各种大型体育赛事和文化演出活动，不断提高冬奥场馆的社会影响力。同时开发适合大众体验的夏季户外活动，探索四季皆宜的运营模式，丰富群众户外活动内容。

5. 冬奥场馆应做好资源整合，促进集群化发展

对于冬奥场馆而言，我们不能仅仅局限于滑雪旅游，而是应该将竞技雪上项目、大众滑雪、旅游参观相结合，以形成完整的产业链。事实上，国际上许多知名的滑雪小镇，都是以冬奥场馆为核心打造的产业集群。因此，冬奥后我们一方面要继续承办一系列国际赛事，以保证场馆的运营成本，另一方面要进一步完善配套设施建设，以搭建完整的冬季旅游消费产业链。要借着北京 2022 年冬奥会的东风，群众冰雪热情的升温，将各种有利条件打造成为区域品牌，从而为后奥运时代，雪上场馆的可持续运营奠定坚实基础[①]。

---

① 张旭东 . 北京 2022 冬奥会雪上场馆赛后开发利用研究 [D]. 北京：北京体育大学 2017 年硕士学位论文 .

京张体育文化旅游带建设下冬奥遗产利用研究 [*]

高志越　袁　铸　任秀慧^{**}

2021 年 1 月 20 日，习近平总书记主持召开北京 2022 年冬奥会和冬残奥会筹办工作汇报会，作出"要积极谋划冬奥场馆赛后利用，将举办重大赛事同服务全民健身结合起来，加快建设京张体育文化旅游带"的重要指示，为京张体育文化旅游带建设提供了根本遵循和重要指引。如今，第 24 届北京冬奥会已经胜利闭幕，它为中国创造了包括体育场馆设施、体育文化精神等在内的丰富冬奥遗产，要充分利用这些有形无形的财富，让其成为中国高质量发展的新引擎，助推京张体育文化旅游带建设，融入京津冀协同发展，实现冬奥遗产利用效益最大化。

一、冬奥遗产的价值

国际奥林匹克委员会官网对于奥运遗产的解释为："奥林匹克遗产指的是每一届奥林匹克运动会在举办之前、筹备期间和结束之后为主办城市、当地人民和奥林匹克运动创造的长期利益。"苏格拉底提出"认识你自己"的

＊　基金项目：国家社会科学基金项目"人地耦合视角下京津冀生态涵养区生态环境适应性评价与社会力量参与治理研究"（19BSH077）；河北省高等学校人文社会科学重点研究基地项目"生态建设与产业发展研究"（冀教科〔2014〕31 号）；河北省教育厅人文社会科学研究重大课题攻关项目"发挥奥运效应打造北翼发展新高地研究"（ZD202006）资助。

＊＊　高志越，河北北方学院生态建设与产业发展研究中心研究人员；袁铸，河北北方学院生态建设与产业发展研究中心教授、硕士生导师；任秀慧，张家口市实验中学教师。

哲学核心任务，这才是良好生活的开始。因此，认知北京冬奥遗产的价值，是发挥冬奥遗产利用效益的基础。换言之，价值的存在才是冬奥遗产利用的根本。[①] 2022 年 2 月 11 日，北京冬奥组委发布了《北京 2022 年冬奥会和冬残奥会遗产案例报告集（2022）》（简称《案例报告集》），它收录了体育、经济、社会、文化、环境、城市和区域发展 7 个方面的 44 个典型遗产案例，总结提炼了冰雪运动普及发展、冬奥场馆、科技创新、环境保护、城市更新、区域协同、文化传播、奥林匹克教育、志愿服务、包容性社会建设等多方面的亮点成果。通过对《案例报告集》的解读，北京冬奥遗产具有类型多样化、价值多元化的特点。

（一）类型的多样化

基于历史维度，最初国际奥林匹克遗产指多以实物为主的有形财产遗产以及国际奥委会世袭的权力遗产，而随着奥林匹克运动的发展，人们意识到它越来越不能彰显遗产所蕴含的潜在影响力。[②] 到 2013 年，国际奥委会编写的《奥林匹克遗产手册》中将奥运遗产框架划分为 5 项，分别是体育遗产、社会遗产、环境遗产、城市遗产以及经济遗产。这种划分兼顾了奥运赛事直接遗留的诸如体育场馆等物质资产，亦将其可能辐射的领域融汇其中，做到有形与无形相统一，物质财富与非物质遗产相结合。[③] 而与《案例报告集》相比较，北京冬奥会遗产则多出了文化遗产与区域发展遗产。

依据奥运遗产理论，奥运遗产内涵丰富、外延包容，具有可扩展性，与时代以及举办地有重大的关联。以环境遗产为例，20 世纪 60 年代生态环境保护运动兴起，至 90 年代进入快速发展阶段，环境保护观念已经深入人类发展肌体，国际奥委会紧跟时代发展议题，将"环境"纳入奥林匹克运动遗产之中，一直延续至今。[④] 而北京冬奥遗产在继承已有框架的基础上，一方

① 徐拥军，张丹，闫静.北京 2022 年冬奥会和冬残奥会遗产价值及其评估研究 [J].武汉体育学院学报，2020，54（10）：15–22.

② 王月，孙葆丽.可持续发展视阈下北京 2022 年冬奥会遗产探析 [J].北京体育大学学报，2019，42（01）：42–49.

③ 张子静.可持续发展视域下北京冬奥会文化遗产价值与开发研究 [C]//.第十二届全国体育科学大会论文摘要汇编——专题报告（体育社会科学分会），2022：379–381.

④ 罗赣，郭振，王松，等.现代奥林匹克运动中的生态环境研究述评 [J].北京体育大学学报，2022，45（01）：148–157.

面突出中国优秀文化与世界文化的交融，一方面依据京张地区联合举办赛事的实际，将文化遗产与区域发展遗产列入冬奥遗产范围，这无疑是对国际奥林匹克遗产类型的丰富和发展，做到普遍性与特殊性相统一，国际重大赛事与区域协调发展相结合。

（二）价值的多元化

基于现实维度，北京冬奥遗产体现了京张地区乃至中国对人理、事理、物理的美好发展希冀，具有深刻的体育、经济、文化、教育、社会等多元价值。以冬奥的精神价值为例，其中既包含丰富的历史知识、科学知识、伦理道德、行为规范等教育资源，亦蕴含着民族审美、文化基因等精神特质，对教育年青一代、培养良好社会风气、维系民族复兴的精神动力具有重要意义。[①] 2022年4月8日，在北京冬奥会、冬残奥会总结表彰大会上，习近平总书记深刻阐述了北京冬奥精神，即"胸怀大局、自信开放、迎难而上、追求卓越、共创未来"。弘扬冬奥精神，必能极大激发亿万人民的体育热情，极大推动中国体育事业发展，坚定文化自信，促进社会文明进步。北京冬奥精神也是中国共产党的革命精神在新时代的新发展，必将在中华民族伟大复兴的征程中发挥更大引领作用。

冬奥遗产的价值呈现出动态变化趋势。其一，冬奥遗产具有时间上的延续性。对于冬奥场馆而言，今后的每一次修缮都是在之前的基础上进行；对于冬奥经验来说，都能通过档案等形式很好地得以传承，为每一场重大赛事举办提供智慧。其二，价值的传递亦是在一个开放的情境中。古代张库大道的经济价值不言而喻，然发展至今其作用已不再。冬奥遗产的价值并非恒定不变，随着社会观念和文化背景发生变化，出于各自不同的经历和情感状态，人作为遗产的创造者和体验者，对遗产的保护与利用具有能动作用，可以通过情境要素进行干预影响遗产价值的输出。冬奥遗产价值的发挥将不可避免地依附在时代齿轮之下，探索来路与去处。

---

① 徐拥军，张丹，闫静.奥运遗产理论的构建：原则、方法和内涵[J].成都体育学院学报，2021，47（02）：16-21.

二、京张体育文化旅游带建设与冬奥遗产利用的关系

2022 年 1 月，文化和旅游部会同国家发展和改革委、国家体育总局联合印发了《京张体育文化旅游带建设规划》（以下简称《规划》）。依据《规划》，加快建设京张体育文化旅游带必将进一步整合冬奥遗产资源，更好发挥后奥运效应，让发展成果惠及更多人，推动京张地区协同发展，打造体育文化旅游融合发展新名片，培育区域经济社会发展新动能和特色优势支柱产业。

（一）冬奥遗产利用是京张体育文化旅游带建设重要组成部分

奥运遗产利用是公认的世界性难题。以雅典夏季奥运会为例，在曾经辉煌的现代运动设施中，一些场馆由于缺乏资金已经被闲置，希尼亚斯划船赛艇中心现在已是满目疮痍，皮艇、划艇场地已经干涸，观众席更是遭到严重损坏，而海林尼克奥林匹克棒球中心已经完全废弃，希腊政府并未充分利用这些奥运遗产来推动本国的支柱产业——旅游业。再观俄罗斯索契冬奥会，索契为筹办冬奥会新建场馆较多，在赛后缺乏市场化的商业运作，而且当地居民少、可支配收入偏低，旅游收入亦不容乐观，供需不均导致仅依靠当地居民或者已有游客量无法平衡场馆的后续支出，需要当地政府每年投入 264.8 亿卢布的场馆维护费。同时，为解决场馆后续利用不足的情况引进了一些大型赛事，但这种赛事只能获得一些短时间收益，而且还造成了为满足赛事需求的二次支出，场馆每年都要投入约 37 亿卢布的改造维护费用。曾有报道称"85% 以上的奥运会赛事都亏损"，可见"负遗产"普遍存在。

北京 2022 年冬奥会和冬残奥会是《奥林匹克 2020 议程》颁布之后，第一届从筹办之初就全面规划管理奥运遗产的奥运会。而早在 2017 年 9 月，北京冬奥组委就在总体策划部单独设立了遗产处，提前谋划冬奥遗产利用问题。2021 年，中国发布《北京 2022 年冬奥会和冬残奥会遗产报告（2020）》，明确表示超前谋划赛后遗产利用，助力国家冰上运动的长远发展，促进京津冀地区协调发展。依据《规划》可知，推进京张体育文化旅游带建设要重点解决的问题之一就是冬奥遗产利用问题，围绕冬奥遗产打造重要赛事活动集聚地、建设冰雪运动训练基地、积极举办区域赛事活动、打造

会展活动新高地等措施，提高冬奥场馆使用效益。它又不局限于冬奥场馆遗产利用，更是希望发挥冬奥所蕴含的精神、魅力和市场号召力等，促进全民健身、提高全民素质、推动文体旅融合，实现区域协同发展，增强中国国际影响，为中华民族伟大复兴注入新动力。因此，冬奥遗产利用是京张体育文化旅游带建设至关重要的一环。

（二）合理利用冬奥遗产，助推京张体育文化旅游带的建设

虽然奥运"负遗产"存在，但并非不可改变。正如前文所言，遗产价值的呈现是处于情境之中，可以通过合理干预一些要素，使其价值得到充分发挥。1972 年日本札幌冬奥会之后，借助冬奥遗产，通过完善旅游发展设施、构建融合共生的现代产业链条、开展目的地营销、制定扶持政策等措施，实现北海道地区快速发展，成为世界级旅游胜地；1984 年洛杉矶奥运会，创造性将奥运会与商业密切结合，成本仅花了 5 亿美元，便成功收获了数亿美元的盈利；1992 年巴塞罗那奥运会之后，当地政府采取商业化的手段，筹建珀摩西奥公司管理所有奥运场馆设施，尽管没有政府的补贴，但通过租赁、限期买断、引入职业体育俱乐部等多样化经营方式，依然实现盈利。因此，奥运会绝不是"亏本"的代名词。

作为世界上首个"双奥之城"，北京自 2008 年奥运会后，通过政府与社会资本合作的方式，推动了部分场馆的市场化运营，并取得良好效益。北京冬奥组委新闻宣传部部长常宇曾表示："2022 年北京冬奥会场馆建设的一大特点是充分利用 2008 年奥运会遗产，很多场馆都由当年夏奥会的场馆改造而成，而北京冬奥组委办公所在地首钢园区，也是由旧厂区改造。"例如"水立方"通过改造，兼具冬、夏季项目双向转换功能，在冬奥会上重新服役，变身为"冰立方"，实现由水到冰的无缝衔接。而今，北京冬奥会实现冰雪运动全面普及推广、促进了消费升级、优化了产业结构，以崇礼铁路、京礼高速等为代表的基础设施建设得到完善，生态环境持续改善，公共服务体系大幅度提升，这为京张地区深入合作打下坚实基础。充分利用这些奥运遗产，培育"冰雪体育 +""冰雪旅游 +"等新业态、消费新热点，构建体育文化旅游融合共生的产业结构，必将有利于促进京张体育文化旅游带建设。

（三）京张体育文化旅游带建设促进北京冬奥遗产的活化利用

在理论上，遗产活化主要围绕保护和可持续利用展开，特别强调价值理

性与工具理性、目的与手段之间的平衡。① 如果冬奥遗产活化过于强调市场化运营，难免会导致泛娱乐化，必将逐步消解冬奥遗产原真性。而《规划》在一定程度上将冬奥遗产利用嵌入京张体育文化旅游带建设的生命周期，通过多元力量参与，使冬奥遗产延展至长城文化、京张文化、美食文化、民俗文化、乡村文化等诸多领域，让广大群众共享冬奥、旅游带建设发展的成果。加快京张体育文化旅游带建设，必然能更加深入挖掘冬奥遗产价值，创新冬奥遗产利用模式，促进冬奥遗产市场有序开发，实现长远目标与短期效益协调一致。

在实践中，遗产活化就是在保护遗产的基础之上把遗产资源转化为旅游产品。京张体育文化旅游带建设在一定意义上就是通过发展旅游业来实现奥运文化遗产、长城文化遗产、京张文化遗产等活化利用。以张家口市为例，北京冬奥会、冬残奥会的成功举办，张家口作为协办地区，无疑给其遗留了丰富的奥运遗产，而加快建设京张体育文化旅游带，则给其注入了新的活力。张家口市发改委副主任张作宇在接受采访时表示，2022 年张家口市全面启动京张体育文化旅游带建设，坚持体育牵引、文化赋能、旅游带动，抓好场馆利用、业态培育、产业发展，让资源"动"起来、文化"活"起来、旅游"热"起来，把资源优势转化为新的产业和产品优势、转化为经济发展的新动能。加快建设京张体育文化旅游带给冬奥遗产活化利用提供了极好契机，通过产业化、市场化的方式发挥其价值，必能实现冬奥遗产可持续发展，推动旅游业高质量发展，深化区域协同发展。

三、京张体育文化旅游带建设下冬奥遗产利用的对策

2021 年 7 月 7—13 日，以"世界遗产治理——做好管理变化与延续性的准备"为主题的第 4 届世界遗产管理者论坛将遗产管理上升到遗产治理的高度。从治理的角度，探讨冬奥遗产利用对策，既符合当下世界遗产治理的趋势，亦能够借助冬奥遗产治理发挥后奥运正效应，进而推动京张体育文化旅游带建设。

---

① 徐进亮.基于经济学思维的建筑遗产活化利用的探讨 [J].东南文化，2020（02）：13-20.

（一）在中国共产党领导下，坚持守正创新理念

习近平总书记指出："中华民族是守正创新的民族"，"无论时代如何发展，我们都要激发守正创新、奋勇向前的民族智慧"。实践证明，北京冬奥会、冬残奥会的成功举办就是在中国共产党领导下守正创新的结果。在今后冬奥遗产治理过程中，依然需要坚持中国共产党领导，继续发扬守正创新精神，在正确轨道上开发利用。而切实做到守正创新，需要关注以下几点。

1. 坚持以人为本，平衡手段与目的

广义上，冬奥遗产价值主体在于人民。在中国，以人为本，满足人民需求，让广大人民享受发展红利，是一切工作的出发点。厄瓜多尔戈拉帕哥斯国家公园技术部主任 Michael Bliemrieder 说："人们总是将我们所遇到的各类问题归罪于旅游业的失控。"但事务失控的根源往往在于人的偏执，唯政绩论、唯经济论就是偏执的表现。文创产品冰墩墩、雪容融之所以得到各国人民的青睐，正是由于其体现人类生产生活的智慧，传递中国良好的民族品格与精神，切合了生活审美。一旦冬奥遗产脱离生活趣味，必不再受到重视，其离消亡亦不远矣。冬奥遗产的发展方向必须与人民日常生活相结合，让其价值以易于理解的形式展现，这才是它保持生命力、实现可持续发展的源泉。

2. 坚持科学谋划，结合整体与层级

据一些研究表明，地方经济发展水平对城市遗产治理具有一定的正关联性，同时不同级别的城市之间会在功能构成上存在分工。北京与张家口虽然同为冬奥城市，但基于冬奥遗产治理这种跨区域差异性，其开发利用的重点必然不同。目前，相关规划正在一步步得到实施，但难免会有新的问题出现，应更加深入调研，进一步明确赛区遗产图、景区特色、地质地貌、体育文化旅游资源及基础交通、食宿等配套设施，综合考量各方优势，通盘谋划，因地制宜，分层次、分阶段、分类别地推进冬奥遗产治理。① 再以张家口为例，还要继续发挥冬奥影响力，立足服务北京的政治定位，以京张体育文化旅游带建设为牵引，在完善基础设施基础上，出台新政策，带动冰雪运动、大数据、可再生能源、现代制造、绿色农牧等产业优化升级，赋能奥运

---

① 王兴一 . 我国大型体育赛事遗产 "活化" 策略研究 [J]. 技术经济与管理研究，2019（12）：119–124.

经济可持续发展。

3. 坚持博采众长，重视合作与交流

他山之石，可以攻玉。冬奥会作为世界上影响范围最大的赛事之一，冬奥遗产可持续发展是具有世界意义的。在奥林匹克运动史上，众多冬奥举办城市为北京冬奥遗产利用留下诸多典型案例。例如，温哥华冬奥会注重场馆与社区形成深度融合、索契冬奥会以赛事推动区域资源开发与城市发展、平昌冬奥会以场馆集聚促进"首都圈"创新发展。[①] 可以通过加强与世界冬奥会举办城市的区域旅游合作，开展冬奥城市文旅论坛等活动，积极交流、学习、借鉴相关开发举措。北京冬奥遗产开发利用需要秉持取长补短的原则，开放包容的心态，吸收国外先进经验，努力实现冬奥遗产创新利用。[②]

（二）多元治理主体，融入社会参与模式

依据治理理论，治理主体是多元的，主要包括政府、企业以及媒体、学校等其他参与者，让多元主体共同参与治理，才能不断破解其中面临的重要难题和挑战。[③] 从经济学角度出发，投入—产出之间究竟能产生多大效益尚未可知，需要未来实践的检验。冬奥遗产开发利用必然意味着公共资源的巨大投入，虽然相信中国政府有能力进行支付，但为化解投资风险，协调各方关系，仍需引入社会参与模式，实施多元共治，从而激发冬奥遗产治理内生动力。

1. 政府角度

北京冬奥会、冬残奥会的成功举办，得益于中国政治治理，其显著优势就在于政府能够集中力量办大事，能高效组织调动全国的"人财物"。[④] 然进京赶考易，把冬奥遗产留下来并用好却难。换言之，以政府为主导的自上而下管理机制在申奥、办奥上发挥了积极而重要的作用，但在后奥运时代，不

---

① 甄梦晨，王飞，姜昂，等.冬奥会场馆赛后利用经验与启示——以温哥华、索契、平昌冬奥会为例 [J]. 体育文化导刊，2022（02）：14-21.

② 闫静，徐诗梘.奥运遗产可持续发展的域外经验及其启示 [J]. 首都体育学院学报，2021，33（06）：588-594.

③ 谭肖红，谢涤湘，吕斌，等.微更新转型语境下我国城市更新治理困境与实施反思——以广州市恩宁路街区更新为例 [J]. 城市发展研究，2020，27（01）：22-28.

④ 李祥虎，袁雷，丁晓梅.中国政治治理特点对奥运会可持续发展的影响研究 [J]. 沈阳体育学院学报，2022，41（02）：70-76.

能一味依靠政府输血，否则容易引发社会参与意识薄弱、缺乏发展活力，社会参与渠道不畅、缺乏相应的协商，社会参与规则缺位、缺乏监督机制，社会参与效果不佳、缺乏发展后劲等诸多问题。在冬奥遗产治理上，政府应适当进行转变，变"主导"为"引导"，变"管理"为"服务"。具体而言，在结构上，适当进行权力下移，畅通自下而上的治理通道，破除管理壁垒，引导广大社会力量参与，实现多边联动，构建协同治理网络；在功能上，政府当通过合理运用政策与制度，给其他治理主体提供整体性服务，同时还要给不同社会参与群体，提供多元化、个性化的服务。①

2. 企业角度

企业特别是旅游企业作为旅游市场的主体，对于发挥旅游资源价值，优化资源配置，刺激经济活力有着难以估量的作用。更应该发挥旅游企业的主导作用，对冬奥遗产进行市场化运作，才能更好推动旅游业高质量发展，带动京张地区协同发展。②其要做好冬奥遗产利用的开发者、产品的所有者、经营的管理者，应重点从冬奥遗产产品营销、品牌树立、创新开发模式等几个方面融入治理过程之中，否则必将困难重重。以张家口第一家非物质文化遗产体验馆为例，它由民营企业——鑫佰文化传媒有限公司独资创办，虽然弥补了张家口市公共服务设施相关方面的空白，但自2012年开馆以来，参观人数10000余人次，却只产生了24300元的销售额，入不敷出，其问题产生的主要原因就在于融资方式落后、资金短缺，缺乏创新热情、品牌与营销意识淡薄，经营模式单一、自身造血能力不足。

3. 其他参与者角度

从大众传媒的角度，拉斯韦尔认为，其具有监视环境、使社会各部分在对环境作出反应时相互关联、使社会遗产代代相传三大功能；之后，在此基础之上又衍生出政治功能、经济功能以及一般社会功能。可见，媒体作为社会多元治理主体的重要组成部分，必然有着不可替代的作用。中央财经大学王裕雄主任认为，自媒体的高度发达为冰墩墩等冬奥文创产品传播创造了极

---

① 谢菲，韦世艺. 新时期非物质文化遗产保护中政府角色定位的转向 [J]. 青海民族大学学报（社会科学版），2022，48（01）：134-139.
② 徐有钢，万超. 基于"两山"理论的流域治理市场化探索与规划实践——以《永定河综合治理与生态修复实施方案》为例 [J]. 规划师，2021，37（08）：55-60.

为有利的环境。媒体特别是新媒体的力量不可忽视，需要进一步发挥其固有特性，创新冬奥遗产宣传方式、畅通上下连接渠道、监测市场运行情况等，为冬奥遗产、为京张体育文化旅游带建设提供良好传播环境。

此外，还有学校和科研机构等其他治理力量。从社会层面上看，学校和科研机构在专业人才培养、决策咨询以及解决重大问题等方面有着相当的优势；从个人层面上看，作为冬奥遗产的体验者，亦可以通过一些形式将冬奥遗产价值传给其他受众，实现价值传递或再创造。

（三）数字赋能，创新冬奥遗产利用方式

冬奥遗产的数字化表达是未来的发展趋势。"十四五"以来，曾有权威论断文化科技融合进入"数字文化经济"时代。数字化技术的发展，不仅能推动社会进步，亦能够创新遗产传承方式，让遗产更好融入生活。[①] 而数字化就是本届冬奥会一大亮点，数字媒体、人工智能、区块链等一系列数字技术将作为冬奥遗产"一起向未来"。以 VSS 系统为例，其是数字化技术应用于冬奥场馆的代表，在后冬奥时代，它将继续发挥数字化优势，让遗产活起来、火起来，推进体育产业转型发展，为发展注入持久动力。

通常而言，可将冬奥文字、图片、声音和影像资料进行数据化采集，通过数字建模与绘制、数字存储和分发、数据可视化等程序实现冬奥遗产数字化应用，建立冬奥遗产资源管理数据中心和服务平台，实现对冬奥遗产资源的分析评估、动态监测，以优化遗产管理、提高信息化水平。[②] 还可以开展"冬奥遗产线上游"、开发冰雪电竞游戏等措施，让冬奥遗产得到独特阐释，使人们足不出户就可近距离感受其中所蕴含的魅力，更好实现文旅融合。

当然为了实现冬奥遗产数字赋能，还应从规则、技术以及资金上多加考虑。首先，当社会资本介入其中，无可避免会受利益驱动，以"人"为主的价值导向难免有所弱化，理应进一步加强顶层设计，完善体制机制，平衡各方利益关系，使冬奥遗产资源共建共享，实现有温度和人文情怀的数字化应用。其次，作为专业性极强、流程高度复杂的系统工程，如何吸引更多内容

---

① 厉新建，宋昌耀，殷婷婷.高质量文旅融合发展的学术再思考：难点和路径 [J]. 旅游学刊，2022，37（02）：5-6.

② 韩晗.城市治理与工业遗产管理关系平衡机制研究——基于全国工业遗产数据库建设路径的思考 [J]. 城市发展研究，2021，28（02）：103-109.

制作企业、数字化服务商、遗产研究机构投身冬奥遗产数字化行业，将是困扰相关开发利用的难题。最后，前期研发绝非简单投入即可，耗费大量资金在所难免，需要政府、企业以及其他社会力量共同筹谋，合力攻关。

四、结语

综上所述，北京冬奥会、冬残奥会似是一阵东风，吹来了无尽的遗产资源，推进了建设京张体育文化旅游带脚步，给文体旅融合发展提供了机遇，为京张地区协同发展带来了新的动力。鉴于此，探索冬奥遗产开发利用之路极具意义。而冬奥遗产的利用并非静态的、单向的开发，需要站在治理的高度，在保留其原有精神内核的基础上，进行顶层设计、加强合作交流，引入政府、企业、媒体等多元治理力量，唤醒社会参与热情、激发内生动力，并通过数字赋能，实现冬奥遗产创新利用，从而形成"后冬奥"建设、发展新热潮，真正使遗产"活"起来。这必将力促奥运经济可持续发展、区域协同发展、旅游高质量发展，成为世界奥运遗产利用的典范。

第五部分　奥运影响

"双创"人才特区 *

——后奥运时期区域经济高质量发展的关键举措

杨润田 **

一、引言

自 2015 年申奥成功以来，冬奥会筹办工作不断加快，各项设施建设已接近尾声。张家口崇礼作为冬奥会滑雪项目举办地，拥有全国第一的滑雪旅游产业集聚区规模和一流设施；全世界唯一的智能高铁，发展比较优势日益凸显。从时间上讲，奥运经济的影响和带动效应一般在 10 年左右，且大多数研究认为前 7 后 3。对于张家口而言，奥运机遇期已经过半，奥运经济发展也该进入"下半场"，其关注点和工作重点也应从筹办奥运，办好奥运，逐步转到如何更有效地利用奥运资源，借助办奥优势进一步放大区域经济发展效应，进而形成产业竞争优势，发展优势，推动实现高质量发展上来。

近几年来，有关冬奥经济逐渐成为学界研究的热点，国内学者认为冬奥会能够推动区域经济一体化进程和产业结构优化①，滑雪产业的升级与

　　* 基金项目：国家社会科学基金项目"2022 冬奥会下京张滑雪旅游产业承载力评估及风险防范研究"（17BTY005）。

　　** 杨润男，京张冬奥研究中心特约研究员，张家口学院教授。

　　① 林显鹏.筹备和举办 2022 年冬奥会对京张地区经济一体化的影响 [C]. 2015，第十届全国体育科学大会论文摘要汇编（一），18–19.

冬奥战略是互为依托、相互促进的耦合关系①，这一过程中需要创新冰雪文化产业②，分类构建商业模式③，并注重对大众冰雪健身的供给侧、多中心治理④。"共享办奥"理念是让区域经济、地方城市发展、人民共同参与，共享北京冬奥会的发展成果，实现区域经济的协同发展，让人民群众有更多的获得感⑤。基于已有研究可以发现，奥运经济对区域经济发展具有重要意义。但在现有研究中，多数研究立足于奥运经济视角，以资源、区位、产业为核心要素，对张家口滑雪产业或体育旅游业等发展提供了理论分析与战略建议，以人才、创新为核心要素为视角的研究较少。

根据迈克尔·波特（Michael Porter）的发展四阶段理论中有关发展的阶段性分析和约瑟夫·熊彼特（Joseph Alois Schumpeter）创新理论中"创新是经济发展的本质规定"的论述，以及我国经济已由高速增长阶段转向高质量发展阶段现实要求。本文认为，人才是第一资源，最活跃的先进生产力，创新是经济社会发展的重要推动力。能否聚集人才，成为能否赢得先机、实现高质量发展的重要因素之一。"大众创业，万众创新"是党中央实施创新发展战略的重要举措，"创新创业"离不开人才支撑，两者相辅相成，相得益彰。谋划后奥运时期区域经济高质量发展，不仅必须将人才和创新摆在更加重要的位置，而且也必须提出契合区域发展实际和产业经济规律的具体举措。

二、充分认清后奥运时期区域经济发展的特征及规律

第一，发展主导力量不同。资本、劳动力、技术被称为当代生产力发展的三大要素，发展区域特色经济也离不开这三大要素。就张家口而言，奥运

---

① 阚军常，王飞.冬奥战略目标下我国滑雪产业升级的驱动因子与创新路径 [J].体育科学，2016（6）：11-20.

② 王诚民.中国冰雪体育文化产业的创新发展研究 [J].广州体育学院学报，2013（9）：56-59.

③ 张瑞林.我国冰雪体育产业商业模式建构与产业结构优化 [J].体育科学，2016（5）：18-23.

④ 程文广，刘兴.需求导向我国大众冰雪健身供给侧治理路径研究 [J].体育科学，2016（4）：11-19.

⑤ 邵锦梅，李雷，幺海欣.2022 年北京冬奥会办赛理念研究——基于"四个办奥"理念的诠释 [J].体育科技文献通报，2020（8）：17-18.

前必须投入大量的资本用于建设冬奥比赛项目场地、配套服务设施和改善交通等相对滞后的公共基础设施，在这个阶段资本发挥着绝对主导作用，成为主导力量。相比于奥运前，后奥运时期随着基础设施和配套服务设施建设任务的完成，在张家口崇礼太子城为中心区域内已经具备了世界一流基础设施和公共服务设施等区域特色产业发展的基本条件和要素，因此，发展的重点和方向由筹办奥运转向场馆运营，由规划建设转向产业发展，主要特征从资金投入转向效益产出，也由资本起绝对主导作用，转向劳动力或技术起主导作用上来。

第二，发展重点不同。奥运前主要是基础设施的建设期，奥运后则是特色经济产业的发展期。建设"体育之城""康养之城"，发展以休闲旅游、体育旅游等为主导的特色产业是张家口市委、市政府确定的发展战略目标，也是京津冀协同发展战略赋予的功能定位。以崇礼太子城冰雪小镇及其周围滑雪场为核心，是实现既定目标，打造一系列特色经济产业主战场。无论是建设"体育之城""康养之城"，还是发展特色产业，其实质上都属于现代服务业范畴中的新兴产业，较之于传统服务业，这种现代服务业又是以现代科学技术特别是信息网络技术为主要支撑，建立在新的商业模式、服务方式和管理方法基础上的新兴服务产业，需要在产业结构、有效供给、组织方式、制度保障上不断创新迭代。

第三，发展核心要素不同。奥运前是外输资本驱动的建设创新，奥运后是内生发展驱动的模式创新。前者的核心要素是技术，后者的核心要素是人才；前者的创新是物质表象上的创新，后者的创新是应用场景的创新，对人才提出了更高更深的需求。一方面，密集化的智力资本、城市化的空间分布、信息化的服务方式、生态化的服务业态、服务化的产业结构和集群化的产业集聚是现代新兴服务业的六大特征。其产业发展的供需两端主体都是以人为核心，需求端是消费者的终端消费；供给端则需更加突出经营者（劳动力）的主观能动性和创新能力，专业人才的作用更加突出。另一方面，构建现代服务业体系需要大量专业的人才资源作为支撑，如创意策划、组织运营及生产服务等人员，进而也就需要合理的人才培育模式作为现代服务业体系构建的支撑。因此，人才（劳动力）和创新是后奥运时期张家口市发展特色经济产业最核心、最关键的发展要素。

第四，发展内外环境不同。从外部看，一方面，创新、协调、绿色、开放、共享的发展理念已经成为指导未来发展的纲领，创新创业已成为转变发展方式，加速产业提升，高质量发展的重要引擎。另一方面，随着消费的不断升级及受疫情的影响，体育休闲旅游将会成为更多人的生活方式，体验式消费需求势头更加强劲，人民日益增长的物质文化需要已经转变为美好生活迫切需要。从内部看，一方面冬奥会使张家口成了"国际张"；京张高铁、奥运高铁专线使张家口与北京实现了"同城化"，对外开放的软硬环境大为改观。另一方面，通过举办奥运，崇礼乃至张家口对外开放程度和营商环境有了较大的提升，各级领导干部和广大居民对新发展理念的认识更加深入，发展的愿望和动力更加强劲。

综上，后奥运时期张家口发展特色经济产业不仅主导力量，产业形态、核心要素不同，而且外部环境、内在条件也都发生了改变。资本性收入不再重要，运营性收入甚至成为增长的新约束，新的动力来自创新供给和有效需求，因此，发展的方式方法必然需要改变。

三、建设"双创"人才特区，区域经济高质量发展的必由之路

习近平总书记强调"发展是第一要务，人才是第一资源，创新是第一动力"；"人才政策、创新机制都是下一步改革的重点"。人才特区是经济特区的概念及经验向人才要素领域的延伸，是人才发展体制机制改革和政策创新的实验区，体现了对人才认识的深化，反映了经济发展方式的转变[1]。因此，抓住人才是后奥运时期区域经济发展的主导力量和核心要素，借助举办冬奥会建成的国际一流基础设施"硬环境"和大量专业人才集聚形成的"软环境"，以创新创业为引领，以构建人才特区为纽带，用"双创"人才特区聚变效应和乘数效应形成的"支点"和"杠杆"，来促使张家口区域特色经济产业发展产生倍增效应，推动"内循环"不断扩大，"外循环"持续加速，放大发展的比较优势，将产业优势转化为人才优势，进一步转化为创新优势，不仅契合后奥运时期张家口特色经济发展的特征及规律，也是贯彻落实

---

[1] 来有为，王佩亨. 中关村的探索和实践——建设人才特区创新发展机制 [J]. 新经济研究，2012（3）：79-83.

党中央和习近平总书记提出新发展理念的创新性探索和实践。

一是发展所需。以崇礼太子城冰雪小镇及其周围滑雪场为核心，打造冰雪运动产业、体育旅游产业等一系列特色经济产业，不仅肩负着带动崇礼以及张家口区域经济社会全面发展的使命，而且也肩负着完成习近平总书记提出的雄安新区、冬奥会成为带动区域经济社会快速发展的"河北两翼"发展战略目标实现与否的重任。但是，一方面由于奥运经济本身带动作用大小会受到时间（前7后3）、空间（赛场周边或崇礼域内）、行业（冬季运动等有关领域）的限制，难以发挥持久广泛的作用。另一方面，在后奥运时期，由于崇礼太子城冰雪小镇及其周围滑雪场形成了交通等相对完善的基础条件和一流的配套服务体系，既可以使其产业自我增长的内循环不断增强，内在效应不断提高；也会导致产业优势呈现出在太子城周围或崇礼区域内的内循环发展态势，容易锁死在一定的地理空间和产业领域中，形成一定程度上的路径依赖；出现边际（新增的新增）外溢效应加速递减，辐射带动作用有限，发展空间"局部化"现象。构建"双创"人才特区就是要用人才在创新创业频繁碰撞过程中不断产生一系列的连锁聚变效应，去击穿奥运经济局限性和产业发展的地域性，不仅使得其他地区由边缘和被动的客体变为互动的主体，在张家口区域内产生"雪崩倍增效应"；而且也能用无数个"双创"个体微观动机形成的群体宏观行为，凝聚形成打破区域和产业壁垒的创新创业生态圈，以及让北京乃至国内外旅游者、滑雪者转变为"创新者""创业者"的传导链，推动京张两地深度融合，以此用来撬动"体育之城""康养之城"直至"河北两翼"发展和京津冀协同发展战略的深入实施。

二是现实所致。一方面体育旅游是以体育要素作为旅游吸引物的一种旅游形式，其产业是体育与旅游结合的产物。与一般性观光度假旅游产品相比吸引黏性度更高，更能激发人的欲望和激情，其产业形态更强调组织性和创新性。另一方面，近些年来，虽然崇礼域内来了许多国内外滑雪专业人员，但多数是打工者且专业相对单一，并与域外和业外没有形成人才之间的内在联系互动，产生不了创新外溢效应。构建"双创"人才特区，首先是好的品牌有利于吸引多方人才。冬奥会不仅是张家口享誉国内外的一张"名片"，还是加快与国际接轨，形成比较优势和地区特色，吸引国际、国内人才来此创新创业，打造人才发展"软口岸"的引才"广告"。同时，在加快推进张家口国际化中，人才的国际化是其中重要的一个方面。其次是好的产业有利于创新创业。冰雪产业是近十年来在我国崛起的一个新兴产业，伴随着消费需求的进一步升级，其发展潜力巨大。经过 20 多年的发展，虽然崇礼成为全国最大的滑雪旅游产业集聚区，但还处于规模扩张的粗放型发展阶段，面临着产出效益低、经济活跃度不高等问题。后奥运时期势必由规模扩张转向提质升级，由要素驱动转向创新驱动。人才是创新之源，创新是转型之本，以创新创业为载体，通过创造新供给来催生新需求，将新兴产业红利和人才特区红利叠加，是实现高质量发展的有效途径。再次是好的环境有利于留住人才。太子城冰雪小镇是全世界唯一智能高铁通达的滑雪旅游集聚区，进入北京"一小时生活圈"，交通优势无与伦比。借助举办冬奥会建设的一流基础设施设备，其接待规模和档次不仅国内第一，而且已经具备了世界级的优质服务软硬条件，同时，这里又是新建的城镇企业社区，其人员构成大多来自五湖四海，彼此之间没有地域歧视和复杂的社会关系，都有着共同的志趣和梦想，更利于形成创新创业良好环境。得益于人口红利和改革开放的政策红利，受传统旅游模式的影响，"人山人海吃红利，圈山圈水收门票"的发展方式成为当前旅游产业经济发展的主要形式[①]。但是，面对需求个性化碎片化和主体参与旅游体裁创造过程的时代，这种资源依赖和自发成长的模式不仅阻碍了产业发展动能和旅游者欲望的更新，也无法继续引领行业发展。构建"双创"人才特区就是要摆脱"旅游景区"传统发展模式和路径依赖，走向游客参与的"旅游体验社区""体育旅游经济园区"新兴发展模式，从既关注"产业链"转变到更注重培育"生态圈"上来，使"特区"真正成为推动区域高质量发展和实现"河北两翼"发展战略的"动力源"。

三是政策释能。改革开放以来，我国先后创立了经济特区、高新技术开发区、保税区、出口加工区、自由贸易区、创新综合试验区等多种形式的区域特色经济发展模式，都是适应不同发展阶段需求的产物。建设人才特区与当前我国转型期经济社会发展的内在需求和人才资源开发的现实需求相契合，是贯彻人才优先发展战略的具体举措。为此，2010 年 6 月中共中

---

① 戴斌. 高质量发展是旅游业振兴的主基调 [J]. 人民论坛，2020（8）：19-21.

央、国务院颁布的《国家中长期人才发展规划纲要（2010—2020）》明确提出鼓励地方和行业结合自身实际建立与国际人才管理接轨的人才试验区，随后出台的"十二五"规划也将人才创新管理和服务作为今后 5 年的重要建设工程。2011 年 3 月，中组部、发展改革委等 15 家中央单位和北京市委市政府联合印发了《关于中关村国家自主创新示范区建设人才特区的若干意见》，首次提出"建设人才特区"的概念及意见，积极探索以"特殊政策、特殊机制、特殊平台、特事特办"的方式建设人才特区，构建灵活开放的体制机制，加大人才引进工作力度[①]。随后，全国其他地区也相继推出了各种形式的人才特区，经过若干年的实践和探索，虽然取得了一定的成效，但也存在着建设定位和理念滞后、特区间的同质化、政策力度与现实需求存在错位及人才创新载体"新瓶装旧酒"难以摆脱旧机制束缚等问题。而对于张家口，以建设国际滑雪胜地，休闲旅游胜地；"体育之城""康养之城"为载体的"双创"人才特区，一方面不仅产业定位目标明确、特色鲜明，而且又具有新社区（太子城小镇）、新人员结构（国内外）、新兴业态、新模式（双创）等优势，更易于吸引国内外人才集聚，更有利于推出的人才创新政策体系和开发机制产生出更大的成效，形成专业人才高度密集、体制机制真正创新、创新创业高度活跃、新兴业态高速发展的态势。另一方面，可以使京张联合办奥形成的合作机制，转向以人才创新创业为纽带的产业经济发展融合机制，用市场配置人才资源要素的功能性张力引发京张两地经济与社会的拓展性效应，用创新的价值链、产业链将河北"两翼"建设更深度地嵌入京津冀协同发展中。

四、尊重创新、人才成长规律，积极探索"双创"人才特区的实践路径

首先，转变发展理念，理顺发展思路。理念是行动的先导。构建"双创"人才特区是贯彻落实党中央确立的新发展理念的一次实践性探索，是从"资源型经济"思维转向"创新型经济"思维，牢固树立"治国经邦，人才

---

① 来有为.深化人才特区建设以人才引领创新创业 [J]. 中国发展评论：中文版，2015（6）：22—24.

为急"发展理念勇于创新的过程，也是一个敢破与敢立统一的过程。在发展思路上要以问题、目标为导向，不断做好构建"特区"与发展新兴产业融合的"乘法"；双创与人才培育的"加法"；建立负面清单，政策松绑的"减法"和淘汰旧观念、旧模式的"除法"。

其次，尊重发展规律，创新制度供给。创新集群培育政策应有别于产业集群政策[①]。要针对冰雪运动、体育旅游、康养产业等新兴服务业特质，"双创"和专业人才成长的内生性演化规律，产业聚集与人才聚集现象相互催生、相互驱动的经济关系和人才集聚对产业集聚的反馈作用机理，以及市场环境、政策环境、创新环境等支撑力量的资源配置策略效应，研究制定人才和"双创"的政策供给和体制机制，提升人才政策创新的"靶向性"，尤其需要强化"双创"人才培育政策耦合机制的作用，来凝聚"特区"人才共同体，致力于通过多层次、不同专业人才之间规模化集聚和创新创业的碰撞、渗透及整合，形成共同开拓新兴服务业的新领地、新模式、新机制建设与发展的新"特区"。

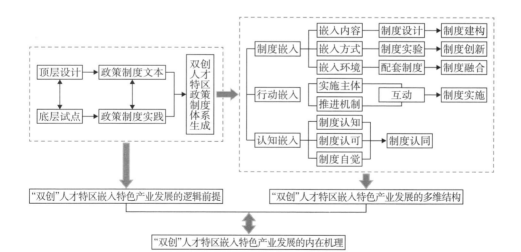

"双创"人才特区政策制度嵌入特色产业发展内在机理分析框架

---

① 王福涛.创新集群成长动力机制研究[D].华中科技大学 2009 年博士学位论文.

最后，放宽市场准入，激活集聚效应。由于创新集群的组织与运行呈现开放性、多元化、非线性、涌现性、自组织特征①。因此，"双创"人才特区要先从放宽市场准入，实施"非禁即入"的准入制度入手，利用冬奥会形成的滑雪旅游、体育旅游"人气"热度和"刚需"，调动爱好者群体对新兴产业创新创业的个人微观动机和群体经济行为的主动性和能动性，逐步提升"特区"集聚度，诱发"新需"，充分释放"鲶鱼效应"，将"消费动力"提升为"发展动力"，走出一条极具新兴服务业特点与创新创业特质的区域经济社会高质量发展的新路子。

---

① 王福涛.创新集群成长动力机制研究 [D].华中科技大学 2009 年博士学位论文.

冬奥背景下社区居民幸福指数现状分析 [*]

——以崇礼区为例

张　羽　张　锦　何晓丽 [**]

一、引言

习近平总书记在十九大报告中指出，要加强推进体育强国建设，筹办好北京冬奥会，要将其举办成一届精彩、非凡、卓越的奥运盛会。冬奥会对城市发展的带动作用巨大，从城市变化来看，体育场馆的建设及大型运动会已经成为加速城市发展、推动社会和经济发展、提高国际地位、改善城市形象的助推器。更好的城市建设让生活更幸福 [①]，从对社区居民的影响来看，社区居民生活的自然环境、社会环境、心理环境等都会发生变化。人们对冬奥会影响的满意程度及对居民生活和健康的影响，对举办城市人群健康的影响体现在不同的层面上，人群自身感受是其中重要的一部分，幸福感作为其中的一个重要变量。"幸福感"逐渐成为社会关注的民生热点，受到广大人民群众

　* 基金项目：张家口市 2020 年度社会科学研究课题"基于冬奥背景下社区居民幸福指数现状分析——以崇礼区为例"（项目编号：2020139）。

　** 张羽（1984—　），女，黑龙江密山人，张家口学院教育学院副院长、讲师，研究方向：心理健康教育。张锦（1979—　），男，山西应县人，张家口学院地理学教研室主任，研究方向：区域与旅游规划。何晓丽（1980—　），女，河北万全人，工程师，研究方向：电子工程。

　① 顾楚丹，王丰龙，罗峰. 中国城乡居民幸福感的差异及影响因素研究 [J]. 世界地理研究，2021，30（1）：179-191.

以及各级政府部门的关心和重视①。如何更好地解决民生问题，促进居民幸福水平的提高，加快社会主义和谐社会的建设已经成为政府重要的政策目标。

幸福感是一种心理体验，它既是对生活的客观条件和所处状态的一种事实判断，又是对于生活的主观意义和满足程度的一种价值判断②。它表现为在生活满意度的基础上产生的一种积极心理体验。幸福感可由幸福指数进行量化③，幸福指数就是衡量这种感受具体程度的主观指标数值④。幸福指数是一个多维度的概念，是人们对当前生活状况的主观评价，它与人们的日常生活息息相关，能够反映出人们的精神状态，与建设社会主义和谐社会的主题高度契合⑤。

幸福指数在反映社会发展水平方面起着非常重要的作用。它是衡量幸福感变化的分析工具。它在衡量社会运行机制和人们的生活满意度方面也具有非常重要的社会意义。构建合理、科学的指标体系对幸福指数进行衡量和定量分析是一种有效的衡量方法。根据幸福指数的相关理论和研究成果，设计具有良好信度和效度的调查问卷，用于实地调查。最终的幸福指数涵盖了幸福的主观和客观两方面，能够相对准确地反映出崇礼区居民真实的幸福状态，有利于政府制定相关提高居民幸福水平的政策。本研究采用问卷调查法，对崇礼区居民进行了调查，以期能够准确得出基于冬奥背景下社区居民幸福指数现状。

二、研究方法

（一）研究样本与背景变量

本组资料共计 110 例，均为河北省张家口市崇礼区的社区居民，其中男

---

① 李军.城市居民幸福指数编制及影响因素分析 [D].天津财经大学 2013 年硕士学位论文.

② 杜敏敏.体育参与对山东省城市老年人幸福指数的影响研究 [D].济宁：曲阜师范大学 2014 年硕士学位论文.

③ 黄保泉，陈蓉.基层公务员激励机制的调查分析与制度创新 [J].四川劳动保障，2018（S1）：112+116-121.

④ 周小淮.社会建设视角下党风廉政问题及其制度化治理 [J].南京社会科学，2011（3）：86-91.

⑤ 罗泯.城市居民幸福指数测度指标体系方案研究 [D].重庆工商大学 2012 年硕士学位论文.

42 例，女 68 例；10—20 岁 1 人，20—40 岁 56 人，40—60 岁 47 人，60 岁以上 6 人。本次调查是由调查者经问卷星进行问卷随机发放，有效问卷 110份，调查问卷的回收率为 100%，有效率为 100%。

（二）研究工具

本次调查采用问卷方式进行数据搜集，问卷涉及的问题主要分为以下四个方面：（1）一般资料：主要涵盖了个人基本信息，如性别、年龄、职业、文化程度、在崇礼区生活年限等。（2）社区居民生活质量维度调查：共 6 个题目，为薪资满意度、对家人收入满意度、交通满意度、社区设施满意度、购物满意度和物价满意度。（3）社区居民精神成长维度调查：共 5 个题目，分别为支持家人为冬奥作贡献、提升自豪感、热心帮助游客、热心助人和愿意当志愿者。（4）社区居民社会支持满意度维度调查，包括工作满意度和工作匹配满意度。（5）社区居民社会支持满意度维度分调查，包括同事关系满意度、家庭关系满意度和邻居关系满意度。每个项目按照"很满意"到"极不满意"划分为 5 个档次。本问卷的克伦巴赫 alpha 系数为 0.898，具有良好的信度。

三、调查结果

（一）社区居民满意度状况

社区居民满意度调查结果见表 1，可以看出，得分最高的是社区居民精神满意度，得分为 4.24 分，其次分别是社会关系满意度、工作满意度、生

表 1　各项满意度得分统计

维　度	得　分
精神满意度	4.24
生活满意度	3.19
工作满意度	3.87
社会关系满意度	4.14
总体满意度	3.86

活满意度，得分均高于均值 3，这说明崇礼区社区在京张联合申奥成功之后，增强了居民的自豪感和服务意识，使居民的精神文化得到了极大的提升。

（二）社区居民精神成长状况

从表 2 可知，申奥成功之后自豪感得到提升的占比为 90%，支持家人服务冬奥的比例高达 94%，热心帮助外地游客的高达 95%，愿意当冬奥志愿者的高达 85%，这些高比例数据充分地说明崇礼区社区居民在京张联合申奥成功之后，都愿意积极付出自己的劳动支持奥运的举办，也愿意为冬奥的举办贡献自己的力量，更为崇礼区承办冬奥会项目感到骄傲和自豪。这为崇礼区承办冬奥会项目提供了良好的氛围，对举办一届成功的冬奥会具有重要的支撑作用。

表 2　社区居民精神成长维度

选　项	支持家人	提升自豪感	热心帮助游客	热心助人	愿意当志愿者
A 很满意（5 分）	31%	35%	38%	35%	30%
B 满意（4 分）	63%	55%	57%	60%	55%
C 一般（3 分）	5%	9%	3%	3%	9%
D 不满意（2 分）	1%	1%	2%	2%	5%
E 极不满意（1 分）	0%	0%	0%	0%	0%

（三）社区居民社会关系满意度状况

社区居民社会关系满意度主要调查崇礼区社区居民和同事关系、和家人关系以及和邻居之间的关系。从表 1 可以看出，它的综合得分为 4.14 分。充分说明了崇礼区社区居民整体和谐度良好，也就是崇礼区整个社会和谐，群众基础非常扎实有效，这对于崇礼区承办冬季奥运会具有良好的群众效应，为承办冬季奥运会重大比赛提供了群众基础。在具体的调研中（表 3），和同事关系满意度为 91%，家庭关系满意度为 93%，邻居关系满意度为 88%，这些数据充分地说明崇礼区社会文化和谐，人民安居乐业。

表 3　社区居民社会关系满意度维度

选　项	同事关系满意度	家庭关系满意度	邻居关系满意度
A 很满意（5分）	16%	35%	21%
B 满意（4分）	75%	58%	67%
C 一般（3分）	8%	5%	12%
D 不满意（2分）	0%	2%	0%
E 极不满意（1分）	0%	0%	0%

四、社区居民幸福指数现状存在问题

虽然崇礼区的社区居民精神满意度和社区居民社会关系满意度得分较高，这对于崇礼区承办冬季奥运会项目具有坚实的基础，但是也存在一定的问题，如社区居民生活满意度和工作满意度得分较低。

（一）社区居民生活满意度较低

通过表 4 可以看出，社区居民对生活满意度最后得分为 3.19 分，分值较低。反映出崇礼区社区居民对申奥成功之后，自己的生活满意度较低。其中，社区居民生活满意度较低的主要因素是崇礼社区居民对自己的薪资和对家人的薪资都不满意，其得分分别为 3.04 分和 3.05 分。由此可见，在申奥成功之后，崇礼区社区居民希望自己和家人的薪资能得到较大的提升，特别是随着冬奥会的临近以及崇礼区知名度的提升，崇礼区的物价水平特别是房价得到了极大的提升，这对于崇礼区社区居民具有非常大的刺激作用。随着奥运会的临近，越来越多的社区居民发现自己和家人的薪资水平远远不能满足崇礼区物价的增长速度，更加对自己和家人的薪资感到不满意。同时，随着越来越多的京津冀游客以及世界各地游客来崇礼进行滑雪度假，这些游客的高消费行为进一步刺激了本地人对自己和家人的薪资满意度。

在社区居民生活满意度维度下，社区设施满意度和购物满意度得分也相对较低。其中，社区设施满意度只有 3.11 分。通过走访调研，发现社区居民对周边设施满意度较低的主要原因是社区居民对自身居住地与新建小区特别是随着京张联合申奥成功之后建的高端服务小区进行了对比。发现自身居住小区与新建小区具有较大差距。为外地游客所建的高端服务小区里面服务设施高端齐全，而本地社区居民居住环境相对落后。这种硬件设施的落后深深地刺激了本地人对自身需求的提升，加大了居民对自身周边设施的需求度和满意度。同时，这种硬件设施巨大的差异性也表现出了双方之间文化的差异性，这种差异不仅表现在物质景观设施上，也体现在文化景观上，导致了双方之间的不信任和不协调。

表 4　社区居民生活满意度得分统计

选　　项	薪资满意度分数	对家人收入满意度分数	交通满意度分数	社区设施满意度分数	购物满意度分数
A 很满意（5 分）	35	30	65	45	45
B 满意（4 分）	116	116	188	116	148
C 一般（3 分）	120	132	99	129	144
D 不满意（2 分）	58	52	18	46	26
E 极不满意（1 分）	5	5	8	6	3
总分	334	335	378	342	366
平均得分	3.04	3.05	3.44	3.11	3.33
最后得分	3.19				

（二）社区居民工作满意度较低

社区居民对工作满意度的调查显示（表 5），社区居民工作满意度最后得分为 3.87 分，分值较低。反映出崇礼区社区居民对申奥成功之后，对自己的工作满意度较低。由此可见，在冬奥申办成功之后，崇礼区社区居民希望工作环境和条件有所改善，拥有更多的就业机会。工作满意度也体现了社区居民的文化价值观和身心健康指数，提高工作满意度可以提高社区居民的愉悦感和向心感。由此可见，增加就业机会、提高地区经济发展水平有助于提升居民富裕感，同时在一定程度上影响居民总体生活满意度。

表5 社区居民工作满意度得分统计

选 项	工作满意度分数	工作匹配满意度分数
A 很满意（5分）	95	95
B 满意（4分）	268	240
C 一般（3分）	66	72
D 不满意（2分）	2	12
E 极不满意（1分）	1	1
总分	432	420
平均得分	3.93	3.82
最后得分	3.87	

五、提升社区居民幸福指数的建议对策

针对以上分析提出的问题，通过实地走访调研和咨询相关专家，课题组提出了如下建议。

（一）顶层规划设计，提供旅游补助

政府作为权力的拥有者、政策的制定者、资源的占有者、社会保障的提供者，必须在提升居民幸福水平方面起到主导作用，政府应该尽力推动居民幸福指数的上升，不断改善居民的幸福状态。

物价水平、收入水平与日常生活密切相关，关系到老百姓的生活质量。如果社会生活满意度和工作满意度较低，说明居民的生活成本和负担较高，会极大地降低居民的幸福感受。收入水平的增加，收入分配的合理，配套设施的完善，房屋价格的调控，住房条件的提升都是政府制定政策时需要考虑的重点热点问题。政府要将崇礼区社区居民的幸福状态纳入政策制定的考虑范围，将提升居民的幸福状态作为政府的职责所在。人民幸福是政府和人民共同追求的双重目标。相关经济和政治政策的制定要考虑到人民群众的切身利益，不能以牺牲居民的幸福感受来换取经济发展，做到幸福和发展之间的和谐共存。

由于奥运效应的作用，使得崇礼区的物价水平超出了社区居民的心理承受能力，因此地方政府可为崇礼社区居民提供旅游补助，降低居民的生活成本，切实让居民感受到政策福利，抵制旅游旺季带来的高消费效应。让社区居民感受到奥运为地方发展提供了千载难逢的历史机遇。

（二）完善基础设施，满足居民需求

要探索怎样有效提升居民的幸福水平就要真正了解人民群众需要什么，要懂得怎样才能提高居民的幸福水平，就要认真了解人们的行为心理，明确人们的幸福诉求。按照马斯洛的需要层次理论，把需求分成生理需求（Physiological needs）、安全需求（Safety needs）、爱和归属感（Love and belonging）、尊重（Esteem）和自我实现（Self-actualization）五类，依次由较低层次到较高层次排列①。因此，居民要获得的需要满足不仅是从生理上，而是从心理、行为各方面提升居民幸福指数。

政府需提升服务和环境制度支持，在崇礼区建立高端免费公共服务设施，满足崇礼区社区居民的心理需求，降低居民对外地游客和居民的排斥感。申奥成功之后，社区居民预期值很高，但是得到较少，形成了巨大心理落差。因此，通过完善崇礼区的基础设施，满足社区居民的心理需要，切实有效地提高居民的幸福水平。

（三）组织社区活动，构建和谐社区

通过之前对崇礼地区社区居民幸福指数影响因素的分析，可以发现崇礼区社区居民现在面临比较突出的问题是外来移民的进入并在崇礼区开始生活居住，导致了本地人和外地人之间的一些矛盾。例如：外地人居住环境的高端化，导致了本地人的心理落差行为；外地游客的高消费，导致本地的物价上升；外地居住者的短期行为，导致双方之间的不信任。结合目前实际，可以从以下几个方面入手，积极构建和谐社区。

1. 在文化生活方面，一方面需要定期举办各类文化活动，将外地居住者和社区居民融为一体，另一方面需要重建社区邻里的交往与互动，增加社会支持的维系，有助于构建和谐社会，增加社区居民的幸福感。

2. 在满足居民美好生活需求方面，首先城市化的经济增长并不能直接

① 盖静 . 良好师生关系建立大于知识传授 [J]. 淮阴师范学院学报（自然科学版），2014，13（4）：371–373.

带来生活的美好，政府重视居民幸福建设，监督政府部门的政策，反馈提高居民幸福水平相关政策的政策效果，形成政府部门与人民群众共同追求高幸福水平的和谐局面。切实有效的物价调控，同时保证居民收入水平的不断提高，创造出更多的就业机会，提高劳动者的整体素质，加大公共设施建设等方面将会极大地提升居民的幸福水平。

3. 在提高凝聚力方面，要始终从人民群众的切身利益出发，大力宣扬冬奥会不仅可以带来地区经济的发展，更可以弘扬国家的文化。加大文化产品的供应，充分发挥宣传主流文化的重要作用。同时政府要积极宣扬"共同富裕"这项国家不曾忘记的任务，国家会坚定不移地推进提升居民收入水平的政策，不断改善社区的面貌，顺应新时代发展要求。

后冬奥时代北京冬奥精神的传承与发扬 [*]

吴 戈 任 亮 ^{**}

　　举世瞩目的北京冬奥早已随着中国新春佳节的句点圆满落下帷幕。在新冠肺炎疫情等重重挑战下，中国仍凭借大国实力、大国风范，坚持奥运精神，向世界兑现了"两个奥运，同样精彩"的诺言，奉献了一场简约又精彩的盛会。盛会虽结束，后冬奥时代已来临，但北京冬奥的影响从未远去，其留下的物质精神宝贵财富仍散发着光与热。习近平总书记于北京冬奥会总结表彰大会上充分肯定了北京冬奥取得的重大成果，同时也强调了"要积极谋划、接续奋斗，管理好、运用好北京冬奥遗产"。可见在后冬奥时代，如何用好用活冬奥物质精神遗产，特别是如何通过传承好、发扬好北京冬奥精神，做好后冬奥文章，讲好后冬奥的中国故事，让丰硕的北京冬奥精神财富成为持久推动社会进步的新动能，是一个重要议题。

一、北京冬奥精神内涵

　　明晰北京冬奥精神内涵，透彻北京冬奥精神遗产，也就是明确后冬奥时

　　* 基金项目：国家社会科学基金项目"人地耦合视角下京津冀生态涵养区生态环境适应性评价与社会力量参与治理研究"（19BSH077）；河北省高等学校人文社会科学重点研究基地项目"生态建设与产业发展研究"（冀教科〔2014〕31号）；河北省教育厅人文社会科学研究重大课题攻关项目"发挥奥运效应打造北翼发展新高地研究"（ZD202006）资助。
　　** 吴戈，河北北方学院教师；任亮，河北北方学院副校长、教授、博士生导师。

代的精神传承主体，即传承的主要内容①。奥运精神是一个不断发展的，不断被更新阐释的理念。不同时代，不同举办方、参与方国家对其赋予不同的理解与表达。而对于已经闭幕的 2022 年北京冬奥会，习近平总书记曾将北京冬奥精神精练阐述为"胸怀大局、自信开放、迎难而上、追求卓越、共创未来"这简短的 20 字②，并由此展开详细论述。北京冬奥精神正是奥林匹克精神同中华精神文明之和合共生，正是北京冬奥会赋予过去、现在以及属于未来层面的后冬奥时代的精神遗产、精神内核。后冬奥时代需要传承的北京冬奥精神主体内容，具体来说具备三重内涵阐释。

（一）奥林匹克精神的中国注解

一直以来，"相互理解、友谊长久、团结一致、公平竞争"的奥林匹克精神，同 2021 年 7 月诞生的全球新冠肺炎疫情背景下强调"更团结"的奥林匹克新格言一样③，将"团结"这一理念追求放在奥林匹克价值观的首位，而北京冬奥会紧扣"更团结"内涵实质所产生的北京冬奥精神、主题、理念，正是对奥林匹克精神内涵的丰富，是对此的中国呼应和中国诠释，也是对中国奥运精神的侧面注解。从"更团结"的"Together"到"一起向未来"的"Together"，是中华体育精神、人类命运共同体的中国担当同奥林匹克精神的交融，是当今时代对奥林匹克精神的直接反映与表达，是现实需要。北京冬奥精神既有对中华民族"美美与共，天下大同"价值追求的当代阐释④，还满满汇聚了全世界对奥运的共同热爱以及对美好未来的共同期待，就像开幕式主火炬的微光嵌入世界这朵"大雪花"一样，这份中国注解可以说是融通中国与世界的窗口。"更团结"的精神内涵在中国注解下越发深刻凸显，激励全世界共同团结起来，以更好应对本次奥运会，也更好应对共同难题与全球危机，由此达到"共创未来"。

体育精神的本位回归是另一层北京冬奥精神对奥林匹克精神的重要诠释。从"金牌至上"到"享受比赛"，奥林匹克精神同夺牌的本质一致性由

---

① 柴玥儿，王彦力. 以冬奥志愿服务作为"教材"推动高校思想政治教育实践走深走实 [J]. 北京教育：高教版，2022（6）：4.

② 刘亚新. 为建设具有品牌价值的智能配网专业机构贡献力量 [J]. 华北电业，2022（5）：1.

③ 席金合. 冬奥会上的炫酷科技 [J]. 学生天地：初中版，2022（4）：2.

④ 曹雪莹. 锡伯族"西迁节"传统体育文化研究 [D]. 上海体育学院.

此重回正轨。习近平总书记曾如是说："重大赛事最令人感动的未必是夺金牌，而是体现奥运精神。"在过去很长一段时间里，过度追求奖牌特别是金牌数量的体育竞赛风气，造成了不良的社会影响 [①]，人们背离了奥林匹克精神，甚至丢失了体育运动的初心。重在过程，乐在其中，勇于挑战自我、挑战极限，强调相互理解、友谊、团结和公平竞争的体育精神的回归，是北京冬奥精神丰富奥林匹克精神的另一层完美注解。人们为每一位展示了奥运精神、积极挑战的选手加油、欢呼、鼓掌、拥抱，不再将目光局限在名次与奖牌上，世界各国的选手在雪场或冰场收获同样的祝福，是本次冬奥会传达出的最可贵的奥运精神与值得永远保持的竞赛氛围。

可以说，北京冬奥精神远不止是孕育在奥运赛场的精神理念，更具有面向未来发展的精神内涵，也因此具备传承价值。

（二）中国发展理念的集中表达

"绿色、共享、开放、廉洁"四个办奥理念的提出 [②]，贯彻了国际奥委会可持续性战略精神，是中国国家发展战略具体应用到冬奥会这一舞台的中国主张、中国智慧、中国方案，正是"胸怀大局"的中国表达。其具体阐述中，绿色关乎生态、资源与环境的可持续发展，北京冬奥会在筹办中书写了种种可持续故事，发出了低耗能的中国声音，最终通过这一理念的完美实践成为第一届实现碳中和的奥运会。共享就是坚持"三个共同"，意味着携手共建，体现的是北京冬奥精神中的"共创未来"，聚焦的是冬奥会的社会效应反馈。开放则是助力对外开放的"三个面向"，面向世界、面向未来与面向现代化，是"自信开放"的注脚。廉洁办奥，这一点同"四个全面"战略布局中的全面从严治党相呼应，意味着通过执纪监督来落实前三条理念，强调勤俭节约、公正纯洁、高效推进。北京冬奥会的圆满成功，离不开北京冬奥精神的统领，也离不开办奥理念的坚持。四个理念是立足于中国国家实际又结合国际趋势、经过深思熟虑的指导，是北京冬奥精神在中国发展理念下的凝练与集中表达。

---

① 董倩，金延，曹卫东，等.贯彻新发展理念——"四个办奥"理念与"冬奥+"高质量发展 [J].人民论坛，2020（35）：3.

② 董倩，金延，曹卫东，等.贯彻新发展理念——"四个办奥"理念与"冬奥+"高质量发展 [J].人民论坛，2020（35）：3.

作为党和国家的一件大事，冬奥会的筹办是具备战略高度与发展眼光的[①]。办奥理念所蕴含的精神内涵就不再只是针对奥运会这一个主体，而为经济与社会、民生发展提供了新思路，是精准的、进一步的实践路径指引。这条双赢之路上，绿色是基础动力，共享是力量来源，开放是行动路径，廉洁是根本保证。可以说，北京冬奥会的举办不是一锤子买卖，而是契机，是向好，其精神理念更是可持续发展的目标指引与借鉴样板。

（三）中华文化同体育运动文化的交织与转化

奥运精神是因体育运动文化而生的，是体育运动文化的最高价值凝练而成的，是为促进体育发展而燃动的重要引擎。而体育发展不只是这场赛事的专业运动员、工作人员等的事情，更关乎社会群体层面所有热爱体育与热爱运动的人。由此结合中国冰雪运动有差距且较落后的现状，关注体育运动长足发展而提出的"带动三亿人参与冰雪运动"的目标[②]，以及"群众体育"的强调，都是在成效上"追求卓越"，都是在让奥运精神"飞入寻常百姓家"，都是在引导奥运精神在社会层面转化为积极运动、阳光生活的生活理念，转化为全民健身、全民健康的健康中国发展劲头。

同时，北京冬奥会也是一场文化盛会，北京冬奥精神的文化内涵融汇古今、贯通中西，且充满自信。中国风、中国创意、中国典雅、中国理念……一系列中国文化精神要素贯穿本次冬奥始终，从开幕式的二十四节气倒计时到闭幕式的折柳送别；从融合古代同心圆纹饰、天文图元素设计出的冬奥奖牌"同心"到"天人合一"的冬奥火炬，到以国宝和灯笼为主体元素设计的吉祥物"冰墩墩""雪容融"……中华优秀传统文化以北京冬奥为载体[③]，同奥林匹克文化精神相交织，再通过北京冬奥精神表达出来，传播出来，北京冬奥的文明交流互鉴理念也通过这场文化与精神的转化、交织与融合展示出来，可信、可爱、可敬的中国形象展现在世界舞台[④]，丰富延展了奥林匹克

---

① 李国平，闫磊．京津冀协同发展战略视角下的京张冬奥产业带建设研究［J］．经济与管理，2020，34（1）：5.

② 中国体育报．三亿人参与冰雪运动需要"三个确保"［J］．体育世界，2022（2）：3.

③ 本刊社．"冰墩墩""雪容融"超萌来袭　历届冬奥会吉祥物大盘点［J］．当代体育，2021（3）：4.

④ 毛明星．塑造可信，可爱，可敬的中国形象的国际传播策略研究——以 CGTN 北京冬奥会相关报道为例［J］．新闻世界，2022（7）：4.

精神与奥林匹克文化内涵，推动奥林匹克发展登上新台阶。

北京这座"双奥之城"，通过中国传统文化与现代体育发展相融构成的理念之光，赋予奥运、赋予体育、赋予国家与世界发展全新内涵。这份丰厚的精神遗产值得深刻领会、认真学习，值得内化为发展指引，用活用好，传承发扬。

二、后冬奥时代北京冬奥精神传承的重要价值

奥运的核心价值就在于奥运精神的彰显和奥运文化的传播。北京 2022 冬奥会在组织筹办过程中创造出了丰富的精神财富，这笔财富作为冬奥遗产的重要组成部分，在后冬奥时代，对社会进步方面，对中国体育事业、人文素质提升方面[①]、对外发展等方面都具有重要价值。研究好、明确好、做好对后冬奥时代北京冬奥精神传承的价值影响的剖析，有利于提高社会各层对北京冬奥精神指导意义的认识，特别是促使社会重视程度到位。思想到位了，实践路径、传承与发扬路径才会更加顺畅。

（一）推动中国多方位发展

基于奥林匹克精神的北京冬奥精神，首先是立足于国内各方面发展现状，从体育事业到科技水平到文化传播多层次、多维度的覆盖下凝练出的，是多方位的发展指引。

从奥运所针对的最基本也最本质的体育事业来说，北京冬奥精神凝聚了中国奥运梦与强国梦[②]，体育强国是其中最基础也是最中心的追求。在"三亿人参与冰雪运动"的目标超额完成后，后冬奥时代北京冬奥精神的传承与接续，也就意味着冰雪运动的更加普遍，群众体育的更加蓬勃。赛场之上"全项目参赛"的突破精神、挑战精神与超越精神延续下来，意味着中国冰雪竞技运动水平的新台阶在不断向上延伸；"三亿人"的带动目标的延续，意味着群众体育发展的深度加深、广度加强，冰雪运动不再是小众的，不再

---

① 李瑞林. 对"后奥运时代"体育院校学生人文素质提升的思考 [J]. 北京教育：德育，2009（S1）：3.

② 池建. 历史交汇期的体育强国梦——基于党的十九大精神发展中国特色社会主义体育强国之路 [J]. 北京体育大学学报，2018，41（1）：8.

是冬季独占的，不再是北方专属的，而是"南展西扩东进"的，是全国的、大众的、四季皆有的 ①。同时，冰雪产业发展与冰雪文化建设也离不开北京冬奥精神的继续引领。冰雪产业的进步建立在冰雪运动的热度上，产业发展的新成果看的就是奥运精神带动的群体参与度。而冰雪文化，经过冬奥会本身这一宣传主体后，加上北京冬奥精神的传承与接续，是越发普及的，是中华体育精神的完善，促进了中国体育文化健康发展。北京冬奥精神的传承，对体育运动来说，是推动全民健身不断纵深，推动全民健康稳步前进，是让人们走向健康中国的步子越来越扎实。

科技创新是办奥的实践核心，也是办奥"四个理念"的助推器 ②，创新又何尝不是挑战自我。融入了中国新发展理念的北京冬奥精神，在后冬奥时代对科技领域的助力也不可小觑，高质量发展的新气象需要这份精神引领。公平竞争精神下催生的"自由视角""超高速 4K 轨道摄像机"等裁判技术辅助系统能够助力未来的赛事公平；为了更好展现奥运精神创新的媒体传播技术如开闭幕式的新兴视觉技术等大大深化了中国智能化数字化的转型发展升级，北京冬奥精神的传承，还能够持续加深先进媒介的普及与推广；"迎难而上"的精神催发的高精度天气预报模型、新冠肺炎病毒检测系统等既是对这次赛事安全的保证，也是对人民生命安全的未来保证，传承这份精神，是对科技稳民生安全拉长线；"绿色"这一理念需要科技的辅助与支撑，碳排放近零的制冰技术、通过绿色建筑认证的"冰丝带"、使用新能源的通勤车、清洁电力技术等等，一系列绿色技术的创新，不仅是打造绿色赛事，更是打造绿色城市，打造美丽中国的精神底色。

北京冬奥精神传承也能为中华文化的闪耀添砖加瓦。作为融合了中华优秀传统文化的中国奥运精神，其存在本身，其传承本身，便是中华文化厚重底蕴在现代，在往后的光芒四射，是中国文化自信的愈加提升。北京冬奥会的成功举办，北京冬奥会所展现的大国风范，已经是一次"自信开放"的完

---

① 本刊编辑部．从冬奥盛会到健康中国 [J]．健康中国观察，2022（3）：1．

② 邵锦梅，李雷，幺海欣．2022 年北京冬奥会办赛理念研究——基于"四个办奥"理念的诠释 [J]．体育科技文献通报，2020，28（8）：3．

美诠释①，那么这份欣欣向荣、蒸蒸日上的延续，就在于传承北京冬奥精神，镌刻且铭记北京冬奥精神带来的精气神，带来的自信自强与踔厉奋发，并且坚持下去，坚持优秀文化的对外展示、交流与传播。文明交流互鉴理念的传承，能够帮助人们保持文化自信，坚定自强，提升文化素养，凝聚前进的精神力量，助力中华文化在世界的大舞台上永葆生机。

中国正处于社会主义现代化建设新征程，而北京冬奥是这段新征程的一个良好开端，那么发展就需要依靠北京冬奥精神传承的力量，来延续这份精彩，来推动中国向前的步伐。

（二）带动世界团结共进

北京冬奥精神具有新冠肺炎疫情这样一个特殊的背景，因而具有推动构建人类命运共同体的担当，这份担当当然不只止步于冬奥会赛事本身。"团结"的主题不停止歌颂，那么就不单单只是中国内部，中华民族的凝聚力在增强，而是全世界的运动健儿都凝聚在一起，全世界都"一起向未来"。北京冬奥精神的传承将为全球带来深远且积极的影响，就像闭幕式上各国选手会聚一堂，久久欢呼不愿离去一样，这份团结的延续不仅能通过体育竞赛中公平正义的遵循、性别比例的均衡来稳定全球体育秩序，推动全世界包括体育外交在内的各种文明相互交流，促进世界体育高质量发展，还能在这个特殊时期，为全球共克时艰、迎难而上的共同抗疫提供信心与经验支撑，为后冬奥时代合作共赢、共创未来的世界新格局构建提供基础与信念。建设一个"持久和平、普遍安全、共同繁荣、开放包容、清洁美丽"的新世界是经由北京冬奥会告诉人们②，并反映在北京冬奥精神当中的全世界的共同愿景。传承与发扬北京冬奥精神，能够推动人类命运共同体的构建不断走深走实，这也就意味着向全人类共同价值的实现不断靠近。

不论是立足国内还是着眼国际，后冬奥时代，北京冬奥精神仍然是发展前行的一大标杆，其价值影响渗透社会进步的方方面面，具有深刻把握的价值，具有继承发扬的深远意义。

---

① 王晓雅，李燕，秦瑜斌. 传播文化自信　彰显大国风范——浅议构建北京冬奥会的符号价值体系 [J]. 新闻采编，2021（1）：4.

② 李景治. 推动构建人类命运共同体的路径选择 [J]. 新视野，2017（6）：8.

三、后冬奥时代北京冬奥精神传承与发扬的方法路径

步入后冬奥时代，人们可以看到社会各方面的冬奥效应在逐渐减弱，留存更久的，是已有的固定的物质技术设施，以及冬季远去后走入淡季的冰雪经济。人们接触冰雪运动的意愿要长久深化，冬奥效应的可持续性延长，都需要北京冬奥精神的接续与振作，需要人们关注传承发扬实践路径的选择与具体方法的运用，具体来说涉及教育主力、冰雪运动发展以及讲好中国故事三个层面[①]，共同发力，促进后冬奥时代社会上下关注北京冬奥精神价值的持续发挥，推动北京冬奥精神紧随时代前行。

（一）发挥体育育人主力

奥运本身就是一种教育，那么北京冬奥精神的传承离不开教育主力[②]。各级教育方应在深入领会、深入挖掘北京冬奥精神内涵的基础上，通过思政元素将其融入课堂，创设教学情境，运用"体育+"的各式案例，如"体育＋爱国主义""体育＋文化传播""体育＋志愿服务"等时代需要，培养青年一代内化北京冬奥精神，引导青年一代践行使命，发挥体育育人主力。全渠道、多要素是实施路径的重要特点，北京冬奥精神的教育传承不止于课堂，更需教材、课程平台等综合多渠道、多载体，进行全要素推进，共同达成体育育人培养过程。后冬奥时代，理想信念教育离不开北京冬奥精神这一对青年一代影响力重大的精彩要素，奥林匹克精神的新内涵也能通过教育直达青年群体，深化中国奥林匹克精神的弘扬。教育者们应勇担新时代体育育人的光荣使命，让北京冬奥精神传扬一代又一代，影响一代又一代。

（二）展开冰雪运动新篇章

冰雪运动既是冬奥会的主体，也是传承北京冬奥精神不可忽视的主要载体。后冬奥时代的冰雪运动，应在用好用活冬奥冰雪物质遗产、科技遗产、

---

① 马旭，张博.资源共享视域下高校冰雪体育教学模式的构建与发展[J].冰雪运动，2018（1）：5.

② 茹秀英，何丽娟.北京冬奥会奥林匹克教育传承与创新研究[J].北京体育大学学报，2022，45（5）：19.

人才遗产的基础上 ①，翻开冰雪产业发展的新篇章，最大化提高冰雪运动对大众的持续吸引力，让冰天雪地成为"金山银山"，才是实打实助力北京冬奥精神传承的做法。冬奥场馆、技术设施是现存固有的，促进大众冰雪运动继续发展的"地基"，能够实际地为公众享受冰雪运动乐趣添砖加瓦。有乐趣、有吸引力、有参与度才是北京冬奥精神面向大众传承与发扬的最好最大窗口。"地基"之上，配套设施、配套人才、配套服务与配套文化衍生品的推进意味着大众对冰雪运动文化关注度的跟进，也意味着北京冬奥精神更好更远的传播。同时也要注意热度扎堆、发展同质化的问题。北京冬奥精神的传承需要的冰雪运动必须是发展的、不断进步的，不能是"网红"的、昙花一现的。后冬奥时代，冰雪运动新篇章的展开本身就是北京冬奥精神在传承、在发扬，推进冰雪运动的普及与发展，推动中国向全民健身的健康中国不断迈进，也是传承与发扬北京冬奥精神的重要途径。

（三）讲好中国故事

讲好中国故事，特别是讲好后冬奥故事，是由当下和未来社会各领域的人，各领域的建设与进步共同出力的。后冬奥时代，奥运会的赛场已经结束，但接下来人们的赛场是人生，是平凡的工作。要通过讲好中国故事来传承发扬北京冬奥精神，就需要人们在平凡的生活中、在平凡的工作中，以北京冬奥精神为指导来书写辉煌，来拼搏奋斗，在各行各业发出光芒。讲好后冬奥故事 ②，应以冰雪故事为关键和中心，贯穿经济、科技、文化、教育、民生、志愿服务等社会各层面，凭借胸怀大局、自信开放、迎难而上、追求卓越、共创未来的精神齐头并进，依靠各式传播媒介和渠道，如视频专栏节目、特别报道、纪录片、数字传播技术等等，走进千家万户，走进企业、机关、学校、部队，走进博物馆、档案馆等，更要走向国际，讲述北京冬奥精神在新时代带给世界的发展进步。在后冬奥时代用北京冬奥精神讲好中国故事，传播好中国声音，能让人们对北京冬奥精神保持长久认识与追寻，点燃大众爱国情怀，坚定信心，并继续将北京冬奥精神发扬光大。

---

① 孙葆丽，朱志强，刘石，等 . 冬奥遗产可持续发展期研究 [J]. 武汉体育学院学报，2022，56（2）：5-11.

② 庞明慧，刘亚平 . 创新冰雪数字传播 讲好北京冬奥故事 [J]. 中国记者，2022（2）：3.

结　语

圣火虽已熄灭，但精神恒久存在。后冬奥时代应是对北京冬奥精彩绝伦的发扬与延续。北京冬奥精神的传承需在深刻把握其内涵的基础之上，正确认识其价值意义，领会北京冬奥精神传承的重要性，而后通过多方位、多层次的路径实现持久的精神传承与价值引领，由此带动中国，也带动世界团结共进。

后冬奥时代背景下河北北翼冰雪产业持续发展策略研究 *

吴永立　张姣姣　董　欣 **

伴随 2022 年北京冬奥会的成功举办，北京及河北北部的基础建设及交通设施条件进一步提高。在此背景下，河北北翼积极开展大众冰雪赛，群众参与度逐步提升。然而，目前冰雪体育项目在河北省并不占优势，旅游服务业仍略落后于工业制造业。因此，要牢牢把握机遇，持续推动冰雪活动的开展，向群众提供了解冰雪、参与冰雪的平台，不断完善冰雪人才培养机制、培育冰雪消费群体、加强设施建设及监管力度，推进冰雪产业链高度融合，践行"冰雪＋旅游＋文化"的全新发展思路，填补当前河北北翼在冰雪产业中的空白，促进河北北翼冰雪产业发展提质增效，接力跑出后奥运时代发展的"加速度"，强健河北经济快速发展。

一、后冬奥时代河北北翼发展冰雪产业的优势及现状

（一）冰雪资源丰富

张家口位于河北省与北京市交界地带，地形陡缓适中，具备得天独厚的

---

　　* 基金项目：本文系河北省社会科学发展研究课题《河北省大力发展冰雪运动和冰雪产业对策建议》（课题编号：20200501004）的阶段性研究成果。

　　** 吴永立，河北师范大学商学院教授、硕士生导师；张姣姣，河北师范大学商学院硕士研究生；董欣，河北师范大学商学院硕士研究生。

自然优势，坡度、坡向、坡面与垂直落差等适合开发及利用大型滑雪场。此外，四季分隔显著，冬季时间较长，较为寒冷，自然降雪量高[①]，有"中国雪都"之称。目前，冀北地区有 80 多条雪道，全长 70 余公里，曾多次举办 FIS 高山滑雪积分赛、国际滑雪赛等高水平冰雪赛事。

（二）交通设施便利

近年来，冀北地区交通基础设施水平稳步提升，河北省联合北京市对冀北地区交通发展进行详细部署规划，铁路设施建设及高速公路建设得到高质量发展。冀北地区与周边城市（北京、山西、内蒙古等）构建起快速交通网络，形成以冀北地区为中心的"一小时交通圈"。便利发达的交通网络体系为冰雪产业发展引进更频繁的客流，使各地消费者到冬奥场馆体验冰雪运动成为现实。

（三）冰雪产业前景良好

近年来，冀北地区经济增速较快、冰雪产业发展呈现大幅增长的良好态势，全市生产总值基本呈逐年上升趋势（如图 1、图 2 所示），为冰雪产业发展提供有力的资金支持。从政策支持上看，河北省出台《河北省冰雪产业发展规划 2018—2025 年》等政策，强化了政府在财政投入、政策保障、人

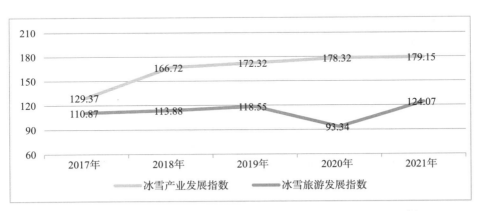

图 1　2017—2021 年冀北地区冰雪体育、冰雪旅游发展指数（截至 2021 年 6 月）

数据来源：张家口市统计局国民经济和社会发展统计公报

[①] 张一帆，卢春燕 .2022 年冬奥会背景下张家口冰雪产业发展对策研究 [J]. 河北旅游职业学院学报，2018，23（02）：18-23.

图 2　2016—2021 年张家口市全市生产总值（亿元）
数据来源：张家口市统计局国民经济和社会发展统计公报

才引进、监管督促等方面的积极作用①。此外，政府对当地产业建设提供有力支持，提升装备制造等产业的工人工资等措施促进冰雪设施的建设与完善。从投资来源上看，宣告申办冬奥会以来，大量外资企业对冀北地区展开深入考察，充分的投资为冰雪产业发展注入新的生命力。行而不辍，未来可期，张家口的冰雪运动历史悠久，依托国家政策的大力支持及冬奥留下的宝贵财富，河北北翼冰雪产业必能保持良好发展态势。

（四）旅游业增速较快

如图 3 所示，虽然 2017 年至 2021 年 6 月，冰雪旅游发展指数始终落后于冰雪产业发展指数，冰雪旅游设施落后于冰雪运动项目建设，但是在此期间，张家口市第三产业占比增加值逐年提升，说明冀北地区已经认识到旅游服务业的重要性，正采取措施提高冰雪旅游产业的经营状况，三大产业的差距正进一步减小，有利于打造"冰雪＋旅游＋文化"的特色发展路径，加强冰雪产业对当地经济发展的辐射力度，将冰雪旅游作为冰雪产业至关重要的一项，高效结合冰雪产业与当地经济建设，全面提高冰雪产业综合实力。

（五）群众积极性高涨

后冬奥时代，民众更加了解冰雪项目、亲近冰雪运动、积极参与到冰雪活动中，在实际冰雪运动中体会乐趣，为冰雪产业的可持续发展提供良好的

---

① 扈春荣、刘啸. 冬奥会背景下河北省冰雪产业发展的优劣势分析 [J]. 体育世界（学术版），2019（06）：15–17.

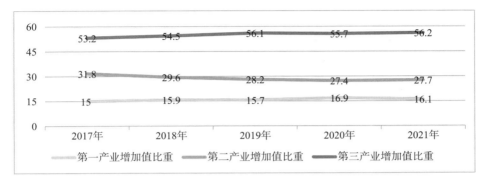

图 3　2017—2021 年张家口市地区产业增加值比重（%）
数据来源：张家口市统计局国民经济和社会发展统计公报

群众基础。近年来，冀北地区经济发展迅猛，城乡居民收入逐年稳定增加，人民生活水平逐步提高。越来越多的消费群体在基本生理及安全需求之外，转而追求更高层次的精神生活，居民收入增加使得消费者有充足财力参与冰雪体育活动。我国做出的"三亿人上冰雪"的承诺，激发了群众冰雪运动的参与热情和积极性，创设群众体育氛围，丰富冰雪体育项目，综合利用冰雪体育场地，促进群众冰雪体育组织的发展和整合①。

图 4　2017—2021 年张家口市城乡居民收入（元）
数据来源：张家口市统计局国民经济和社会发展统计公报

---

① 马钊，朱丽萍 . 冬奥会背景下张家口冰雪产业发展现状、未来规划及对策研究 [J]. 才智，
2017（36）：210.

二、后冬奥时代为河北北翼冰雪产业带来的发展机遇

（一）助推可持续发展理念

可持续发展强调充分挖掘经济的持续性发展特点，要求经济发展既要满足当代需求同时又不能损害后代需求，而奥运遗产的可持续发展这一提议正是对倡导绿色奥运理念的最好诠释。奥运遗产可持续发展概念包含着物质和精神两个层面、有形和无形两种形态、单一向多样嬗变的一种可持续发展项目。根据《奥林匹克宪章》对于奥林匹克精神的具体描述，奥运遗产作为奥林匹克精神的重要内容，其助力于举办城市的可持续发展程度受到来自该地区的经济发展水平、地理及气候环境、奥运设施及运动项目普及程度等重要因素的影响。综合各类文献主要观点，整理获得奥运遗产可持续发展的整体框架（如图5所示）。2022年北京冬奥会从申办之初，严格践行可持续发展理念，秉持人与自然和谐相处理念，在所有场馆的建设与规划过程均渗透持续性发展的环保理念。在构建人类命运共同体的时代背景之下，为继续弘扬可持续发展理念，充分发挥奥运遗产的潜力和价值，推动冀北地区经济发展、生态环境保护、文化活动创新活动持续开展。

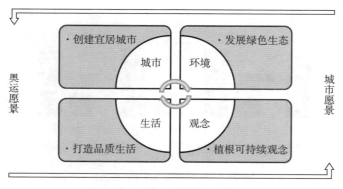

图 5　奥运遗产可持续发展总体框架

（二）持续吸引域外投资

冬奥会作为世界级的冰雪体育赛事，无疑是资本市场追逐的热点。2022北京冬奥会引入众多外来资本，多家大型上市公司跻身冰雪产业，曾在冰雪

基础设施及冰雪场馆建设方面加大投资，例如万达等世界五百强企业已与冀北地区冰雪产业形成合作[①]，助推冀北地区产业链融合发展。此外，世界顶级旅游公司及滑雪赛事举办商也纷纷将目光转向冀北地区，力求借助冬奥效应加强合作，提高冰雪旅游产业知名度。冬奥会为冀北地区聚集资本，有力支撑冰雪产业发展。依托后奥运时代发展之机，乘势而上，谋划冀北地区后奥运经济发展方向。

（三）推动基础设施建设

冬奥会的成功举办，为冰雪项目发展带来新契机，冀北地区场馆建设和赛事运营能力得到进一步强化。受冬奥效应影响，张家口目前大力推进冰雪装备的研发与制造，并建造宣化区、高新区两个面积高达 3000 亩的冰雪产业基地。签约 21 个冰雪体育装备项目，注册资金达到 39 亿，这为冰雪体育的开展打造了扎实的基础。奥运会期间，张家口地区共计承接 8 个场馆的比赛项目，场馆建筑均采用环保和可持续再生材料，确保冬奥场馆的赛后使用，实现了后期奥运时代冰雪体育的可持续发展[②]。奥运会遗留场馆为开展后续冰雪体育运动打造了扎实基础。场馆建设使河北省开创裙带经济，不仅创造多方就业机会，并且在冬奥赛后为河北省保留了珍贵的物质遗产，使冬奥效应在赛后能真正走入群众生活，带动冀北地区实现新的经济增长点。

（四）打造区域城市品牌

奥运经济可在多个方面对举办地产生正向影响。自北京举办 2008 年奥运会以来，国际地位和经济实力显著增加；俄罗斯举办 2014 年冬奥会，带动索契从度假村发展成世界性旅游大城市；韩国举办 2018 年奥运会后，进出口贸易额显著增加，经济、技术加快发展，国际形象显著提高。2022 年冬奥会获得了各国媒体的持续关注，冀北地区首次走进社会视野，河北北翼经济、文化综合实力得到充分展示。冀北地区吸引多方冰雪产业前来投资，增强与世界各地冰雪体育产业合作交流[③]，形成了全方位、多层次、宽领域

① 王春雷，杨建丰，白华 . 机遇与挑战——冬奥风口下河北冰雪产业发展的冷思考 [J]. 邢台学院学报，2019，34（02）：145-148.

② 张云 . 抓住冬奥机遇 打造冰雪产业链 [N]. 河北日报，2019-09-11（007）.

③ 吴士锋，李丹，冶展，郝秀丽，李肖红，朱硕，谷洋 . 把握北京张家口冬奥会机遇 加快河北会展产业融合发展 [J]. 河北企业，2018（12）：90-91.

的对外开放格局，进一步提高地区知名度；增强群众对冀北的了解及喜爱，打造专属冰雪旅游品牌，创造区域城市名片，为后奥运时代，冀北地区经济发展与社会进步形成强大推力。

（五）优化冰雪产业结构

借助成功举办冬奥会的机遇，带动冰雪产业消费，促进冰雪体育与人文文化、旅游发展相互融合，协调发展一二三产业。弥补此前政府对冰雪产业的错误定位，进一步发挥冰雪产业对当地经济发展的辐射力度，打造综合效益最佳的生态经济体系。在"绿水青山就是金山银山"的发展理念及冬奥宗旨引领下，越来越多的消费者选择冰雪运动。突增的消费需求推动冰雪产业侧结构化改革，形成冰雪场地服务、冰雪娱乐服务、冰雪体育技能培训服务、冰雪餐饮旅游接待服务等完整的冰雪产业链，促进后奥运时代河北北翼冰雪产业持续优化改革。

三、后冬奥时代河北北翼冰雪产业发展困境

（一）冰雪队伍建设不完善

冰雪人才并不局限于冰雪运动竞技人才，还包括管理人才、技术人才、服务人才等，然而目前冀北地区在冰雪人才储备方面仍有不足。首先是专业科班出身的冰雪运动员比较稀缺。此前，冰雪运动并不像其他体育运动，经受专业的国家队训练，因此我国的冰雪运动人员没有接受过系统完整的理论和实操教学，冰雪技能不相统一，影响我国冰雪运动的总体地位[1]。其次，在河北省内高校，并没有冰雪体育技能等相关专业，将冰雪体育教学作为专业开设的学校更是寥寥无几，这使得冰雪体育的理论知识、专业技能、教学方法等无法得到有效传播，限制了各方面冰雪人才的数量。再次，大部分冰雪运动的教练都是在校兼职大学生或者是退役运动员，只能教授基本冰雪知识和日常滑雪保护手段，无法将冰雪产业管理及营销技术等知识融会贯通，使得河北北翼在综合冰雪人才方面存在较大缺口。

---

[1] 张丽娜.张家口市高校冰雪专业人才培养研究[D].河北师范大学 2019 年硕士学位论文.

（二）冰雪项目产品层次低

冰雪产业发展必须坚持"体育+旅游"的休闲式人文发展理念，然而，目前冀北地区过于注重冰雪项目，尤其是滑雪项目的开发，休闲娱乐类产业较为缺乏，降低了河北北翼冰雪产业的竞争力。冰雪产业季节性分明，其经营存在明显的淡旺季之分，而现存经营场所多以滑雪为主，在春夏季节只能关门停业，导致亏本经营。一部分滑雪场只负责收取门票、售卖零食饮料等，而不进行深入培训教学业务[①]，严重打击消费者对冰雪运动的积极性。由此，冀北地区的冰雪产业各部分并未得到有效融合，各冰雪项目仍处于孤军奋战状态，冰雪项目产品层次较低，制约了后奥运时期冀北地区冰雪产业的可持续发展。

（三）设施维护管理不到位

冬奥效应消散之后，冀北地区对于冰雪产业的重视程度大大减弱。图6列出了2016—2020年6月河北北翼冰雪基础设施建设发展的情况。2016—2018年冰雪设施建设处于高速增长时期，由于冬奥会的成功申办，河北冀北地区对于冰雪体育的建设投入快速增多。但2018—2020年，雪道条数、雪道长度、架空索道等基础建设进入瓶颈期，雪场的数量则逐步减少，不利于后续场馆的投入使用。除基础设施配置不到位之外，河北北翼的冰雪产业

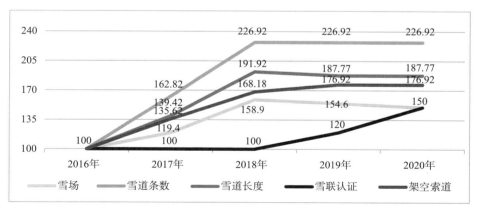

图6 2016—2020年冀北地区冰雪设施发展指数走势情况（截至2020年6月）

数据来源：张家口·中国冰雪产业发展指数2020年度运行报告

---

① 陶尚武.北京冬奥会背景下我国冰雪产业发展研究[J].经济研究导刊，2017（27）：31–32.

仍存在监管方面的问题。例如，一些滑雪场提供的服务质量较差，经常出现顾客与服务人员争吵的现象；冰雪运动的安全管理工作不到位，出现人员受伤时无法及时得到医治的情况；在环境保护方面存在欠缺，垃圾回收管理工作不到位等，使得消费者的体验感大打折扣，影响了冰雪产业群众的参与热情。

四、后冬奥时代河北北翼冰雪产业可持续发展路径

（一）加强培养优质冰雪人才

专业型人才对冰雪产业发展不可或缺，因此，后奥运时代完善人才培养机制，持续为河北北翼冰雪产业发展蓄力仍不容忽视。具体可从以下几方面着手：从人才引进层面来看，鼓励高校主动加强与国内外院校交流合作，引进优质冰雪教练及运动员，建立冰雪运动教练协会等组织，定期与外界优秀冰雪协会开展学习交流工作，借鉴先进教学管理经验；推动政府建立科学考评机制，对优秀冰雪人才实行奖金、绩效补贴等激励政策，鼓励优质冰雪运动员、教练、场馆运营、技术服务等专业人才。从人才培育层面来看，应鼓励各中小学新设冰雪运动体育课程，讲授基础冰雪运动知识与技能；鼓励师范及体育院校开设冰雪体育运动等相关专业，开设冰雪运动技能、冰雪营销管理、冰雪旅游服务、社会体育指导等相关课程；加大力度发展群众性冰雪体育运动，组建冰雪运动队参与国家队训练。

（二）打造冰雪产业特色文化

相比经济发展，文化建设是更为深厚、久远、更为基础的产业，也是发展冰雪产业的有力支撑，因此，打造冀北地区冰雪产业特色文化仍是后奥运时代实现可持续发展的重要抓手。发展冰雪产业特色文化可以激发消费者对冰雪项目的兴趣，使冰雪产业具备文化内涵及文化底蕴，为河北北翼打造独特卖点与名片。在发展冰雪产业实际工作中，要强化对冀北地区民风民俗的挖掘以及对优秀传统文化的传扬，践行"冰雪＋旅游＋文化"的全新发展思路①，打造音乐节、冰雪文化节、滑雪节等文化交流活动，借助冰雪博物

---

① 杜鹏，杨瑞敏，杨洋，岳美平.冬奥会背景下张家口冰雪体育产业发展策略研究 [J].农家参谋，2019（04）：273.

馆、冰雪图书馆等方式满足消费者对冰雪体育、休闲娱乐、文化熏陶等多重需求，展现河北北翼独特冰雪文化魅力，促使冰雪文化深入人心。

（三）高度融合冰雪产业链

丰富冰雪产业结构，形成多元化的经营策略，需从以下方面改进：第一，滑雪场应该丰富其经营范围，改变此前单一的经营模式，增强大众兴趣。比如，大型滑雪场可以在内部设立游乐场、电影院、密室逃脱等休闲娱乐活动，在增加客流量、带动冰雪群体消费的同时也能弥补经营淡季损失，促进冰雪产业持续经营；第二，滑雪场除售卖滑雪门票及零食饮料外，还应安排专业滑雪教练进行培训，提高群众的滑雪技能，发展并留住潜在客户；第三，靠近山区、有条件的滑雪场可以设立风景区，吸引游客休闲游玩，带动冀北地区消费升级，为冰雪产业发展提供有力的资金支持；第四，提高休闲旅游服务业比重，将河北北翼打造成滑雪度假胜地，提升冰雪服务业质量水平，推动冰雪体育与冰雪旅游、大众娱乐、主题体验等产业有机融合，形成运动体验、游玩、吃住一体化的冰雪产业链[①]，以高质量硬件软件设施与优质人文服务，提升冀北地区冰雪产业竞争力，提高经济效益。

（四）充分循环利用奥运场馆

奥运场馆的循环利用，极大降低了奥运赛事的成本，是实现奥运遗产可持续发展的重要内容。从奥运场馆的可持续发展角度来看，截至目前，国内外有着十分丰富的相关经验值得借鉴：例如，2006年在意大利举办的都灵冬奥会竞赛场馆中，当地政府对原世博会举办场馆进行简单改造，实现一馆多用；2010年在加拿大举办的温哥华冬奥会竞赛场馆中，大部分是当地已有场馆，新建场馆仅有6所；2018年在韩国举办的平昌冬奥会竞赛场馆中，对部分原有场馆进行改扩建，并成功举办冰壶比赛项目。2022年在中国举办的北京冬奥会中，充分吸取了场馆可持续使用的相关经验，仅新建国家速滑馆用于速滑比赛，并充分挖掘2008年奥运会场馆使用余力，并将部分旧厂房改造为训练馆供运动员赛前训练使用。

后奥运时代，奥运场馆的循环利用任务仍任重道远。具体而言，可从以下三方面发力：首先，冀北地区的管理局要对滑雪场的资金进行合理安排及

① 车雯，马培艳.“绿色冬奥”背景下京津冀冰雪产业链共生机制构建研究[A].中国体育科学学会.第十一届全国体育科学大会论文摘要汇编，2019（2）：1145.

划分，保证各滑雪场都能得到充分的财政资金用于维修保护，对出现的安全问题要及时上报解决，存在的安全隐患要第一时间进行检查和修整，保障滑雪设施的完整及冰雪运动的安全。其次，继续推进场馆与常见冰雪运动、商业活动、旅游体验等环节的全面开发，打造高效率、可持续性的场馆运营机制，促进冰雪场馆及设施在赛后的继续使用。最后，充分利用冬奥会引进的高端投资招商渠道，加强索道、滑雪板、滑雪服等高端滑雪装备的制造，努力打造河北北翼冰雪装备的自主品牌，形成综合一体化、独具河北北翼特色的冰雪装备设施制造区。

（五）不断培育冰雪消费群体

壮大的消费群体是延续冰雪产业规模的重要基础。后奥运时代，持续保持群众参与热情不消退，才能助推冰雪产业的长足发展。对于冰雪产业而言，喜爱冰雪运动、乐于冰雪活动体验的消费群体是串联各项产业链的重要的"线"。微博、微信、抖音等新媒体的出现，可以满足消费者的个性化消费及在线交易的需求，因此，冀北地区应该主动利用新媒体的营销优势[①]，充分发掘其消费潜能，利用消费主导冰雪产业发展。具体可通过如下方式：第一，通过建立在线营销平台、虚拟体验、区域雪场联合等方式，增强消费者对冰雪项目的了解程度。第二，通过减少损耗、循环利用等措施降低冰雪产业运营的成本，制定合理的、符合消费者经济条件的冰雪产品物价，避免因高昂价格使冰雪爱好者望而却步。第三，利用微博微信公众号等工具为消费者提供投诉建议平台，促进经营者与消费者之间的良性互动，更加深入了解消费者兴趣及需求，从而提升品牌价值与品牌忠诚度。

---

① 沈盛敏.冬奥会背景下崇礼滑雪体育旅游发展问题及对策研究 [D].首都体育学院 2019 年硕士学位论文.

后冬奥时期张家口"滑雪+"旅游模式发展前景探析 *

张利娟　贾巨才 **

本文在梳理了国内外主要"滑雪+"模式的基础上，结合张家口本土资源特征，提出了多种"滑雪+"旅游模式，并就这些模式的发展前景展开了调研和分析，以期为后冬奥时期张家口打造多种"滑雪+"旅游运营模式提供重要指导。

一、张家口滑雪旅游发展现状

表 1　张家口崇礼区主要滑雪场及配套概况

滑雪场	等级	最高峰垂直落差（m）	雪道总数（条）	雪道总长度（km）	缆车数量（条）	总面积（m²）	主要滑雪酒店、等级及规模
崇礼万龙度假天堂	一级	554	32	44.99	8	5.8×10^5	龙宫酒店（五星级，137间） 双龙酒店（舒适型，123间） 万龙国际公寓（高档型，62间）

* 基金项目：国家社会科学基金项目"人地耦合视角下京津冀生态涵养区生态环境适应性评价与社会力量参与治理研究"（19BSH077）；河北省高等学校人文社会科学重点研究基地项目"生态建设与产业发展研究"（冀教科〔2014〕31号）；河北省教育厅人文社会科学研究重大课题攻关项目"发挥奥运效应打造北翼发展新高地研究"（ZD202006）资助。

** 张利娟，河北北方学院生态建设与产业发展研究中心研究人员；贾巨才，河北北方学院生态建设与产业发展研究中心教授、硕士生导师。

续表

滑雪场	等级	最高峰垂直落差（m）	雪道总数（条）	雪道总长度（km）	缆车数量（条）	总面积（m²）	主要滑雪酒店、等级及规模
崇礼密苑云顶乐园	一级	400	41	30	5	8×10^5	云顶大酒店（五星级，265 间）密苑太子酒店（舒适型，1507 间）
崇礼富龙滑雪场	一级	480	37	19.9	3	7.5×10^5	富龙假日酒店（五星级，255 间）
崇礼太舞滑雪场	一级	510	31	19	5	4×10^5	威斯汀源宿酒店（四星级，164 间）凯悦嘉轩酒店（四星级，132 间）太舞酒店（四星级，189 间）雪麓居酒店（高档型，96 间）帕斯顿酒店（高档型，100 间）
崇礼长城岭滑雪场	二级	380	6	5.4	4	1.6×10^5	——
崇礼多乐美地滑雪场	二级	674	10	12	1	3×10^5	白桦酒店（舒适型，103 间）
崇礼翠云山银河滑雪场	一级	320	12	10	2	3×10^5	驿璟奥雪小镇酒店公寓（高档型，93 间）

注：表中数据来源于各滑雪场官网公布数据，部分数据参考马振刚等。

二、张家口"滑雪+"旅游模式的设计

（一）国内"滑雪+"旅游模式对张家口的启发

中国滑雪产业处于快速发展期，国内滑雪场主要集中在北京—崇礼、吉林长白山、黑龙江亚布力、新疆阿勒泰地区，《2019 年冰雪小镇白皮书》冰雪小镇的排名中，非张家口地区的冰雪小镇排名从高到低依次为吉林松花湖

冰雪小镇、长白山鲁能胜地、长白山冰雪小镇和梅里雪山小镇。参考这 4 个滑雪小镇的经验，结合张家口的特色，梳理张家口发展"滑雪＋"旅游模式的着力点，可从以下方面展开。

加强文化融合。冰雪小镇，主要从服务、装饰、饮食等方面融合民俗文化。如西武王子饭店，推出东北特色项目组合"滑雪＋温泉＋冬捕＋雾凇＋东北二人转""细致入微的日式服务"。德钦松赞梅里雪山小镇，融入当地村庄收藏的地毯、佛像、老家具营造精致美学及博物馆文化气氛。张家口蔚县剪纸、坝上草原、野狐岭红色革命、中都元代文明等文化资源众多，滑雪旅游可将上述资源融入，打造"滑雪＋草原文化""滑雪＋剪纸文化""滑雪＋元代文化"和"滑雪＋红色文化"等模式。

完善功能设施。滑雪小镇增加提供优质滑雪服务的设施，是非雪季吸引游客的竞争品。目前，中国滑雪旅游采用"滑雪＋温泉"模式的居多，感受滑雪之余的温暖体验。如长白山柏悦酒店，利用室外温泉池增设露天浴池赏雪赏月。此外，高星级酒店增加雪道客房、滑入滑出房间，低星级酒店设置自助入住退房设施。因此，张家口"滑雪＋"旅游模式可打造升级为"滑雪＋温泉"模式。

侧重体现自然。滑雪旅游可依赖观光，依托自然资源、充分融入与展现自然景色，带来舒适度假体验。如德庆松赞梅里，形如枯叶蝶静谧美丽，与周围自然融为一体，面朝雪山、俯瞰谷里。长白山鲁能胜地瑞士度假村，独栋木屋别墅、木质家具，让人无限接近自然、回归原始森林。张家口"滑雪＋"旅游模式，可打造"滑雪＋草原""滑雪＋爬山"和"滑雪＋生态旅游"等模式，扩展非雪季项目、领略大好河山。

拓展娱乐项目。滑雪可有效依托资源发展娱乐项目，提供吃、住、行、游、娱、购一体化服务，打破淡旺季困局。例如内蒙古响沙湾莲花沙漠酒店，在沙漠环境提供都市化服务，走廊窗户设置骆驼剪影体现沙漠文化，提供滑沙、沙浴等特设项目。张家口滑雪场营销模式限于广播、电视、报纸等形式单一的单向传播，可利用互联网做好宣传营销，做好"滑雪＋互联网"模式，以滑雪为中心，发展多项娱乐活动，降低旅游淡旺季界限。

（二）国外"滑雪＋"旅游模式对张家口的启发

瑞士达沃斯小镇。位于瑞士格里松斯地区的山谷，汇集会议中心、康养度假、运动度假于一体的国际度假胜地。小镇内滑雪设施与活动设施众多，客人可以通过滑雪票售卖机购买滑雪票，滑雪小镇内设有图书室、滑雪学校、台球和高尔夫等娱乐场地，并结合当地特色文化，为客人提供当地文化之旅与体验课等。张家口在打造"滑雪＋"模式时，可参考达沃斯小镇，将重心从"滑雪"拓展到"滑雪度假"，打造疗养身心的度假胜地，开设图书馆，陈设冬奥会赛期遗产，收录当地滑雪发展史，开设地方文化体验课，打造"滑雪＋图书馆"模式。

日本北阿尔卑斯的白马村。日本历史悠久的滑雪胜地，举行过长野冬奥会雪上项目。距东京成田机场约 250 公里，所以这里也被称为"日本的崇礼"。白马村度假区内有 311 家滑雪酒店，在打造客人文化体验方面，除文化展览、体验课程之外，客人还可以在酒店体验厨艺课，亲身感受日本的饮食文化。多家度假酒店内设图书室、网球场与垂钓场地以迎合本地群众的运动爱好。因此，张家口滑雪度假在打造"滑雪＋文化"模式时，可将文化融入餐厅，从装饰、厨艺课程和自主烧烤等方面体现草原文化，增加娱乐设施，发展射箭、骑马等"滑雪＋草原"模式，采摘、徒步等"滑雪＋生态旅游"模式。

综上所述，参考国内外滑雪旅游，结合张家口地形、自然和人文条件，提出了适于张家口的 11 种"滑雪＋"旅游模式："滑雪＋温泉""滑雪＋草原""滑雪＋爬山""滑雪＋图书馆""滑雪＋互联网""滑雪＋虚拟旅游""滑雪＋生态旅游""滑雪＋草原文化""滑雪＋元代文化""滑雪＋剪纸文化"和"滑雪＋红色文化"，以备进一步探索张家口"滑雪＋"旅游模式的发展前景。

三、张家口"滑雪＋"旅游模式发展前景公众感知研究

（一）研究设计

采用李克特五点量表设计问卷，前往张家口崇礼密苑云顶乐园、万龙度假天堂、太舞滑雪场、富龙滑雪场进行现场调研，在游客滑雪结束后发放问卷，最终收回有效问卷 200 份（每雪场 50 份），信息见表 2。

表 2　调查样本背景资料（n=200）

项目	类别	比例(%)	项目	类别	比例(%)	项目	类别	比例(%)
性别	男	52	教育背景	初中及以下	5	是否住过滑雪度假酒店	是	24
				高中/高职/技校	19		否	76
	女	48		大学专科/本科	66	职业	在校学生	22
				硕士研究生及以上	10		公务员/事业单位	9
年龄（岁）	<18	3	月收入（元）	<2000	18		企业管理者	35
	18—30	62		2001—6000	38		企业职员	25
	41—50	31		6001—10000	35		个体经营者	9
	>50	4		>10000	9			

（二）结果分析

1. 滑雪之余参与活动的意愿分析

调查结果显示（表 3），滑雪之余游客是愿意参与温泉、民俗文化展览、阅读办公和虚拟旅游活动的（均值 > 中立态度 3，sig 值 <0.05），其中温泉的受欢迎程度最高，民俗文化展览次之，而阅读办公、虚拟旅游的受欢迎程度相对较低。这表明，公众在滑雪之余更愿意参与放松身心的活动，对文字性和抽象活动参与意愿较低。因此，张家口的"滑雪＋"旅游模式着力点应主要放在放松身心、参与性高的具体活动方面。

表 3　滑雪之余游客参与活动的意愿分析

活　　动	Mean±S.E.	sig
温泉	4.18±0.07	0.00
民俗展览	3.96±0.07	0.00
阅读/办公	3.56±0.07	0.00
虚拟旅游	3.64±0.07	0.00

2. 旅游影响因素分析

研究选取了 10 个可能会影响到参与滑雪旅游的因素展开调查，结果显示（表 4）10 个因素均会影响游客参与滑雪的选择（均值 > 中立态度 3，sig 值 <0.05）。其中，"滑雪场质量""滑雪场等级"的影响最大，说明滑雪场还是发展滑雪旅游的核心竞争力，是张家口发展"滑雪＋"旅游模式时首先

要满足的。然后是"方便快捷的预订",所以作为软实力,滑雪场要努力提升自己的服务水平和服务能力。"提供周到的滑雪服务""地理位置""滑雪场规模"虽然也能影响大家的选择,但整体的影响程度降低。"智能化设备设施""有非滑雪运动娱乐场所""展现当地民俗文化"的影响程度相对更低,因此可作为"滑雪 +"旅游增加竞争力的辅助手段。

表 4 滑雪旅游影响因素差异性分析

影响因素	Mean±S.E.	排序	sig	影响因素	Mean±S.E.	排序	sig
地理位置	4.30±0.05	3	0.00	智能化设备设施	4.00±0.06	8	0.00
餐厅环境	4.12±0.06	7	0.00	方便快捷的预订	4.24±0.06	4	0.00
滑雪场规模	4.24±0.06	4	0.00	展现当地民俗文化	3.85±0.07	9	0.00
滑雪场等级	4.42±0.05	1	0.00	提供周到的滑雪服务	4.20±0.05	6	0.00
滑雪场质量	4.42±0.05	1	0.00	有非滑雪运动娱乐场所	3.80±0.07	10	0.00

3. "滑雪 +"旅游模式的受喜爱程度和发展前景看好程度分析

游客对 11 种"滑雪 +"旅游模式的喜爱程度和看好程度如表 5 所示。

表 5 "滑雪 +"旅游模式的受喜爱程度和发展前景看好程度分析

滑雪模式	喜爱程度			发展前景看好程度			喜爱程度和发展前景看好程度匹配度（p 值）
	Mean±S.E.	sig	排序	Mean±S.E.	sig	排序	
滑雪＋温泉	4.34±0.05	0.00	1	4.30±0.06	0.00	1	0.36
滑雪＋草原	4.10±0.05	0.00	3	3.93±0.06	0.00	2	0.00
滑雪＋爬山	4.02±0.06	0.00	4	3.80±0.06	0.00	5	0.00
滑雪＋图书馆	3.69±0.06	0.00	8	3.68±0.07	0.00	8	0.85
滑雪＋互联网	3.88±0.05	0.00	6	3.89±0.06	0.00	4	0.82
滑雪＋虚拟旅游	3.78±0.06	0.00	7	3.77±0.07	0.00	6	0.84
滑雪＋生态旅游	4.28±0.05	0.00	2	3.90±0.07	0.00	3	0.00
滑雪＋草原文化	3.96±0.05	0.00	5	3.76±0.06	0.00	7	0.00
滑雪＋元代文化	3.64±0.06	0.00	10	3.51±0.06	0.00	11	0.04
滑雪＋剪纸文化	3.66±0.06	0.00	9	3.58±0.06	0.00	10	0.20
滑雪＋红色文化	3.60±0.06	0.00	11	3.66±0.07	0.00	9	0.31

游客对 11 种"滑雪 +"旅游模式的喜爱程度和看好程度是积极正面的（均值 >3，sig<0.05）。"滑雪 + 温泉"受喜爱程度和被看好程度显著高于其他模式。喜爱程度排前五的分别是"滑雪 + 温泉""滑雪 + 生态旅游""滑雪 + 草原""滑雪 + 爬山""滑雪 + 草原文化"，除了放松身心的"滑雪 + 温泉"外，排名前 5 的模式大多是"滑雪 + 非雪季旅游"，由此可见，游客期望增加非雪季旅游项目，侧面反映旅游者在非雪季来张家口的旅游意向。"滑雪 + 文化"中，"滑雪 + 草原文化"最受喜爱，这可能和草原文化符合张家口坝上草原风光的旅游形象，更接近大众生活有关系。"滑雪 + 剪纸文化"排名也比较靠前，因此滑雪场可在装饰方面融入剪纸元素，体现本地文化特色。发展前景看好程度排在前五的是"滑雪 + 温泉""滑雪 + 草原""滑雪 + 生态旅游""滑雪 + 互联网""滑雪 + 爬山"，结果基本上和受欢迎程度相似，只是"滑雪 + 互联网"的排名提前了很多，这可能和现阶段互联网的广阔发展前景有关。对各"滑雪 +"旅游模式的受喜爱程度和发展前景被看好程度的比较分析结果显示，"滑雪 + 剪纸文化""滑雪 + 爬山""滑雪 + 生态旅游""滑雪 + 草原文化""滑雪 + 元代文化"的发展前景看好程度均显著低于受欢迎程度，其他 6 种"滑雪 +"旅游模式的喜爱程度和发展前景间无差异，说明"滑雪 +"旅游模式并非受欢迎就会导致其有发展前景，还需要针对某种具体的"滑雪 +"旅游模式深入展开市场调研。

4. "滑雪 +"旅游模式喜爱程度和发展前景看好程度的群体间差异分析

不同群体对各"滑雪 +"旅游模式的喜爱程度和发展前景看好程度结果见表 6。

女性更喜爱"滑雪 + 图书馆"和"滑雪 + 剪纸文化"，更看好"滑雪 + 图书馆""滑雪 + 互联网""滑雪 + 生态旅游""滑雪 + 元代文化"和"滑雪 + 剪纸文化"。男性更喜爱"滑雪 + 草原""滑雪 + 爬山""滑雪 + 虚拟旅游""滑雪 + 生态旅游"和"滑雪 + 草原文化"，更看好"滑雪 + 虚拟旅游"和"滑雪 + 红色文化"。这可能和性别体力和敏感性相关，女性偏向恬静温馨的方式，而男性偏向于参与感强以及和社会发展紧密相关的科技文化的内容。因此"滑雪 +"旅游应针对不同性别设置多样化模式。

随着游客年龄的增加，对"滑雪 + 温泉"和"滑雪 + 生态旅游"的喜爱增加，而对"滑雪 + 互联网"和"滑雪 + 草原文化"的喜爱会降低，对

表6 "滑雪+"模式受喜爱程度和发展前景看好程度的差异性分析

性别 · 喜爱程度

性别	滑雪+草原	滑雪+爬山	滑雪+图书馆	滑雪+虚拟旅游	滑雪+生态旅游	滑雪+草原文化	滑雪+剪纸文化
男	4.14±0.08a	4.05±0.09a	3.67±0.09a	3.82±0.09a	4.33±0.07a	4.01±0.08a	3.64±0.08b
女	4.06±0.07b	3.99±0.07b	3.71±0.07a	3.75±0.07b	4.23±0.06b	3.92±0.07b	3.68±0.09a

性别 · 发展前景看好程度

性别	滑雪+图书馆	滑雪+互联网	滑雪+虚拟旅游	滑雪+生态旅游	滑雪+元代文化	滑雪+剪纸文化	滑雪+红色文化
男	3.66±0.11b	3.87±0.10b	3.78±0.10a	3.88±0.10a	3.50±0.10b	3.56±0.10b	3.67±0.11a
女	3.69±0.08a	3.92±0.08a	3.76±0.08b	3.93±0.08a	3.52±0.07a	3.59±0.07a	3.65±0.09b

年龄 · 喜爱程度

年龄	滑雪+温泉	滑雪+互联网	滑雪+生态旅游	滑雪+草原文化	滑雪+爬山	滑雪+虚拟旅游
<18岁	3.67±0.33b	4.17±0.17a	3.83±0.40b	4.50±0.34a	4.50±0.34a	4.20±0.25a
18~30岁	4.37±0.06a	3.90±0.06a	4.31±0.06ab	3.94±0.06b	3.82±0.08ab	4.03±0.12ab
31~50岁	4.35±0.09a	3.89±0.09a	4.24±0.08ab	3.98±0.09ab	3.74±0.12b	3.69±0.07b
>50岁	4.38±0.26a	3.25±0.37b	4.50±0.27a	3.88±0.35b	3.50±0.46b	3.75±0.14ab

年龄 · 发展前景看好程度

年龄	滑雪+虚拟旅游	滑雪+生态旅游	滑雪+草原文化	滑雪+剪纸文化
<18岁	4.30±0.26a	4.33±0.42a	4.50±0.34a	3.67±0.33a
18~30岁	4.05±0.13ab	3.77±0.08ab	3.89±0.08a	3.63±0.08a
31~50岁	3.64±0.08b	3.74±0.11ab	3.98±0.11a	3.55±0.11ab
>50岁	3.80±0.25ab	3.50±0.46b	3.00±0.53b	2.88±0.48b

教育背景 · 喜爱程度

教育背景	滑雪+图书馆
初中及以下	4.20±0.29a
高中/高职/技校	3.87±0.14ab
大学专科/本科	3.58±0.07b
研究生及以上	3.80±0.19ab

职业 · 喜爱程度

职业	滑雪+虚拟旅游	滑雪+生态旅游	滑雪+草原文化	滑雪+剪纸文化
在校学生	3.86±0.11a	4.16±0.11a	3.98±0.09ab	3.68±0.13ab
公务员/事业单位	3.44±0.15b	4.11±0.14a	3.67±0.20b	3.28±0.16b
企业领导者	3.70±0.10ab	4.19±0.08a	3.90±0.09ab	3.56±0.10a
企业职员	3.92±0.11a	4.52±0.09a	4.10±0.10a	3.84±0.12a
个体经营者	3.89±0.21a	4.44±0.15ab	4.11±0.18ab	3.89±0.24a

职业 · 发展前景看好程度

职业	滑雪+草原文化	滑雪+虚拟旅游	滑雪+红色文化
在校学生	4.02±0.11a	4.40±0.22a	3.77±0.12ab
公务员/事业单位	3.33±0.18b	3.87±0.13b	3.44±0.28b
企业领导者	3.61±0.09ab	3.71±0.07b	3.54±0.12b
企业职员	3.84±0.12a	3.80±0.25ab	3.64±0.13ab
个体经营者	3.83±0.25a	3.50±0.22a	4.11±0.21a

注：同一列之间，相同字母表示无差异，不同字母表示有差异，表中仅呈现有差异的。

"滑雪＋爬山""滑雪＋虚拟旅游"和"滑雪＋剪纸文化"的发展前景看好程度降低。这可能和群体间的人生阅历、身体状况、生活压力与生活环境相关，年纪越大对回归自然的需求越强烈，对概念化的内容接受度降低。因此，要针对年龄和身体条件设置"滑雪＋"旅游模式，年轻群体可考虑偏向新奇的模式，年长群体可考虑偏向原生态亲近自然的模式，尤其是作为非雪季补充，可设置亲子游、休闲康养、运动健身等不同类型的度假活动，以满足不同群体的需求。

"滑雪＋图书馆""滑雪＋虚拟旅游"和"滑雪＋剪纸文化"的喜爱程度，以及"滑雪＋虚拟旅游"和"滑雪＋剪纸文化"发展前景的看好程度，在不同教育背景的游客间存在差异。具体表现为，初中及以下的喜爱程度较高，大学专科和本科的喜爱程度较低。因此在设计"滑雪＋"旅游模式时，适当调整"滑雪＋"模式展现的内容和方式以适应不同教育背景人群，增加趣味性、降低操作门槛。

"滑雪＋虚拟旅游""滑雪＋生态旅游""滑雪＋草原文化"和"滑雪＋剪纸文化"的喜爱程度，以及"滑雪＋草原文化"和"滑雪＋元代文化"发展前景看好程度在不同职业间存在差异，具体表现为公务员及事业单位对上述"滑雪＋"旅游模式的喜爱程度和发展前景看好程度显著低于其他群体。企业职员和个体经营者更喜欢"滑雪＋虚拟旅游"、更看好"滑雪＋草原文化"的发展前景，企业职员和个体经营者更喜欢"滑雪＋草原文化"和"滑雪＋剪纸文化"，企业职员更喜欢"滑雪＋生态旅游"，个体经营者更看好"滑雪＋红色文化"。这说明，公务员和事业单位的游客相对更保守，而学生群体更偏向于喜欢与科技文化关联较大且当下流行的内容。

此外，不同月收入以及是否入住过滑雪度假酒店对各"滑雪＋"旅游模式的喜爱程度和发展前景看好程度无差异，不同性别、年龄、教育背景、职业的群体对上述未提到的"滑雪＋"旅游模式的喜爱程度和发展前景看好程度间无差异。

四、后冬奥时期张家口"滑雪 +"旅游模式发展方向及对策建议

（一）借力冬奥效应和政策红利，发展"滑雪 +"旅游

冬奥会成功举办，崇礼滑雪场在全国乃至全球的舞台得到展示，滑雪旅游也将迎来前所未有的发展机遇。国家十四五规划和 2035 年远景目标纲要提出，要大力发展寒地冰雪、生态旅游等特色产业，持续推进冰雪运动发展，打造具有国际影响力的冰雪旅游带。《体育发展十四五规划》提出，打造冰雪运动跃升工程，建立 3—5 个 "带动三亿人参与冰雪运动" 的省级和地市级示范区，支持河北崇礼等地打造国际顶级冰雪赛事活动平台和冰雪旅游度假地。因此，张家口崇礼要抓住政策红利，结合京张体育文化旅游带建设，结合首都水源涵养功能区和生态环境支撑区（即首都"两区"）的建设，积极发展"滑雪 + 体育""滑雪 + 生态""滑雪 + 度假""滑雪 + 休闲"的多种"滑雪 +"旅游模式。

（二）积极转型，实现滑雪运动体验向"滑雪 +"旅游休闲度假市场过渡

后冬奥时期，张家口滑雪将成为重要的旅游目的地，与吉林长白山、黑龙江亚布力、新疆阿勒泰共同构成国内滑雪的重要目的地。《体育发展十四五规划》提到要支持河北崇礼、吉林长白山、黑龙江亚布力、新疆阿勒泰等地建设冰雪丝路带。后冬奥时期，张家口崇礼滑雪场要了解市场动态、摸清滑雪市场规律，积极转型发展。一方面，要实现由滑雪赛事、滑雪运动为主导积极向休闲度假为主导过渡，探索多种"滑雪 + 度假"的旅游模式。另一方面，张家口滑雪旅游要做好滑雪和旅游的整合，构建多种"滑雪 +"旅游模式，对内做好规划，尽快出台关于地方文化和各县区间的联动与整合政策，强化综合度假功能，实现从体验旅游到度假旅游模式的转变；对外做好联合运营，借助与北京冰上运动、延庆高山滑雪运动配合，形成京张冰雪旅游带，与吉林长白山、黑龙江亚布力、新疆阿勒泰共享市场、错位发展，建设区区有特色、带间互串联的中国冰雪丝路带。

（三）突出资源和地域特色，精细化"滑雪 +"旅游项目

项目是滑雪旅游发展的吸引力和驱动力。张家口除了是冬奥之城，也是重要的生态功能区，张家口持续首都"两区"建设，积极谋划生态兴市、生

态强市的发展道路，后冬奥时期"滑雪＋"旅游的发展可以和生态结合，实现滑雪＋生态＋旅游＋乡村振兴的模式，既符合中国积极推进新时期生态文明建设，也利于京张体育文化旅游带、首都"两区"建设的提质增效。冬奥会期间，张家口的氢能源公共交通、北京—崇礼赛区的风电可再生能源支撑，带给世界一个绿色冬奥和环保冬奥，清洁能源亦可作为特色融入"滑雪＋"旅游项目的探索范畴。此外，张家口冀晋蒙的交接，汉蒙文化、农牧文化并存，这些都是打造精细化"滑雪＋"项目不可多得的宝贵资源。后冬奥时期，张家口发展"滑雪＋"旅游的着力点，要充分利用自身的资源和区位特色，打造一批独有的、精细化的滑雪旅游项目。

（四）谋定目标群体，打造滑雪运动文化，塑造"滑雪＋"旅游精品品牌

研究发现，不同群体对"滑雪＋"旅游的预期不同。因此，张家口发展"滑雪＋"旅游，首先应该谋定目标群体。欧美国家的滑雪产业发展的经验表明，蓬勃发展主要依赖于目标群体壮大带来的人口红利。中国正处于国内经济大循环为主体、国内国际相互促进的双循环发展格局。疫情过后，人民群众的休闲度假需求更得到了激活，良好的经济形势以及人均可支配收入的稳定提升为中国滑雪产业长期向好奠定了基石。虽然中国滑雪文化尚未完善，但自媒体的快速发展，使得滑雪运动凭借自身的高观赏性、潮流性逐渐"破圈"，成为一种独特的文化现象。后冬奥时期，一是滑雪运动爱好者群体依然坚挺，二是参与滑雪运动的"雪二代"将为中国的滑雪市场带来长远的人口红利。因此，后冬奥时期，崇礼"滑雪＋"旅游度假要在结合自身特色的基础上，对标国际标准，完善产业标准化体系建设，不断提高硬件与软件配置，提升标准化服务水平，依托滑雪场塑造针对不同群体的"滑雪＋"旅游精品品牌。

从北京冬奥到张库大道

——后冬奥背景下回溯人类命运共同体的实践路径

曹　宇　　王华彪*

　　北京作为中国的政治、文化、经济中心，一直是世界媒体追逐的焦点，如今在"双奥之城"的加持下更增加了这座历史文化名城的现代魅力。承担了大部分雪上项目的张家口赛区也因冬奥受到世界的瞩目。在历史上，由于地理上的毗邻性，张家口与北京存在着密切的关系。张家口，在军事上被誉为"神京屏翰"，在经济上是"万里茶道"核心路段张库大道的重要节点。

　　2013 年 3 月 23 日，国家主席习近平访问俄罗斯，发表了题为《顺应时代前进潮流　促进世界和平发展》的讲话，对"万里茶道"给予了高度评价。[①] 马克思在论及资本周转等政治经济学问题时，也曾对以张库大道为载体的中俄贸易进行了深入的研究。张库大道是一条自清朝康熙晚年确定，经雍正年间签订《恰克图条约》而正式开始，绵延近 200 年的中俄贸易商路，因连接张家口和库伦（今乌兰巴托）而得名，其以北京为中心，向南延伸至湖北、福建，向北达恰克图、莫斯科，形成了实际上跨越欧亚大陆，距离逾万里，沟通多民族的重要陆上通道，是中蒙俄三国共有的珍贵的文化遗产。[②]

---

　　* 曹宇，河北建筑工程学院党委宣传部副部长、博士、副教授，中国特色社会主义理论体系河北建筑工程学院研究基地首席专家；王华彪，教授，中国特色社会主义理论体系河北建筑工程学院研究基地研究员。

　　① 习近平. 顺应时代前进潮流　促进世界和平发展 [N]. 人民日报，2013-03-24.
　　② 王鑫. 明清时期张库大道商贸发展及其影响探究 [D]. 河北师范大学 2021 年硕士学位论文.

从清中期以来至民国时期，张库大道商贸活动呈现出与资本主义全球扩张背景下，后鸦片战争时期迥然不同的特点，对于沿途民族和国家起到了互通有无，共联共享的作用，与人类命运共同体遵循的"共商共建、共享共赢"价值理念有着较高的契合度。

从张库大道到奥运之城，这些标志性符号呈现了人类命运共同体的历史记忆与时代阐释，兼具文明性、精神性、历史性、现代性、开放性特征，[①]体现了人类命运共同体理念所追求的政治上的互敬互信，经济上的互利互惠，文化上的互通互融。基于此，本文聚焦张库大道和奥运之城的精神传承，并以此为研究对象探讨人类命运共同体的理念构建与实践路径。

一、符号性表征增强了人类命运共同体意识

在张库大道上存在于日常买卖中的知识与思想跨越国家的边界线和民族的聚集区，由时间累积并裂化、接续和演进，从而推动这条商贸之路在处理多元文化差异，促进不同文化相互理解的模式上起到积极的示范作用。从文化层面上来看，张库大道在200多年的历史中，虽有不同文明的交融交锋，但彼此尊重、交流互鉴，各民族商人及其团队通过血脉杂糅、族群相容、文化交错、思想演变形成了具有普遍意义和共同价值的符号信仰体系，突破了民族主义的局限，跨越地域，超越单一语言和文化，表现为多元文化主义价值观。在这一过程中，跨界民族互动促进了不同族群从文明间的冲突到对话又到吸收融合重塑，流动的精神社区与集中的文明呈现共同构成了集体的记忆，并且从经济、政治、文化三个维度构建了共同体。这是全球化时代精神应有的样貌。张库大道历史反映了社会治理必须具有兼容性和连续性，要植根于人类共同福祉的内在动力和逻辑，将他国的发展视为本国的机遇，将本国的发展转化为他国的机遇，在互利合作中实现共赢，从而保持和平状态，克服不同政治势力和不同地域之间的隔阂，并转化为共同体理念。张库大道的发展与繁荣代表了互通有无、和平发展、开放融通、合作共赢的道路，是人类命运共同体的历史记忆。张库大道跨界民族历史文化的流动与传承，为

---

① 金朝霞，黄亚玲.人类命运共同体与北京2022年冬奥会理念的耦合与实践[J].北京体育大学学报，2022，45（1）：76–83.

人类命运共同体作为全球化时代精神提供了历史依据。

北京冬奥会、冬残奥会展示了中国推动构建人类命运共同体的坚定信念。习近平总书记提出的"绿色、共享、开放、廉洁"的办奥理念和"简约、安全、精彩"的办赛要求，对北京冬奥会起着重要的导向、旗帜和引领作用，特别是在风险世界不确定性日益加深的背景下，更彰显出以人为本、可持续发展、关切弱势群体以及环境保护等对全人类负责的态度。世界上没有两片完全相同的雪花象征着文明多样性和文化相对主义，"美美与共，天下大同"的包容互鉴态度超越了民族中心主义的优越感和偏见，开幕式汇聚全世界的小雪花——大雪花，用中国人的浪漫传达着你中有我我中有你的人类命运共同体理念；比赛及相关信息传播过程中体现的社会共情，表达了相互理解、共同追求的人类共同情感；"一起向未来"的话语体系，通过社会符号将体育精神和人类未来有机结合，构建着关系互依的开放性发展格局；冰墩墩、雪容融等可爱温暖的吉祥物、充满艺术与希望的奖牌设计、民族与世界的美食呈现、科技与人文相结合的服务关怀等强化了从"我"到"我们"的集体性意识。[①] 北京冬奥会最独特的文化内涵与精神意蕴就在于将人类命运共同体文化与精神持续传播发扬，这不仅极大延长了后奥运时代的记忆传递，更在全世界最重要的体育外交平台上展现了中国智慧与能力。

从奥运之城追记张库大道，通过历史空间的再连接，充分展现了人类主体性在认知、行为和意义层面上的价值归因于更具普遍性的人类命运共同体意识。

二、实践性互动构建了人类命运共同体路径

在中国历史上，采取发展边贸来稳定边境关系，以避免兵戎相见的办法，是有效的边疆治理方式。清政府与沙俄政府存在着涉及噶尔丹政权，蒙古、西藏等区域势力范围，厄鲁特人、喀尔木克人等种族纷争在内的利益冲突。中俄双方最终通过贸易往来化干戈为玉帛，形成了利益互惠可持续发展的交往模式。蒙古拥有清政府与沙俄直接相连的最长边境线，入蒙之道者最

---

① 贾樾钊.现实的人与共同体的实现：以北京冬奥会构筑人类命运共同体的理论基础和现实展开 [J].北京体育大学学报，2022，45（1）：100-107.

为便利莫过于张家口。张库大道是清政府的西北官马大道。

经济上的相互依赖需要在共同发展的前提条件下，寻求多元文明间的交流互鉴与共识，建立政治信任，以期达成一致的文化和身份认同，从他群到我群，最终成为关系互动中的共同体。在张库大道上，早期的基督教传教士是作为名义上的翻译实则上的"牙祭"而存在的，随着中俄双方交往的加深，俄国主动派出留学生，中国晋商也通过蒙古教师以及自学获得了语言上的便利，这样双方就促成了直接交往，避免了基督传教士基于主客观原因造成的错误翻译带来的误解。[①] 在此基础上构成的共同发展、相互依存模式成为张库大道生存之道的支配性实践互动，形成了张库大道浓墨重彩的辉煌历史。

北京冬奥场馆建设不仅关注冬奥会和冬残奥会的使用，也非常注重赛后的可持续利用。"冰丝带"作为唯一新建的冰上竞赛场馆，制冰技术碳排放值趋近于零；延庆赛区加强了对山地环境的保护；[②] 张家口是全国唯一的可再生能源示范区，张家口赛区在设计层面充分考虑到了水资源再利用，在能源供给方面调动高校及科研院所力量，以产学研相结合的模式推进清洁能源的高效利用，[③] 在基础设施方面更注重民生的普惠，在酒店运营方面提前筹划康养区的转型。

冬奥会是举办国家和地区的盛事，也是全世界运动员及冰雪爱好者的盛会。围绕冬奥赛事及衍生产品已形成了完备的产业链。开放办奥即充分调动全球冰雪产业优势，提升多主体参与积极性，拓展冰雪产业国际化合作项目。在文创产品塑造与供给方面，利用融媒体打造线上及实体全方位多类型沉浸式消费体验。通过多维度、共情式话语构建打破了传统的空间叙事和话语逻辑，突破了民主原教旨主义的反噬，及时有效回应不实信息及诱导性舆论，始终将宣传主旨紧扣在人类共同的美好追求和积极探索之上。在新冠肺炎疫情全球大流行及零和博弈冷战思维仍然存在的背景下，为保障运动员、

① 王文龙，崔佳琦，邢金明.北京冬奥会：人类命运共同体构建的理念彰显与实践诠释 [J].北京体育大学学报，2022，45（1）：92-99.

② 邓九刚，复活的茶叶之路 [M].兰州：甘肃文化出版社，2013.

③ 王文龙，崔佳琦，邢金明.北京冬奥会：人类命运共同体构建的理念彰显与实践诠释 [J].北京体育大学学报，2022，45（1）：92-99.

观众和工作人员的安全及舒适，全程全方位贯彻"以人为本"的理念，^① 在交通、餐饮、住宿、医疗、通信等环节统筹安排，精心设计，反复演练，将办奥承诺完美兑现，将奥运价值完美实现，将人类命运共同体实践完美呈现。

从奥运之城追溯至张库大道，面对日益不确定的风险世界，人类依靠合作的社会属性获得生存的优势，以实践性互动构建了人类命运共同体的实现路径。

三、显著性成果彰显了人类命运共同体价值

长期以来，威斯特伐利亚体系作为国际交往的准则一直得到国际社会的普遍认可，然而在其主导下的世界局势却并不太平。在历史上，每每提及清代以后中国的国际交往，刻板印象往往认为中国夜郎自大，且闭关锁国。但是清末以降中国社会的崩溃实际上是外国势力入侵的直接后果。兴起于清代中期的张库大道，证明了中国在对外贸易、外交关系、国际准则等方面具有成熟的治理能力。张库大道跨界民族共同体的形成反映出中国在历史上对边疆的用心治理，促进边疆与内地在经济和行政上走向整合，因而中国可以不靠对外扩张维持生存，并最终形成了由不同族群或文化背景的民众组成的多民族国家。依托张库大道而形成的城镇枢纽、文化宗教、人口聚集、经济模式、现代交通等方面论证了张库大道在政治、经济、文化等层面上通过跨族群交流互动，实现文化认同、价值认同，最后达成对政治合法性的支持。中国推进人类命运共同体建设的核心目标是实现区域经济一体化，推动经济全球化，实现国家间贸易、投资、服务等各个领域的深度合作。张库大道把沿线各民族紧密联系在一起，以合作共赢、共同发展，促进沿线各国人民更好共享发展成果的历史经验，提供了一种跨文化交流构建人类命运共同体的历史正当性范本。

作为举世瞩目的体育盛会，北京冬奥会和冬残奥会提供了展示国家形象的世界级平台。除了我国的经济能力、动员能力、组织能力，其他国家和地

---

① 龚方. 仪式、竞技、节日与景观：北京冬奥会与人类命运共同体构建 [J]. 北京体育大学学报，2022，45（1）：108-115.

区的体育实力、文化素质、道德水准等也得到展现。热带地区运动员向往冰雪的自由梦想、缺乏支持但义无反顾的"豆包女孩"乐观向上的人生态度、敢拼敢做充满激情的少年偶像勇攀高峰的体育精神、不怕失败挑战自我的"柚子"王子追求艺术与人类极限的勇气……这些运动员用自己的奋斗意志展现了国家和民族文化价值的软实力。此外,以冬奥带动"一带一路"国家助推冰雪旅游产业深度融合发展"体育 + 旅游 + 文化"的经济增长极,打造冰雪旅游产业与其他相关产业深度融合品牌,加快冰雪旅游与生态文化的深度融合发展,彰显冰雪旅游与生态文化深度融合的亮点,构建完善的冰雪旅游公共服务保障体系,可以吸纳资源进行优化配置,从而引领各产业共享奥运红利,促进"一带一路"沿线国家经济增长,合作共赢。

从奥运之城回望张库大道,中华民族以希望、勇气和力量,向世界传达了"义利相兼""开放包容""命运与共"等价值观,诠释了人类命运共同体的真理性和实践性。

结　语

从张库大道到冬奥之城,中国的面貌发生了翻天覆地的变化,世界的格局也发生了深刻的变革。然而战争、疫情、饥荒、通胀、气候等不确定性因素仍然是人类的共同难题。从历史的视角来看,无论是艰苦环境下张库大道充满传奇色彩的跨越 200 多年历史的商业活动,还是全球新冠肺炎疫情肆虐,全球化浪潮遭遇疏离和阻遏,新技术革命持续加剧,现代文明不确定性的多重复杂历史语境下,成功、精彩的北京冬奥会的举办,都彰显了中华民族伟大复兴的目标是在中国与世界命运共同体基础上构建人类命运共同体。

人类命运共同体不是古代理想社会和空想社会主义的现代化乌托邦,不是非此即彼的意识形态或社会制度选择,而是以全人类共同利益的实现为主旨,弘扬和平、发展、公平、正义、民主、自由,超越国家的狭隘与国际差异,树立的人类整体意识。中国发展的模式摒除了零和博弈和赢者通吃的资本垄断逻辑和思维定式。对北京冬奥会精神与张库大道历史文化的阐释是立足中国面向世界的全球视野,体现了以中国话语言说中国实践,从中国实践提炼中国理论,用中国理论提出中国方案的路径。

后冬奥时代京张体育文化旅游带
创新建设路径与对策研究 *

屈建萍　叶倩华 **

2022 年冬季奥运会作为世界级的体育赛事，北京和张家口联合举办奥运会的形式助推京津冀实施整合战略。不仅仅是对北京、天津和河北的旅游业具有很大的辐射带动效应，也为区域内的城市更新提供了发展动力。自京张携手办冬奥会以来，两地的交通设施、生态环境、经济发展、民生事业都有了很大的改善。冬奥会的成功举办也大大激发了民众对冰雪运动的热情，民众都积极参与感受冰雪运动所带来的美好。

历经二十几天的冬奥会结束之后，如何延续冬奥会形成的浓厚的体育文化资源及氛围，最大程度地把它变为可持续发展的财富，是所有举办冬奥会的城市所需要解决的问题。尤其是此次京张联合申办冬奥会，其区域影响力的特殊性和广泛性体现得更为显著。因此，本文主要针对后冬奥时代，探索出北京和张家口两个城市体育文化旅游带创新建设的路径和对策，为其余冬奥城市在后冬奥时代的发展提供一定的参考。

* 基金项目：河北省社会科学基金项目"常态化防疫背景下京张体育文化旅游带创新建设路径研究"资助。

** 屈建萍，河北建筑工程学院教授；叶倩华，河北建筑工程学院硕士研究生。

一、北京冬奥会对京张地区的影响

（一）北京冬奥会推动京张冰雪旅游文化市场蓬勃发展

冬季奥运会成功吸引了来自世界各地的体育迷和游客的眼光。在冬季奥运会举办前期，各个政府部门大大增加了对冬季奥运会的宣传。近年来，北京、天津、河北三地加大宣传力度，各种体育和冰雪比赛相继进行，并举办了各种京津冀冰雪文化旅游体验推广活动，开发了多条特色精品体育旅游路线，构建京津冀旅游联合发展示范区，开通不同地区景区之间的旅游列车，组织大型区域间的旅游展览活动。冬季奥运会的强大吸引力持续吸引着社会各界媒体、企业、机构及国内外游客对北京、天津和河北之间旅游的兴趣，大大推动了北京、河北、天津地区的整体旅游形象和知名度。

同时，冬奥会的热度也为北京和张家口带来了大量的入境旅客，北京和张家口也迅速成为旅游胜地，并以此为中心辐射全国。两地的国际旅游的规模也因此扩大，观光游、商务游、国内国际会议也因此增多。巨大的客流量也使得当地旅游区的旅游收入大幅增加。自从成功申办冬季奥运会以来，张家口地区旅游业发展迅速，游客人数和旅游收入自 2015 年以来大幅增长。同时保定与主办城市北京和张家口接壤，由于其地理和资源的优势也吸引了许多游客[①]。保定城地区和各省滑雪场馆和体育场馆陆续建成，区域旅游品牌和冰雪小镇成功建成，参与滑雪和滑冰等雪上运动的游客数量急剧增加。专业化的滑雪场和训练基地，除了为大量职业运动员提供训练服务，也满足了一般冰雪体验的需求，每个周末几千位游客到此，这大大推动了该地区的经济发展。同时，随着该地区城市节点旅游业的建设和发展，相关旅游项目的投资也会涉及其中，这样就会促进经济文化发展，形成新的经济增长点。

（二）北京冬奥会完善了京张的旅游基础设施建设

为满足举办冬季奥运会国际赛事的要求，北京和河北两地包含交通、体育场馆、通信设施等各个方面的服务设施和环境都得到改善和建设。围绕基

---

① 曾磊，陈佳.后奥时代京津冀体育旅游节点城市发展策略研究——以保定市为例 [J]. 文旅研究，2022，2：8–14.

础设施、交通、通信、医疗等提供互助。北京市区和延庆赛区、张家口赛区之间的京张高铁开通了，连通北京与崇礼的京礼高速已建成并投入使用①。便利的交通、舒适的住宿条件和一流的管理和服务等一系列配套基础设施正在如火如荼地建设和完善中，不但满足了奥运赛事的要求，还最大程度地保证了奥运后体育旅游产业的持续发展。

（三）北京冬奥会提升了京张旅游管理服务质量

举办冬奥会需要高质量的旅游管理服务体系为保障。京张政府及有关部门增加了本地区相关体育旅游区欠发达地区、城市在建项目基金、人才储备、电信设施、公共服务等方面的支持和协助，全面促进旅游地优质的旅游管理服务。借助冬奥会和京津冀协同发展的有利契机，北京冬奥组委、国家体育总局等部门在北京联合发布有关文件，为建设冬奥会专业化、国际化人才队伍做出具体规划。对不同类型的人才进行了专项的培训，到 2020 年底，河北省冬季奥运会志愿人才储备超过 5 万人②。为了提高各景区和酒店的运营和管理能力，每个城市分别展开了中高级管理人员、服务人员能力提高培训和分享先进工作经验的做法，建立参与机制，全面完善企业整体管理服务水平。

（四）北京冬奥会推动京张冰雪产业全面发展

北京冬奥会举办之前，北京和张家口的冰雪产业还处于起步阶段，出现许多冰雪运动场地设施不够齐全、专业人才短缺、运动员后备力量薄弱等问题。同时，与国内早期开始发展冰雪产业的地区相比还存在一定的差距。而2022 年冬奥会的成功举办毫无疑问会带动北京和张家口的冰雪产业进入一个全面发展的阶段，首先，冬奥会大大加速了北京和张家口冰雪旅游产业的发展进程和奥运"双奥"城市及知名城市的迅速形成。北京和张家口的大型滑雪场自北京申办奥运会以来，滑雪的人数显著增多，并且依托冬奥会带动"三亿人参与冰雪运动"的契机，举办形式多样、内容丰富的冰雪赛事、冰雪文化演出、冰雪文化节等活动，这些活动的开展使得北京和张家口这两个

① 吴志敏，吴然丰.冬奥背景下对京张体育文化旅游带的发展路径研究 [J].当代体育科技，2022，12（6）：157-164.

② 曾磊，陈佳.后冬奥时代京津冀体育旅游节点城市发展策略研究——以保定市为例 [J].文旅研究，2022，2：8-14.

城市的知名度大幅提升、冰雪旅游产业规模显著扩大①。其次，申冬奥成功以来北京和张家口举办的赛事活动也不断增多，先后举办了专业赛事、群众性体育运动、青少年冰雪赛事、大型国际冰雪赛事等等。诸多赛事的举办检验了各雪场的运营水平、承办大型赛事的能力，也为冬奥会的举办积累了大量宝贵的经验。最后，申冬奥成功以后北京和张家口的雪地数量逐步增多，冰雪体育服务产品的消费水平提高，消费规模也持续扩大。

（五）北京冬奥会拓展京张第三产业发展新局面

在筹备冬奥会的过程中，从北向南的冰雪休闲旅游市场拥有了很多发展机遇。而京津冀这三个区域作为北部经济发展的重点，其休闲文化旅游业一直备受青睐。而随着大众对奥运的热情逐渐升温，第三产业也随之发展起来。在奥运筹备期间，大规模地建设基础设施和配套服务设施，使得建筑、建材、制造等产业得到进一步发展；奥运会举办期间，为运动员、教练、各国政府人员、管理人员以及各国的广大游客提供高质量的餐饮服务。这样，第一产业所带来的放大效应会体现在第二产业建筑业、制造业、供水、电力等产业中。加之奥运会一直提倡低碳绿色的理念，选用了很多可再生能源和绿色环保的材料②。其中，基础设施的建设又是第二产业发挥效应的源头。因此，第一产业与第二产业之间的经济效应一定会牵扯到第三产业并带动第三产业加速发展，开展第三产业发展的新局面。

二、后奥运时代京张地区留下的问题

（一）传统旅游市场的客源流失

由于冬奥会的举办，举办地及周边地区的旅游产品、旅游服务以及酒店住宿等的费用一定会大幅增长。随着体育旅游产业在举办地区及周边城市的完善和发展，旅游周边的产品价格也将不同程度地上涨，不同游客对旅游消费上升的承受力不同，当旅游支出超过其承受价格时，可能会导致部分不以

---

① 吴玲敏，任保国，和立新，冯海涛，林志刚.北京冬奥会推动京津冀冰雪旅游发展效应及协同推进策略研究[J].北京体育大学学报，2019，42（1）：50-59.

② 王兆红，罗乐.促进京张体育文化旅游带体育产业高质量发展的战略思考[J].北京体育大学学报，2021，44（4）：25-38.

冬季奥运会为目的地旅游的游客取消了这次的旅行，再加之疫情的原因，使得旅游变得更加不便，这就使得原有的传统的游客流失。

（二）冬奥会后城市的热度下降

为了满足冬奥会、举办城市及周边城市将吸引大量的企业投资者，从场馆、交通等基础设施建设，到投资文化旅游及相关产业项目，都会掀起一波投资热潮。随着冬奥会的影响，北京、河北和天津地区的旅游品牌、旅游景点和城市照片将被广泛宣传。然而，随着冬奥会的结束，冬奥会的热度有所下降，并且没有大型赛事和项目的支持，加之疫情，城市的出行都受到一定的影响，经济效应也有所减弱，游客的数量与服务人员都会大幅下降，相关的投资项目也会相应减少，体育产品的销量也会下降，出现人员过剩等问题。

（三）场馆后续的使用率降低

新冠肺炎疫情以前，京张独有的奥运场馆资源和区域市场优势吸引了大量的国际顶级体育赛事、国内职业体育赛事在此举办；疫情常态化以来，公开性的体育赛事和国际体育交流受到疫情防控要求的影响，一些原定在京张举办的赛事纷纷转向其他城市，大量的体育场馆、基础设施等出现闲置的问题，为赛事活动建造的建筑的利用率会大大降低，这样就会产生一定的场馆维修费用，造成巨大的财政经济负担[1]。而在 2022 年北京冬奥会关键准备期间，冬奥会的一系列国际测试赛均采用全程封闭的形式，使得普通人很难有机会在冬奥会前参观奥运场馆和比赛场地，近距离感受冰雪文化的魔力，城市体育文化出现严重空窗期。

（四）各种旅游服务问题相继显现

张家口及河北省其他地区的旅游发展时间不长，服务原有旅游的能力不足，水平不高，尽管近年来投资改善显著提高，但在冬奥会人才储备、员工综合素质，配套设施设备和服务接待能力等方面仍然有很大的空间去提高。随着冬奥会的临近，北京、张家口周边城市将迎来人流量的高峰期，当地的服务接待接近饱和，现有的服务能力可能无法满足增加的人流量的服务需求，可能会出现与服务相关的问题。

---

① 胡博然，孙湛宁.北京冬奥会背景下奥运场馆与城市体育文化共生内在逻辑与发展策略[J].体育文化导刊，2021，12（12）：7-12，19.

三、后冬奥时代京张体育文化旅游带创新建设路径与对策

（一）打造京张冰雪体育产业链，构建京张冰雪旅游产业经济生态圈

目前，北京、天津、河北冰雪运动产业链的构成正在逐步将大众冰雪体育赛事与国内外顶尖赛事相结合，为我国冰雪体育产业发展提供全面的服务，体育场馆、冰雪小镇、冰雪综合园区等赛事资源共享，打造冰雪体育场馆运营及咨询、冰雪体育园区规划及设计、冰雪体育赛事营销及包装、全域冰雪旅游策划及推广产业创新发展的平台，为京张体育产业链提供新的方向和资源。随着新时代冰雪运动在北京和河北快速发展，在冰雪体育产业的产业链中，冰雪体育产业逐渐在上游形成赛事资源、在中游形成媒体传播及在下游形成衍生行业。

同时，伴随北京、天津、河北协同发展战略的推进，张家口被列入京津冀1小时交通圈，这就使得北京、天津、河北三地的冰雪体育产业链接更加紧密，区域位置、生态环境、项目合作等优势更加突出[①]。特别是北京紧邻张家口，二者的线路相通，资源互补，客源市场相同。对于张家口来说，它需要依托北京巨大的冰雪产业市场，希望能在北京冬奥会的经济效应的带动下，实现张家口的冰雪产业全面发展，同时，北京也希望能与张家口优良的生态环境与颇具特色的冰雪旅游资源进行深度融合，使得北京冬奥会对于北京和河北的冰雪旅游产业经济发展的影响和反馈的双赢影响被放大，形成以京津冀为核心，冰雪旅游区位优势明显的冰雪经济生态系统，特别是要抓住筹办北京冬奥会的机会，开发长线和短线的冰雪休闲旅游项目，以北京为核心，以冰雪旅游资源为依托，向张家口发散，形成以北京为核心的京津冀冰雪旅游产业经济生态圈的新局面，比如将北京冬奥会举办地北京与石家庄、张家口、天津的冰雪休闲旅游产业相连接，推进京津冀冰雪旅游产业经济一体化发展，带动京津冀地区冰雪旅游产业的可持续发展。

（二）打造京张冰雪旅游多元化公共服务体系

在新时代旅游强国建设的背景下，全区域旅游创新理论的想法是对旅游

---

① 李欣.我国冰雪运动三大核心区域可持续发展研究[J].北京体育大学学报，2017，40（10）：9-16.

整合势能的高度总结。全区域旅游的核心概念是实现冰雪旅游区域资源有机整合和产业整合共同发展、社会共建、参与共赢[①]。因此，构建多元化的京张冰雪旅游公共服务体系必须以"创新、协调、绿色、开放、参与"这一理念为指导，构建促进冰雪旅游资源持续增长以及可以不断升级进化的结构系统。现阶段，公众对冰雪旅游的公共服务需求更加多元丰富，实行冰雪旅游公共服务市场化，允许私营部门和非营利组织全员参与冰雪旅游公共服务领域是构建当前冰雪旅游公共服务体系的必然选择。构建冰雪旅游多元化公共服务体系的本质是为了保护所有公民在冰雪旅游中的基本权益，满足冰雪旅游的基本要求，以政府为领导，以公益性体育单位为核心力量，为社会提供冰雪旅游所需的公用设施，冰雪旅游产品和服务的保障系统。

（三）构建完善的京张生态冰雪旅游资源开发与环境保障体系

优良的冰雪旅游资源特别是自然的冰雪旅游资源是可遇不可求的，一旦被人为破坏了，短时间内很难恢复，严重的甚至会永远消失，因此，要合理健康地开发冰雪旅游资源，树立环保意识，冰雪旅游资源才能可持续发展[②]。建设生态冰雪旅游资源环境生态系统包括生态经济、生态环境、生态制度、环境文化、环境监测和环境空间这几个子系统，这几个系统相互作用、相互影响。而生态冰雪旅游资源要想发挥作用，就必须要在生态环境保护的发展过程中，以加快文明生态圈建设为指导思想，实施高层次科学设计作为重要的理论支撑，在生态环境保护建设的法律标准下，充分利用大数据、云计算等先进数据处理技术，从关注公众需要的环保冰雪旅游发展的角度，为发展环境冰雪旅游增加技术，创新发展方法能力，以及开发冰雪生态旅游的财产权制度，冰雪生态旅游的物质交易制度，以及冰雪生态旅游的服务制度，在环境冰雪旅游发展中形成自己的升级。在制度层面，在确保京张地区生态冰雪旅游协调发展影响得到充分释放的同时，从全区域旅游创新发展理念出发，发掘京张冰雪旅游生态优势，探索符合冰雪旅游资源开发与环境保护的风险评估体系，建造冰雪旅游资源开发与环境保护的理想保障体系，不断完善全面提升生态冰雪资源均衡发展的社会、经济、文化价值，提高京张冰雪

① 杨静，郭旭.全域旅游背景下浙江苍南旅游发展研究[J].管理观察，2017（10）：86-88.
② 吴泠敏.我国区域体育旅游产业生态圈体系构建研究[J].北京体育大学学报，2016，39（7）：30-38.

旅游品牌形象，推广区域冰雪影响旅游品牌的创新性与竞争力。

（四）建立健全京张体育文化旅游带协调合作监督机制

要想使我国城市群体实现综合联接和共赢协同机制，就必须打破各个行政区域之间的经济联系。在北京市、河北省和张家口市市政府的指导下，三方体育办公室是主要的联络单位，三地政府把三地文化和旅游部门及代表机构作为成员单位，由市领导领导、以跨区域"联合办公室"的形式，定期、定时地报告北京与张家口地区体育文化旅游带的发展情况，努力建立和完善区域协调管理办法。北京、天津、河北等地知名高校和科研机构建立了研究中心，组建了研究中心团队，体育、科技、文化、旅游、医疗、教育机构结成产业联盟，提供规划咨询、企业设立、成果转化等服务。充分发挥政府投资影响力，激励京张的民间投资活力，塑造市场主导型投资内部增长的机遇系统。完善政府采购和监管体系。确保管理这项运动的财务资金尽快到位，并且每年都健全，避开该地区在向竞标者支付体育项目时，"他们只拖延，不欠，但拖延多年"的情况，缓解了企业的经营压力，营造了良好的营商环境。鉴于北京体育产业的发展处于中国前沿，一系列政策可以改变，北京在体育产业中可以发挥主导作用，增强张家口并向天津和河北的体育产业项目发散。推动北京的工业运输，一方面出口体育服务和资源，向张家口及周边地区分红，另一方面缓解非首都就业岗位，使张家口等其他地方承接北京更多的园区、基地项目。

（五）改变传统营销方式，加强宣传推广

统一京津冀周边节点城市，实施联合营销，努力提升京张体育旅游品牌在国内外的影响力。一是创造具有地区特色的标志性形象。以传统体育京张文化为载体，弘扬文化软实力，将人类历史、景观等与体育产品相结合，为文体旅游创造多项知识产权，打造一批优秀体育发展具有文化和地域特色的文学影视作品，开发以体育为载体、以文化为核心的一系列领域优质产品和服务。二是改变传统的营销方式，进行创新。进行市场调研，对游客客源进行细致的分类，进行针对性地设计和体现目标京张体育旅游地方特色、满足体育游客需求的旅游产品和营销方法。基于旅游大数据，构建旅游目的地网络营销体系，实现全媒体信息传播。三是强化赛事活动推广效果。积极接受京张辐射效应，依托和利用冬奥会举办大型国际赛事的机会和京津冀一体化战略的机遇，积极推动京张等城市旅游节庆、交易会、大型活动、招商引资会等共同主办，并全力打造京张体育旅游品牌。

（六）推进产业融合，保证持续发展

将京张体育资源与人文历史相结合，开发培育出具有区域地方特色的体育旅游项目。一是通过冰雪运动、健身娱乐、竞技体育、产品制造等产业资源的协调，围绕京张特色体育旅游发展带、京张体育文化旅游带、京张一体化等产业对接合作，加快体育产业融合发展、文化旅游、数字科技、娱乐健身、健康养老等多产业融合发展。二是打造集体育旅游、健身娱乐、教育培训、竞技表现、装备设备制造等为一体的体育旅游产业链，形成多节点的京张体育旅游产业链。三是根据场地特点、当前资源情况和旅游消费需求，进行投资和建设体育项目，基于市场规律，进行宏观调控和合理规划。积极开发和拓展体育旅游市场，巩固好冬奥会的前期成果，实现可持续发展。

第六部分　奥运改革

奥林匹克运动改革新动向研究[*]

孙葆丽　刘　佳　徐子齐^{**}

　　全球肆虐的新冠肺炎疫情动摇了世界的经济、政治、文化、社会环境，也深刻影响着以奥林匹克运动为核心的国际体育格局的走向。国际奥委会主席托马斯·巴赫曾于 2014 年 12 月 7 日第 127 次国际奥委会全会的开幕式中提出了"不改变则被改变"的口号，强调奥林匹克运动的发展需要顺应时代需求，改革是其发展的必由之路。如今，当常态化的新冠肺炎疫情防控成为人们生活中必不可少的部分，奥林匹克运动同样需要学习在新的社会生活状态下，如何与不确定性共容共生。2021 年 3 月，以视频会议形式召开的国际奥委会第 137 次全会通过了国际奥委会到 2025 年的改革路线图——《奥林匹克 2020+5 议程》。此次全会还提出更新奥林匹克运动格言的主张。通过比较分析 2014 年国际奥委会颁布的《奥林匹克 2020 议程》与 2021 年新通过的《奥林匹克 2020+5 议程》，能够发现新议程在原有议程的基础上，提出了诸多更新和改良措施。由此可见，新冠肺炎疫情背景下奥林匹克运动的改革不可避免，其将对奥林匹克运动和世界体育的发展产生深远影响。

　　* 基金项目：国家社会科学基金重大项目"北京 2022 年冬奥会和冬残奥会遗产重大问题研究"（19ZDA351）；北京社会科学基金重大项目"可持续视角下 2022 年冬奥会遗产对北京市发展促进研究"（19ZDA09）；中央高校基本科研业务专项资金资助课题"新冠疫情背景下国际奥委会改革新动向研究"（2021TD005）；中央高校基本科研业务专项资金资助课题"北京冬奥会背景下中西体育文学对体育院校大学生人文教育、素养提升的探索"（校 2020051）。

　　** 孙葆丽，北京体育大学教授，博士研究生导师，京张冬奥研究中心研究员；刘佳，北京体育大学副教授，在读博士；徐子齐，北京体育大学奥林匹克专业博士研究生。

一、奥林匹克运动核心理念的更新

纵观整个奥林匹克运动的发展改革历史，可以看到奥林匹克运动历经百余年长盛不衰的根本原因在于其始终立足时代、不断变革、谋求突破与发展，这也是历届国际奥委会领导人共同努力的目标与方向。奥林匹克运动的发展以其思想体系为灵魂，奥林匹克主义与奥林匹克的宗旨、精神、格言、名言共同搭建起奥林匹克运动的思想基础，旨在实现人的和谐发展、社会的进步以及世界的和平。

奥林匹克运动的著名格言"更快、更高、更强"意蕴丰富，旨在号召人们在竞赛与生活中都要奋力拼搏、突破极限，为自己、为整个社会创造一个更美好的世界。早在罗格出任国际奥委会第八任主席伊始，就着力思考奥林匹克格言的更新。2001 年，罗格出任国际奥委会主席后不久就在《奥林匹克评论》发表卷首语，提出了新世纪奥林匹克新格言的主张："在 21 世纪来临的时候，或许对体育来讲我们需要重新思考一个新的格言，那就是：更干净、更人性、更团结。"[①] "团结"集中体现了新时代的迫切需求以及奥林匹克精神的主旨。《奥林匹克宪章》指出，"奥林匹克精神强调相互了解、友谊、团结和公平竞争"[②]。"团结"一直以来也都是国际奥委会领导者所倡导的核心理念。保持奥林匹克大家庭内外的团结合作是奥林匹克运动在风云变幻的复杂时代能够始终屹立不倒的重要支撑。在当今新冠肺炎疫情肆虐的背景下，国际奥委会第九任主席巴赫在其连任之后召开的第 137 次国际奥委会全会上首次提出在奥林匹克格言中添加"更团结"（together）一词，该提案在 2021 年 4 月召开的国际奥委会执委会视频会议上得到赞同。随后的 6 月 8 日，国际奥委会执委会在视频会议上明确表示，即将在东京召开的国际奥委会全会上审议是否在奥林匹克格言"更快、更高、更强"之后加入"更团

① IOC. Olympic review: official publication of the Olympic movement [R/OL]. (2001–08) [2021–06–13]. https://library.olympics.com/Default/doc/SYRACUSE/169278/olympic-review-official-publication-of-the-olympic-movement-vol-xxvii-40-august-september-2001.

② IOC. Olympic Charter [R/OL]. (2020–07–17) [2021–06–13]. https://stillmed.olympics.com/media/Document%20Library/OlympicOrg/General/EN-Olympic-Charter.pdf?_ga=2.191096106.1663768457.1622884158-625271097.1619770276.

结"一词①。此项提议与巴赫的竞选口号"整合多元化（unity in diversity）"具备内在的统一性，奥林匹克运动能够将全世界不同民族、种族、文化间的多元力量整合在一起，共同拥抱奥林匹克主义的思想价值理念，依靠的就是这种团结的力量和信念。唯有人类团结"在一起"，世界才能发展得更快、人类的目标才能定得更高，整个社会才能变得更强，更加坚不可摧。

二、奥林匹克运动改革措施的更新

如今，随着新冠肺炎疫情在全球的蔓延，世界的诸多领域受到了冲击，发生了根本性的变化，"这个世界再也无法回到从前的样子"②。为了应对新的挑战，2021 年 3 月，在国际奥委会第 137 次全会上通过了新的改革战略路线图——《奥林匹克 2020+5 议程》。这项议程在原有《奥林匹克 2020 议程》的基础上新增了 15 条建议，旨在未来 5 年更好地应对后疫情时代的挑战。《奥林匹克 2020+5 议程》作为巴赫连任之后面对突如其来的席卷全球的新冠肺炎疫情所做出的最新改革，既是对原有《奥林匹克 2020 议程》的继承，也是面对新形势、新情况的一种新举措。

（一）《奥林匹克 2020+5 议程》的全新措施

1. "加强和促进奥运之路"

在 2021 年颁布的《奥林匹克 2020+5 议程》建议 6 "加强和促进奥运之路"中，强调指出"与奥运会资格赛建立直接奥运关联并对其进行推广"③，这在"加强和促进奥运之路"中发挥着重要作用。相较之前的改革措施旨在通过奥林匹克频道和国际奥委会数字化战略加强世界人民对奥林匹克运动的

---

① IOC. IOC executive board proposes change to boost athlete representation [R/OL]. (2021–06–08) [2021–06–13]. https://olympics.com/ioc/news/ioc-executive-board-proposes-change-to-boost-athlete-representation.

② IOC. Introduction speech of IOC President Thomas Bach on Olympic Agenda 2020+5 [R/OL]. (2021–03–12) [2021–06–13]. https://stillmed.olympics.com/media/Document%20Library/OlympicOrg/News/2021/03/IOC-Session-Thomas-Bach-speech-OA2020-plus-5.pdf?_ga=2.255533576.1663768457.1622884158-625271097.1619770276.

③ IOC. Olympic Agenda 2020+5 [R/OL]. (2021–02–15) [2021–06–13]. https://stillmedab.olympic.org/media/Document%20Library/OlympicOrg/IOC/What-We-Do/Olympic-agenda/Olympic-Agenda-2020-5-15-recommendations.pdf.

参与与认知，《奥林匹克 2020+5 议程》认为奥运资格赛的设立可以有效实现这一目标。

（1）《奥林匹克 2020+5 议程》建议 6 强调"通过灵活授权使用奥林匹克品牌（例如奥运会组委会商标）来提升数千场奥运会资格赛的形象"①。这一建议着重提升奥运资格赛的知名度，打造奥运资格赛品牌。以往，4 年一届的奥运会最能吸引人眼球，但随着全球综合赛事的增加，人们对体育赛事的关注度被分散，奥运会的影响力受到了一定程度的干扰。奥运资格赛作为奥运赛程的一部分，同样可以成为推广奥林匹克运动的着力点。打造与奥运会一样精彩、非凡、卓越的奥运资格赛，吸引更多的高水平运动员或运动队关注资格赛，同时带动更多赞助商的进驻，成为奥林匹克运动改革的一项新举措。

（2）该建议"鼓励数万名运动员分享自己参加资格赛的经历，并在线上平台广泛分享他们参加奥运会的旅程"②。在线上平台传播奥运资格赛的精彩瞬间，鼓励运动员在该平台分享自己参加资格赛的故事，使更多的人能了解奥运资格赛。随着通信技术的发展，人们获取信息的渠道更加便利、多样。通过增加奥运资格赛板块，既能让越来越多的人了解奥运资格赛，又能丰富奥运赛事。以运动员讲述自己的故事为主，发挥明星效应，丰富节目内容，拓宽受众了解奥运相关赛事的渠道。

2. "鼓励虚拟运动的发展"

《奥林匹克 2020+5 议程》在另外一项新措施——建议 9 "鼓励虚拟运动的发展并进一步与电子游戏社区互动"中指出发展虚拟运动，虚拟运动旨在通过虚拟的媒介载体实现用户与体育项目、用户与用户之间的互联③。国际奥委会希望通过虚拟运动吸引更多年轻人的参与热情，以此在年轻人当中普及和推广奥林匹克运动、奥林匹克价值观。

① IOC. Olympic Agenda 2020+5 [R/OL]. (2021–02–15) [2021–06–13]. https://stillmedab.olympic.org/media/Document%20Library/OlympicOrg/IOC/What-We-Do/Olympic-agenda/Olympic-Agenda-2020-5-15-recommendations.pdf.

② IOC. Olympic Agenda 2020+5 [R/OL]. (2021–02–15) [2021–06–13]. https://stillmedab.olympic.org/media/Document%20Library/OlympicOrg/IOC/What-We-Do/Olympic-agenda/Olympic-Agenda-2020-5-15-recommendations.pdf.

③ DANIEL WESTMATTELMANN et. al. The show must go on — virtualisation of sport events during the COVID-19 pandemic [J]. European Journal of Information Systems, 2020:1.

（1）"通过虚拟和模拟体育形式推出独特的奥运产品和体验，支持国际奥委会的数字参与战略。"[①] 在《奥林匹克 2020+5 议程》颁布后不久，国际奥委会即与 5 个国际单项体育联合会和游戏出版商合作举行了奥林匹克虚拟系列赛（Olympic Virtual Series）。国际奥委会主席巴赫认为奥林匹克虚拟系列赛是一和新颖、独特的奥林匹克数字体验，能增进与虚拟体育领域新观众的直接接触。

（2）"各国际单项体育联合会应强化自身的角色和职责，将虚拟和模拟体育形式作为一个单项纳入其规定和发展战略中；考虑与各自的国际单项体育联合会合作，在奥林匹克项目中增加虚拟体育运动"[②]。国际奥委会倡议各国际单项体育联合会将虚拟技术与项目本身相结合，创新运动项目以及赛事开展的方式，增强体育在各种情况下的可操作性。由于疫情的影响，许多综合赛事都受到影响，无法如期线下举行，国际奥委会希望把虚拟技术应用于赛事，创新虚拟体育运动，同时增加赛事的趣味性。

（3）该建议特别指出要注意区分虚拟体育形式与电子游戏之间的区别。学界以及国际奥委会对电子竞技的问题存在不同的争议。在新冠肺炎疫情肆虐的背景下，人们的户外活动与交往受到限制，国际奥委会力图利用虚拟体育形式鼓励更多年轻人参加体育活动和奥林匹克运动。建议 9 明确强调各国际单项体育联合会在考虑开展虚拟体育运动的同时，应加强相关法律、法规的制定和管理工作。国际奥委会虽然意识到虚拟运动在吸引青少年参与方面的重要意义，也逐渐重视与虚拟运动和电子游戏的合作，但是巴赫同样强调，国际奥委会合作的电子游戏不能违背奥林匹克价值观，不能推崇暴力。由此可见，认真审视虚拟运动开展面临的诸多挑战十分重要。发展虚拟运动的同时需要注意遵守并维护奥林匹克主义的思想价值体系、体育的基本道德伦理以及避免人在虚拟现实中的"异化"问题。

---

① IOC. Olympic Agenda 2020+5 [R/OL]. (2021–02–15) [2021–06–13]. https://stillmedab.olympic. org/media/Document%20Library/OlympicOrg/IOC/What-We-Do/Olympic-agenda/Olympic-Agenda-2020-5-15-recommendations.pdf.

② IOC. Olympic Agenda 2020+5 [R/OL]. (2021–02–15) [2021–06–13]. https://stillmedab.olympic. org/media/Document%20Library/OlympicOrg/IOC/What-We-Do/Olympic-agenda/Olympic-Agenda-2020-5-15-recommendations.pdf.

3."加强对流离失所的难民和人们的支持"

世界上对难民等问题的关怀由来已久，在 2014 年颁布的《奥林匹克 2020 议程》中，虽然没有明确将难民问题作为其关注的领域，然而，国际奥委会已经在 2016 年迈出了实践的第一步，第一次组建"国际奥委会奥林匹克难民代表队"参加里约奥运会。2021 年，国际奥委会在出台的《奥林匹克 2020+5 议程》中颁布了新的提案，即建议 11"加强对流离失所的难民和人们的支持"，凸显出对于全人类的关怀。该建议努力提高难民参与奥运会以及其他国内外体育赛事的机会，以期增强奥运会的普遍性，携手联合国难民署共同应对难民问题。

（1）充分利用已有的基金会（如奥林匹克难民基金、奥林匹克团结基金）给难民提供资金帮助。"支持奥林匹克难民基金（Olympic Refuge Foundation），确保在 2024 年之前有 100 万被迫流离失所的年轻人有机会参与安全的体育运动""通过奥林匹克团结基金（Olympic Solidarity）向残障难民运动员提供持续支持"[1]。为难民提供进行体育活动的资金，增加他们观看体育赛事和参与体育锻炼的机会，有助于体育在全球的普及和奥林匹克主义的传播。

（2）与联合国难民署、各国际单项体育联合会及国家奥委会等合作伙伴展开合作，"协助难民运动员有机会参加国际和国家级的比赛"[2]。奥林匹克运动应当覆盖这些难民集中地区的顶尖运动员，促进奥林匹克大家庭的团结。

（3）"支持选拔的国际奥委会奥林匹克难民代表队参加 2020 年东京奥运会、2024 年巴黎奥运会和 2026 年达喀尔青奥会"[3]。给予难民代表队的高

① IOC. Olympic Agenda 2020+5 [R/OL]. (2021-02-15) [2021-06-13]. https://stillmedab.olympic. org/media/Document%20Library/OlympicOrg/IOC/What-We-Do/Olympic-agenda/Olympic-Agenda-2020-5-15-recommendations.pdf.

② IOC. Olympic Agenda 2020+5 [R/OL]. (2021-02-15) [2021-06-13]. https://stillmedab.olympic. org/media/Document%20Library/OlympicOrg/IOC/What-We-Do/Olympic-agenda/Olympic-Agenda-2020-5-15-recommendations.pdf.

③ IOC. Olympic Agenda 2020+5 [R/OL]. (2021-02-15) [2021-06-13]. https://stillmedab.olympic. org/media/Document%20Library/OlympicOrg/IOC/What-We-Do/Olympic-agenda/Olympic-Agenda-2020-5-15-recommendations.pdf.

水平运动员与其他高水平运动员同场竞技的机会，促进平等的奥林匹克价值观的传播。2016 年里约奥运会上，国际奥委会第一次成功组建了"国际奥委会奥林匹克难民代表队"，当时有 10 名难民运动员参加了比赛。2018 年，国际奥委会决定在东京奥运会上沿袭这一做法。2021 年 6 月 8 日国际奥委会执委会召开会议，正式批准了东京奥运会的国际奥委会奥林匹克难民代表队的人员名单，旨在向世界传递团结与希望的信息[①]。

《奥林匹克 2020+5 议程》对于难民问题的观照充分体现出奥林匹克运动积极践行"以人为本"的理念。自 1990 年以来，联合国开发计划署每年发布一本《人类发展报告》，专门探讨人类发展面临的具体问题。30 多年后的今天，贫困等全球性问题日益严重，实现联合国千年发展目标的任务更加紧迫。在这一时代背景下，值得肯定的是奥林匹克运动关注难民问题，尊重人权、扩大平等，为积极参与全球难民治理、构建一个公正和可持续发展的世界发挥了重要作用。

（二）《奥林匹克 2020+5 议程》对《奥林匹克 2020 议程》的继承与发展

针对《奥林匹克 2020 议程》中未全面实现的部分以及部分亮点措施，《奥林匹克 2020+5 议程》给出了很多改良措施建议。

1. 注重观照奥运会的独特性和普遍性

在 2014 年颁布的《奥林匹克 2020 议程》建议 22 中，强调"加强奥林匹克价值观教育"，包括与联合国教科文组织合作，将奥林匹克价值纳入学校教育、建立各国奥委会分享奥林匹克价值观教育的线上平台以及确定和支持可以传播奥林匹克价值的方案[②]。2021 年 3 月召开的国际奥委会视频会议专门对《奥林匹克 2020 议程》的实施完成情况进行了总结，形成了《奥林匹克 2020 议程闭幕报告》。在《闭幕报告》的评估中，该项建议属于"部分完成"的情况。因此，《奥林匹克 2020+5 议程》在其建议 1 中侧重强调增强奥运会的独特性和普遍性，着力于创新奥运会的传播方式，加强奥林匹克

---

① IOC. 29 refugee athletes to send a message of solidarity and hope to the world at the Olympic Games Tokyo 2020 [R/OL]. (2021-06-08) [2021-06-13]. https://olympics.com/ioc/news/29-refugee-athletes-to-send-a-message-of-solidarity-and-hope-to-the-world-at-the-olympic-games-tokyo-2020.

② IOC. Olympic Agenda 2020 Closing Report [R/OL]. (2021-03) [2021-06-13]. https://stillmed.olympics.com/media/Document%20Library/OlympicOrg/IOC/What-We-Do/Olympic-agenda/Olympic-Agenda-2020-Closing-report.pdf?_ga=2.19377720.1663768457.1622884158-625271097.1619770276.

价值观的教育。

（1）通过云服务、5G、人工智能等创新技术推进奥运会传播。建立数字化的奥运转播技术，有效增强体育赛事移动转播的在场感和交互感，消除大众与奥运赛事的距离感，让观众切实感受到体育就在身边。让所有人都有机会以不同的方式与运动员近距离接触，感受到他们身上所传递的积极精神，通过"奥运选手的榜样作用"，将树立"良好的榜样"作为一种重要的教育方式[1]，坚持以运动员为中心，讲好运动员的故事，谋求更好地传播奥林匹克价值观的教育效果。

（2）"引入创新方法，帮助全球粉丝实现与奥运会之间的直接互动"[2]。如今的奥林匹克运动应该更加注重贴近观众、满足他们的奥运参与需求，充分利用 5G、VR、人工智能等技术，与全球粉丝积极互动，以更加年轻、有趣的方式传播奥林匹克主义，以此增强奥林匹克运动的普世性、吸引更多的受众加入奥林匹克大家庭。

2. 深化可持续发展的奥林匹克核心概念

1987 年，世界环境与发展委员会在《我们共同的未来》报告中将"可持续发展"定义为："可持续发展是在满足当前需要的同时，而不危及下一代满足其需要的能力。"[3]这一定义也是国际社会至今依然普遍接受的可持续发展的定义。"可持续性"是《奥林匹克 2020 议程》三大理念之一，在其建议 4 中强调将"可持续性"理念引入奥运会的方方面面，以确保奥运会的可持续发展。在《闭幕报告》的评估中，该项建议属于"大部分实现"的情况。针对这一情况，《奥林匹克 2020+5 议程》在建议 2 中进一步提出了许多有建设性的改良措施，继续践行奥林匹克运动的"可持续发展"，加强体育对实现联合国可持续发展目标的重要推动作用。

（1）在奥运遗产治理方面，旨在促进可持续的奥运会：该建议强调将可

[1] 任海，崔乐泉，孙葆丽，等.奥林匹克百科全书[M].北京：中国大百科全书出版社，2008：13-14.

[2] IOC. Olympic Agenda 2020+5 [R/OL]. (2021-02-15) [2021-06-13]. https://stillmedab.olympic.org/media/Document%20Library/OlympicOrg/IOC/What-We-Do/Olympic-agenda/Olympic-Agenda-2020-5-15-recommendations.pdf.

[3] World Commission on Environment and Development. Our common future [R/OL]. (2021-03-20) [2021-06-13]. https://sustainabledevelopment.un.org/content/documents/5987our-common-future.pdf.

持续的遗产治理理念贯彻整个奥运过程，分析、记录和重复利用奥运遗产。协助主办城市、东道国做好奥运遗产的治理，使其能够利用奥运会实现可持续发展。

（2）在奥运合作伙伴方面，探寻促进可持续的奥运会的发展途径：加强与各利益相关方之间的交流、完善各方的责任分配，通过各种方式结成紧密的合作伙伴关系，节约成本，增加创收，共同协作办好赛事。

（3）在全球问题方面，寻求与国际组织的合作，促进可持续的奥运会：该建议强调指出"最迟在 2030 年之前实现气候友好型奥运会"[①]。国际奥委会一直致力于通过最大限度地减少生态足迹、保护环境和提高对其重要性的认识来应对气候变化危机[②]。国际奥委会将继续加强与联合国等组织的合作，积极应对气候变化，实现气候友好型奥运会，通过体育实现可持续发展的世界。

3. 激励顶尖运动员的奥运参与、促进体育赛历和谐共生

在《奥林匹克 2020 议程》建议 8 中强调"打造与职业联赛的合作，包括确保顶尖运动员能够参加奥运会、确认不同职业联赛的性质与限制以及采用最合适的模式与国际单项联合会合作"[③]。在《闭幕报告》的评估中，该项建议属于"部分完成"的情况，《闭幕报告》同时指出"确保顶尖运动员参与奥运会是奥运会成功的关键"[④]。基于这一情况，《奥林匹克 2020+5 议程》在建议 4 和建议 7 中力求从以下 2 个方面寻求改良措施。

---

① IOC. Olympic Agenda 2020+5 [R/OL]. (2021–02–15) [2021–06–13]. https://stillmedab.olympic. org/media/Document%20Library/OlympicOrg/IOC/What-We-Do/Olympic-agenda/Olympic-Agenda-2020-5-15-recommendations.pdf.

② IOC. IOC President: sport can contribute to rebuild a more human-centred and inclusive society [R/OL]. (2021–06–08) [2021–06–13]. https://olympics.com/ioc/news/ioc-president-sport-can-contribute-to-rebuild-a-more-human-centred-and-inclusive-society.

③ IOC. Olympic Agenda 2020 Closing Report [R/OL]. (2021–03) [2021–06–13]. https://stillmed. olympics.com/media/Document%20Library/OlympicOrg/IOC/What-We-Do/Olympic-agenda/Olympic-Agenda-2020-Closing-report.pdf?_ga=2.19377720.1663768457.1622884158-625271097.1619770276.

④ IOC. Olympic Agenda 2020 Closing Report [R/OL]. (2021–03) [2021–06–13]. https://stillmed. olympics.com/media/Document%20Library/OlympicOrg/IOC/What-We-Do/Olympic-agenda/Olympic-Agenda-2020-Closing-report.pdf?_ga=2.19377720.1663768457.1622884158-625271097.1619770276.

（1）"继续吸引顶尖运动员，增加与顶尖运动员的互动"①：① "与国际单项体育联合会、职业联赛、国家奥委会和运动员代表保持合作，增加与其中顶尖运动员的接触，确保当代和未来新兴一代顶尖运动员能参加奥运会。"② 运动员的水平高低决定了赛事的精彩程度，高水平的运动员或运动队能为观众带来精彩绝伦的比赛，从而吸引更多的观众。另外，保障顶尖运动员的参赛也是确保奥林匹克运动的公平。②利用线上线下平台，将顶尖运动员作为奥运选手进行宣传，增加顶尖运动员的参与度。运动员是奥林匹克运动的核心，分享顶尖运动员的奥运参与故事，既能吸引更多的观众，又能激励更多的运动员超越自我。

（2）"促进体育赛历和谐共生，调整综合体育赛事的数量、频率和范围，以适应后疫情时代的新常态"③：①加强国际奥委会与各单项体育联合会等相关方的沟通与协调，确保赛事的科学合理安排。各类赛事的增多使很多国际级的大型赛事出现"撞车"现象。因此，各国际体育组织之间应加强交流合作，在面对突发情况时共同商讨赛时问题，尽量避免出现赛事冲撞或一年内有多个国际级赛事的情况。② "确保在制定赛历的过程中，运动员能够参与到决策的过程当中。"④ 在确定赛历的过程中，应认真听取运动员的需求与意见。奥林匹克运动坚持以运动员为中心，在涉及运动员核心权益的领域，需要充分考虑运动员的状态和意见，真正为运动员提供展示自我、超越自我的平台，实现奥运的人文价值。

---

① IOC. Olympic Agenda 2020+5 [R/OL]. (2021–02–15) [2021–06–13]. https://stillmedab.olympic. org/media/Document%20Library/OlympicOrg/IOC/What-We-Do/Olympic-agenda/Olympic-Agenda-2020-5-15-recommendations.pdf.

② IOC. Olympic Agenda 2020+5 [R/OL]. (2021–02–15) [2021–06–13]. https://stillmedab.olympic. org/media/Document%20Library/OlympicOrg/IOC/What-We-Do/Olympic-agenda/Olympic-Agenda-2020-5-15-recommendations.pdf.

③ IOC. Olympic Agenda 2020+5 [R/OL]. (2021–02–15) [2021–06–13]. https://stillmedab.olympic. org/media/Document%20Library/OlympicOrg/IOC/What-We-Do/Olympic-agenda/Olympic-Agenda-2020-5-15-recommendations.pdf.

④ IOC. Olympic Agenda 2020+5 [R/OL]. (2021–02–15) [2021–06–13]. https://stillmedab.olympic. org/media/Document%20Library/OlympicOrg/IOC/What-We-Do/Olympic-agenda/Olympic-Agenda-2020-5-15-recommendations.pdf.

4. 强化促进性别平等

作为可持续发展的重要指标，性别公正原则早已得到了国际社会的广泛认可①。20 世纪 90 年代，性别问题第一次走出了"女权"的阴影，成为重要的主流政策框架②。性别问题与治理、发展的关系也逐渐得到了各国政府和各级组织的普遍关注。在全球化的发展进程中，正视性别问题有助于推进和谐世界的建设以及人类美好生活愿景的实现，这一主旨与奥林匹克主义的目标不谋而合。在国际奥委会的推动下，奥林匹克运动已经出现了性别平等化趋势，如"参赛人数上的性别平等化趋势、参赛项目上的性别平等化趋势、管理层次上的性别平等化趋势等"③。为了继续努力实现体育领域中的性别平等，《奥林匹克 2020 议程》在建议 11 中提出，奥运会的男女参赛选手人数要各占一半，鼓励增加男女混合团体项目。《奥林匹克 2020+5 议程》在其建议 13 中进一步强化了这一理念，提出要"促进性别平等和包容"④。

（1）就国际奥委会的层面而言，强调"继续在国际奥委会的管理层面上增进性别平衡，并通过'多元化与包容性'行动计划来进行管理"⑤。致力于在组织内部职员的任职上实现平等，消除偏见，创造以多元化为核心的包容文化。不论性别，有才能的人都可获得晋升，确保所有员工都有能力成长、学习和发展。同时，将多元化和包容性的理念融入组织各方面的政策、实践和培训中。

（2）就国家奥委会和各国家单项体育联合会的层面而言，积极响应国际奥委会的号召，促进两性平等和包容性目标的实现。各国际单项体育联合会、国家奥委会和奥组委应配合国际奥委会的要求，在参与、领导、安全运动、展现方式、资源分配 5 个方面最大程度地实现性别平等，通过体育共同

① 胡光宇 . 中国：性别与发展 [M]. 北京：人民出版社，2013：1.

② 林志斌，李小云：性别与发展导论 [M]. 北京：中国农业大学出版社，2001：39.

③ 孙葆丽 . 奥林匹克运动人文价值的历史流变 [D]. 北京：北京体育大学 2005 年博士学位论文 .

④ IOC. Olympic Agenda 2020+5 [R/OL]. (2021–02–15) [2021–06–13]. https://stillmedab.olympic.org/media/Document%20Library/OlympicOrg/IOC/What-We-Do/Olympic-agenda/Olympic-Agenda-2020-5-15-recommendations.pdf.

⑤ ICC. Olympic Agenda 2020+5 [R/OL]. (2021–02–15) [2021–06–13]. https://stillmedab.olympic.org/media/Document%20Library/OlympicOrg/IOC/What-We-Do/Olympic-agenda/Olympic-Agenda-2020-5-15-recommendations.pdf.

建设一个具有包容性和多样化的世界。比如，男性运动员和女性运动员的参赛名额实现平等、待遇实现平等、对运动员的关怀实现平等等。

5. 创新创收发展模式

创收发展方面，《奥林匹克 2020 议程》提出吸引赞助商更多参与"奥林匹克主义行动""制订全球授权计划""加强 TOP 与国家及地区奥委会的合作"等。针对这项亮点措施，《奥林匹克 2020+5 议程》在建议 15 中进一步主张"创新创收发展模式，保证奥林匹克运动具备长久的生命力"[①]。

（1）"考虑可代替的传输方式，例如使用免费数字电视替代传统电视播放"[②]。随着数字革命的到来，当前的媒体格局发生了巨大的变化，为了与全球观众建立更多元的联系，创新数字化的观看方式也是一种很好的途径。然而，需要警惕数字化的传输方式带来的潜在的社会不平等现象。鉴于全球贫富不均、数字化普及程度不一，社会中尚存在明显的"数字鸿沟"，建议在考虑用免费数字电视替代传统电视方案的同时，能够将不同国家、不同地区的具体情况、实际需求纳入考量范围，避免数字技术导致的全球不平等现象的负面效应。

（2）加强数字战略在合作伙伴中的推广，鼓励合作商提供支持国际奥委会数字生态系统的产品。同时，继续最大化利益相关方的各种收益，包括资金收益和影响力收益，实现双方合作共赢。

（3）"改进并不断提升奥林匹克全球合作伙伴项目（TOP）"[③]。奥林匹克全球合作伙伴项目一直是奥运会最坚定的赞助商。为了维持与各商业伙伴的长期稳定合作，国际奥委会应与合作伙伴一起探索出互惠互利的项目和方案，使转播、赞助以外的收入多样化。

[①]　IOC. Olympic Agenda 2020+5 [R/OL]. (2021–02–15) [2021–06–13]. https://stillmedab.olympic.org/media/Document%20Library/OlympicOrg/IOC/What-We-Do/Olympic-agenda/Olympic-Agenda-2020-5-15-recommendations.pdf.

[②]　IOC. Olympic Agenda 2020+5 [R/OL]. (2021–02–15) [2021–06–13]. https://stillmedab.olympic.org/media/Document%20Library/OlympicOrg/IOC/What-We-Do/Olympic-agenda/Olympic-Agenda-2020-5-15-recommendations.pdf.

[③]　IOC. Olympic Agenda 2020+5 [R/OL]. (2021–02–15) [2021–06–13]. https://stillmedab.olympic.org/media/Document%20Library/OlympicOrg/IOC/What-We-Do/Olympic-agenda/Olympic-Agenda-2020-5-15-recommendations.pdf.

三、奥林匹克运动最新改革的启示

（一）构建团结的人类社会

奥林匹克精神强调友谊、团结与相互了解，而中国人民同样爱好和平、友谊、团结。2015 年 9 月，习近平主席在纽约联合国总部发表重要讲话，提出打造人类命运共同体的积极倡议，希望世界各国相互依存、休戚与共、合作共赢。和平发展、命运与共是构建人类命运共同体的美好初衷，也是奥林匹克精神的理想。在抗击疫情成为全世界共同面对的公共危机的背景下，将奥林匹克运动的改革与中国体育的发展相互凝聚在一起，符合"人类命运共同体"理念。从东方视角以及人类命运共同体的层面思考奥林匹克运动改革的新动向能够更好地把握国际体育发展脉搏，从而为中国在后疫情时代更加积极、主动地参与国际体育事务，开展国际体育外交提供借鉴。通过北京冬奥会这一契机，加强各国的互学互鉴，积极促进世界的和平与发展，对于强化构建人类命运共同体理念的共识有着重要意义。只有整个国际社会团结起来、勠力同心，以人类命运共同体的思路去考虑和应对，才能真正实现建立人类美好和平社会的伟大愿景。借助冬奥会等主场体育赛事深化我国体育对外交流与合作，扩大体育朋友圈，积极参与国际体育治理，提升我国体育影响力和话语权，努力构建全方位、多层次、立体化体育对外交往新格局，为推进中国特色大国外交和加快建设体育强国作出新贡献。

（二）推动奥运遗产可持续发展目标的实现

影响力和可持续发展的长期效益是国际奥委会在 2018 年发布的《遗产战略方针》的核心部分，也是衡量一届奥运会的遗产工作成功与否的重要标准。《奥林匹克 2020+5 议程》强化了在奥运遗产治理中融入"可持续发展"的理念和目标，将其贯彻到奥运会从筹办、举办到赛后的每一个阶段。在赛前，确定遗产治理的指导思想，做好奥运遗产的规划；在赛后，与各国奥委会积极沟通，进行奥运遗产经验的"交流"。充分利用遗产，包括有形遗产和无形遗产，避免奥运遗产只服务于单场赛事。这也将为"双奥之城"北京的奥运遗产治理提供可借鉴的经验。我们要在充分借鉴北京 2008 年夏季奥运会遗产传承经验的基础上，根据北京城市功能布局变化和冬奥会场地分布，加大延续、转型等论证力度，争取让北京冬奥遗产治理产生更大的社会效益。

（三）办好北京 2022 年冬奥会和冬残奥会

长期以来，中国坚定支持并积极参与奥林匹克运动，为奥林匹克的全球事业贡献着属于自己的力量。筹办北京 2022 年冬奥会和冬残奥会，既是当前中国重要历史节点的重大标志性活动，也是疫情背景下促进世界友谊与和平发展的重要契机。《奥林匹克 2020+5 议程》提出观照奥运会的独特性与普遍性，让奥林匹克运动进入更多人的生活，向人们提供参与奥运会的机会；深入贯彻"可持续发展"的核心理念，让"可持续性"融入奥运会的每个阶段等措施。北京 2022 年冬奥会和冬残奥会积极响应国际奥委会的改革倡议，为奥林匹克运动的发展提出"中国方案"、贡献"中国智慧"，努力将北京这座全球唯一的"双奥之城"打造成"奥运新标杆"，以北京冬季奥运会为契机，推动奥林匹克运动和冬季项目在中国的发展，实现竞技体育与群众体育的可持续发展、京津冀地区协同合作的可持续发展，为奥林匹克运动作出新贡献，完成中国对奥林匹克大家庭的承诺。北京 2022 年冬奥会的成功举办将大大提升全球凝聚力，是当前奥林匹克精神的最佳诠释。

结束语

长久以来，改革一直都是奥林匹克运动生存与发展的重要基石。基于对《奥林匹克 2020+5 议程》的解读，可以看到：新冠肺炎疫情背景下，国际奥委会积极应对新的挑战，不仅对奥林匹克格言进行了更新，也在促进奥运之路、鼓励虚拟运动的发展、加强对难民的支持等方面提出了面对新形势的新举措；在注重奥运会的特殊性与普遍性、深化可持续发展、激励顶尖运动员、促进体育赛历和谐共生、强化性别平等以及创新创收模式等方面体现了对原有《奥林匹克 2020 议程》的继承与发展。深入研究奥林匹克运动改革的新动向，从更深的层次思考构建团结的人类社会、促进可持续发展的奥运遗产等问题，全力办好北京 2022 年冬奥会、冬残奥会，推动中国奥林匹克事业的发展，为国际奥林匹克运动贡献中国力量。

"电竞入奥"的可行性分析 [*]

易剑东 ^{**}

　　当下全球经济、政治格局和世界体育的结构和秩序正发生着重要变化，直接影响了国际奥林匹克运动的发展。现任国际奥委会主席巴赫自 2013 年 9 月就任以来，不断积极推行奥运会改革以顺应新形势。巴赫本人为改革提出的三个主题是：可持续、公信力、青少年。国际奥委会的改革不断深入，继 2014 年《奥林匹克 2020 议程》后，国际奥委会相继于 2018 年推出《奥林匹克 2020 议程：新规范》、2021 年 3 月出台改革的加强版《奥林匹克 2020+5 议程》等。近年国际奥委会推出的一系列的改革理念和措施中，电竞能否进入奥运一直是一个备受瞩目的热点。本文旨在梳理奥运会项目设置的演进历史的基础上对"电子竞技成为奥运会比赛项目"的可能性做一预测。

一、奥运项目演进的历程

　　1894 年 6 月 16—24 日，在巴黎索邦神学院举行的国际体育会议上，国际奥委会宣布成立，决定恢复举办现代奥运会并讨论了奥运会应包含哪些项目。会议委托一个专门委员会提交了历史上第一份奥林匹克项目清单，供首

　　* 原载《成都体育学院学报》2022 年第 3 期。

　　** 易剑东，温州大学体育与健康学院教授，北京 2022 年冬奥申委总体策划部及法律事务部副部长。

届奥运会组委会挑选，包括田径、赛艇、帆船、游泳、滑冰、击剑、拳击、摔跤、射击、体操、自行车，以及足球、草地网球和法国的室内网球等项目。在东道主取向、国际奥委会主席和委员偏好、相关国际体育组织公关及业余原则等共同作用下，第一届现代奥运会最终确定了9个大项43个小项。此后一直到第二次世界大战前的历届奥运会的项目遴选中，东道主的偏好和办赛条件是主导性影响因素，其间奥运项目的数量起伏很大，第一次世界大战前的五届奥运会大项数分别是9、20、17、24、15；1920年—1936年五届奥运会的大项数分别是22、17、14、14、19。不少东道主偏爱的新项目，如射箭、高尔夫、击剑、马球等相继进入奥运会，总体上拓展了奥林匹克项目的范围。

第二次世界大战结束一直到2000年，仅有8个新项目被纳入奥运会，分别为1964年柔道和排球，1988年乒乓球，1992年羽毛球和棒球，1996年垒球，2000年跆拳道和铁人三项。总体来看，"二战"之前不同届次的奥运会项目数差别较大，很不稳定，"二战"以后奥运项目趋于稳定，但整体趋势为不断扩张，1948年到1960年奥运大项有17个，1972年到1984年增长为21个大项，1988年达23项，1992年达25项，1996年为26项，到2004年时奥运大项达到28项。其中，萨马兰奇担任国际奥委会主席的21年间（1980—2001）奥运会项目总体增长最快，特别是一些在亚洲、北美、澳洲所属国家和地区普遍开展的项目得以进入奥运会，而手球、网球和射箭也重返奥运会。在罗格担任国际奥委会主席期间，追求奥运会项目"瘦身"，因此，2008年和2012年两届奥运会被严格限定在28个大项以内，北京奥运会设28项，伦敦奥运会则只有26个大项，里约2016年奥运会也被限定在28个大项。巴赫担任国际奥委会主席以后，给了东道主增项的权力，奥运会项目再度增长，东京2020年奥运会多达33个大项，而巴黎2024年奥运会的大项也将达到32个。

概而言之，奥运项目设置经历了"二战"之前不稳定、"二战"以后逐步扩张，再到1980年—2001年萨马兰奇担任主席21年间的大发展阶段和罗格任职主席12年间的严控阶段，发展到巴赫任职主席阶段的重新扩张阶段。

二、奥运项目遴选标准和程序的演进

需注意的是，奥运会项目的演进并非无序发展，而是基于一定技术标准和规范程序的。

（一）奥运项目遴选标准的演进

早在 1912 年时国际奥委会内部就考虑将奥运会比赛项目（Olympic Programme）分类。后经讨论，在 1923 年至 1957 年期间奥运项目分为固定项目和自选项目两大类。固定项目即指定项目，指那些必须列入计划的体育项目；自选项目又被称为任意体育项目，指奥运会组织委员会（OCOG）可选择的、并可能列入其主办奥运会计划的由国际奥委会指定的体育项目。此问题于 1924 年被写入《奥林匹克宪章》（以下简称"宪章"）。尽管奥运项目中的"大项"（sport）一词从 1894 年就开始使用，直到 1982 年版《奥林匹克宪章》中才明确，被纳入官方计划的项目方可称为"奥林匹克大项"，1982 年《奥林匹克宪章》同时对奥运项目的分项和小项进行了定义。分项（Discipline）指由一个或多个项目组成的奥林匹克大项的一个分支。小项（event）则指包含在大项或者分项之内的一项有最终结果和奖牌颁发的比赛。需特别指出的是，1983 年在时任国际奥委会主席胡安·安东尼奥·萨马兰奇的推动下，有关冬季项目的定义被写进《奥林匹克宪章》。

初期《奥林匹克宪章》中只包括奥组委可选择的一系列项目，即前文所提及的固定项目和自选项目。就夏季奥运会项目而言，1955 年至 2013 年的《宪章》就比赛大项的数量做出了规定，从 1955 年到 2004 年，要求一届奥运会至少要有 15 个大项；从 2007 年到 2013 年间宪章规定大项总数不能超过 28 个，且其中 25 个必须选自"核心"大项。从 2014 年开始，对大项数量的要求被小项的最大值所取代。即《奥林匹克 2020 议程》所说：奥运会项目以小项而非大项为基准。值得注意的是，事实上国际奥委会自己并未严格执行设定的限额。就冬奥会而言，宪章只提供了一份必须或可以包括在内的比赛大项清单，无相关数字规定。

1949 年《奥林匹克宪章》首次提出了"大项"的世界范围内的普及性标准，其规定在夏季奥运会项目中，一个大项必须至少有 10 个国家参与。

1955 年，这一数字增加到 20 个国家，到 1958 年增加到 25 个国家。之后，又增加了 "大洲" 的标准且对性别及比赛类型的数字要求也增加了。具体为：1972 年至 1980 年，夏奥会男子项目要求至少有 3 个大洲 40 个国家参加；1982 年至 1990 年时则要求至少 3 个大洲 50 个国家；1991 年至 2004 年要求至少 4 个大洲 75 个国家。相应地，1972 年至 1980 年间夏奥会女子项目要求至少有 2 个大洲 25 个国家参加；1982 年至 1990 年调整为至少 3 个大洲 35 个国家；1991 年至 2004 年扩充到至少 3 个大洲 40 个国家参加。另 1972 年至 1980 年冬季奥运会的男子项目要求至少 2 个大洲 25 个国家参加；女子项目至少 2 个大洲 20 个国家；到 1982 年至 2004 年时冬季奥运会男女项目均至少有 3 个大洲 25 个国家参加。1982 年《奥林匹克宪章》中，开始对分项和小项在世界范围内的普及性作出规定。与大项标准相同，《宪章》规定，在夏季或冬季奥运会的小项中，男子和女子的项目至少有来自 3 个大洲的 25 个国家参与。这一规定一直延续到 1990 年。从 1991 年至 2004 年《宪章》对小项的规定进行了修订，男子项目的参加国的数量增加到 50 个，女子项目的参加国的数量增加到 35 个。值得注意的是 2007 年《奥林匹克宪章》开始取消了上述执行了 30 多年的普及性标准。

除通过《奥林匹克宪章》做出规定外，与业余原则相关的规定也影响了奥运项目的发展。如 1896 年和 1900 年的击剑项目，事实上是早期奥运会中专门为职业运动员而设置的为数不多的小项。随后由于顾拜旦对业余原则的坚守，击剑退出奥运会。直到 1980 年萨马兰奇就任国际奥委会主席后，职业运动员或职业选手更强的项目可进入奥运会的规定才得以突破，1992 年美国 NBA 球员参加奥运会，和棒、垒球先后于 1992、1996 年进入奥运会，皆为重要标志。

1982 年奥林匹克项目术语的引入，1990 年对一些特殊的所谓 "其他奥林匹克项目" 的规定开始被纳入宪章。具体指：奥运会不接纳使用机械推进的项目，遴选项目时要考虑举办比赛的成本，以及入选项目应该促进参与者的身心健康发展等；1999 年 12 月开始，《宪章》还规定被纳入奥林匹克项目的运动项目必须遵守《奥林匹克运动反兴奋剂条例》（后更名《世界反兴奋剂条例》）。

在奥运项目评价标准和评定程序的发展史上，2002 年 11 月在墨西哥城举办的国际奥委会第 114 次特别全会具有里程碑意义。此次会议上首个奥运项目遴选的评价标准得以产生。这届全会还规定了奥运会大项不能超过 28 个，由至少 25 个核心大项（core sport）和 1—3 个增补项目（additional sport）构成，前者由执委会确定，后者由全会决定；奥运小项数 301 的标准和运动员人数 10500 人的限额也在这次全会上确定。这一奥运项目评价标准于 2002 年 8 月由国际奥委会项目委员会提交，共包括 7 个一级指标和 29 个二级指标，经全会讨论后改为 7 个一级指标和 33 个二级指标。其中 7 个一级指标为：历史和传统；流行性；普及性；形象；运动员健康；国际单项组织的发展；成本。

同时，国际奥委会对其所属的奥运项目委员会的职责也做了与时俱进的规定。根据 2014 年通过的《奥林匹克 2020 议程》，该委员会的主要职责之一是在奥运会召开前的 4—6 年内审核东道主提出的新增奥运项目建议，并在奥运会 310 个小项数和参赛运动员 10500 人限度内进行评估后，将新增项目建议提交给国际奥委会执委会；小项数的具体建议只需在奥运会前 3—4 年内提交。东京 2020 年奥运会的项目正是在东道主最初提出的 8 个大项基础上，经由其评估并于 2016 年向国际奥委会执委会提交后，最终确定了空手道、攀岩、轮滑、冲浪、棒垒球 5 个大项（18 个小项），需提及的是武术、滑水和壁球最初也在 8 个大项名单中。此外，项目委员会还调整了其他大项的部分小项，新增 15 个小项。这使得东京 2020 年奥运会的大项和小项分别达到 33 个和 339 个，超出《奥林匹克 2020 议程》设定的 310 个小项的原则性限额。

2002 年 1 月，国际奥委会奥运项目委员会在审核桥牌与国际象棋申请成为奥运会项目的请求时，认为国际奥委会应澄清"智力运动"（mind sport）与奥运会项目之间的区别，并明确表示桥牌与国际象棋不应获准进入奥运会项目。《奥林匹克宪章》虽多处使用"Sport"一词，却并未对其进行明确定义。由此，奥林匹克项目委员会提出"智力运动"的广义定义以供其与国际奥委会执委会在当前及未来诸情况下参详。世界范围内对 sport 的构成要素及 sport 与 game 之间的差异虽无确切定义，但 sport 中被广泛认可的元素是比赛中的强体力活动。从这个角度讲，"智力运动"不应被获准成为奥运会项目，关于此建议的解释应纳入《奥林匹克宪章》第 52 条的文本。

国际奥委会墨西哥城第 114 次全会上还针对"不具备纳入奥运会项目资格的项目"达成共识：不具备被纳入奥运会资格的项目所属的国际单项体育联合会应该被告知这一点，以避免任何非必要的代表其官方立场的沟通、游说和支出。上述不具备纳入奥运会资格含《奥林匹克宪章》规定的国家／地区协会、洲际联合会最低参与数量，以及依赖机械助力和"智力运动"的相关资格认定。

当前大多数奥运大项都保证了其在奥运会项目中的持续地位，无须在每届奥运会上对其进行全面审查。但是，每个奥林匹亚德，对部分大项和国际奥委会认可的国际单项体育联合会所辖的特定项目进行额外审查，对决定奥运会项目变更的实际需要可能有所助益。这类审查将反映获准成为奥运会项目的既定原则，并在既定的框架内展开。这意味着，如赛车这类机械型竞技项目和桥牌这类智力型竞技项目不要总是试图申请进入奥运会，虽然国际奥委会也承认这些项目是"奥林匹克项目"，但它们只能归入"其他奥林匹克项目"中，国际奥委会对此类沟通已经"关闭大门"。具体理由在奥运项目委员会报告中有明确解释：即智力运动的比赛过程中，运动员没有必要竭尽身体的全力；而奥运项目是必须依靠运动员运用肢体动作并竭尽全力来完成比赛，因此，"心智"项目不得进入奥运会。依靠机械推动的竞技项目运动员完成比赛或成绩的取得不是主要依靠运动员的身体能力，而是主要利用外在机械的能力取胜，因此不得进入奥运会等。

之后，国际奥委会在 2012 年和 2015 年还先后通过了两份评价奥运项目的标准。2012 年通过的评价标准包括 8 个一级指标、39 个二级指标、74 个三级指标，是迄今为止最复杂的一个奥运项目评价标准（Evaluation criteria for sports and disciplines – 2012），其 8 个一级指标是：总体情况 General；治理 Governance；历史和传统 History and Tradition；普及度 Universality；流行率 Popularity；运动员 Athletes；国际单项体育联合会／项目发展 Development of the IF /Sport；财政 Finance。目前仍在使用的奥运项目评价标准为 2015 年 6 月 8 日确定的，其在名称中标出了"主办城市的建议"字样（Olympic programme – Host city proposal Evaluation criteria for events），而且是基于小项（event）而非大项（sport）。共包括 5 个一级指标 35 个二级指标；5 个一级指标为：奥林匹克建议（应该是项目委员会的建议）Olympic Proposal；对奥林匹克运动的附加价值 Value Added to the Olympic Movement；组织事务 Institutional Matters；流行率 Popularity；商业模式 Business Model。

（二）奥运项目遴选程序的演进

经由 1924 年《奥林匹克宪章》规则的修改，国际奥委会开始注重其对奥运会比赛项目进行"控制"。然而，在很长一段时间里奥组委是从国际奥委会批准的一个奥运会版的比赛项目中选择项目，且是在国际奥委会执行委员会与国际单项体育组织的配合下，共同确定哪些小项可列入奥运会比赛项目。国际奥委会在 1894 年就成立了自己的工作组和委员会来评估奥林匹克项目，而广泛的奥运会利益相关者参与的奥林匹克代表大会和各国际单项体育联合会的意见，并不是国际奥委会多年来评估奥林匹克项目的唯一方式。

当下，国际奥委会奥林匹克项目委员会在每届奥运会后，均要对项目进行系统的审查。该委员会由国际奥委会成员、国家 / 地区奥林匹克委员会、国际单项体育联合会和运动员代表组成，负责审查奥林匹克比赛项目并向国际奥委会执行委员会和全会提出建议。当涉及奥林匹克项目的最终决策时，大项仍旧是由国际奥委会全会决定，国际奥委会执行委员会在与国际单项体育联合会协商后，确定比赛的小项。虽然执委会确定的大项也需要经过全会确认，但最近几十年来国际奥委会从未发生全会投票否决执委会决议的情况。

随着《奥林匹克 2020 年议程》的出台，奥组委有可能在制定奥林匹克项目的过程中再次发挥更具互动性的作用。如 2014 年的《奥林匹克宪章》规定奥组委可以提交一个或多个附加小项，国际奥委会执行委员会考虑仅纳入当届的奥运会。这一战略旨在为奥运项目的选择方式增加新的灵活性，并在奥运会中引入更多新颖和能吸引更多年轻人的内容。

2005 年国际奥委会在第 117 次全会上，通过投票将没有获得半数支持票的棒球、垒球"踢出"核心项目。另有 5 个意图进入伦敦 2012 年奥运会的新项目（轮滑、壁球、高尔夫、七人制橄榄球、空手道）中，虽壁球和空手道二者进入候选，结果都没有达到规则要求的半数以上支持票，最后伦敦 2012 年奥运会只有 26 个核心项目。2009 年国际奥委会修改规则，采用 14 个执委投票、采取了逐一淘汰方式决定里约奥运会新增大项，选择最后两个不被淘汰的大项进入，最终高尔夫和七人制橄榄球入选。东京 2020 年奥运会的新增大项和小项，都是由东道主提出建议，国际奥委会项目委员会审核和复议，并将建议新增项目报告提交国际奥委会执委会通过，最后经过国际奥委会全会确定。

三、奥运项目遴选理念和趋势的演进

综合来看，尽管国际奥委会遴选奥运项目的标准越来越细化，程序也越来越严谨，但也须看到，这些仅是影响奥运项目设置的表层因素。真正决定一个运动项目能否进入某届奥运会，还有着更加具体的内在因素，如，程序推进中各利益相关者的博弈、标准制定和评议过程中相关元素的强化或弱化、整个程序的各环节中某些因素的彰显或淡化、实权人物通过改变规则达成自己目的的可能性等，下文逐一作简要分析。

（一）影响奥运项目遴选程序的组织因素

影响奥运项目遴选的利益相关者。前文分析了奥运项目遴选的基本程序及奥组委、国际奥委会奥运项目委员会、国际奥委会全会等机构在其中的权力。值得注意的是，这些决定奥运项目"出""入"的机构在进行决策时会受到其他利益相关者的影响。如，国家/地区奥委会、国际单项体育联合会都可能影响奥组委或国际奥委会主席及执委和委员；甚至赞助商和持权转播商也会影响国际奥委会的态度和取向，另有影响力的运动员和强势的政府也有可能通过对上述组织的游说等影响奥运项目的遴选。具体来讲：第一，国际奥委会的偏好是奥运项目遴选的决定性因素。其中国际奥委会主席的偏好最具有决定性，其可以影响到执委会并进而影响

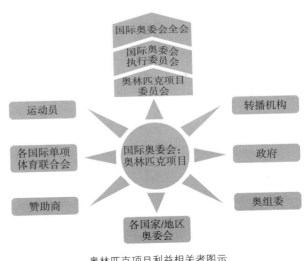

奥林匹克项目利益相关者图示

全体委员决策。奥运史上，顾拜旦对现代五项的偏好、萨马兰奇对乒乓球和羽毛球的认可、罗格对橄榄球的支持、巴赫对拳击和举重的警示，都在很大程度决定了相关奥运项目的"入"和"出"，鲜明地体现出国际奥委会主席态度的重要性。第二，国际单项体育联合会的态度是奥运项目遴选的核心要素。如，摔跤项目一度因为主席治理失范导致国际奥委会的警告和在确定奥运会核心项目库时暂时出局，后来经过改革得以回归。现举重等项目也正是因为国际体育组织治理的问题才被削减为奥运会小项。第三，赞助商和持权转播商的压力是奥运项目选择的关键要素。如美国 ESPN 创立的世界极限运动会因具有良好的市场前景和收视成绩，最终在美国方面的奥运会赞助商和转播商的努力下，BMX 小轮车男女 2 个项目通过嵌入自行车大项成为奥运会项目。第四，东道主的建议和偏好是奥运会项目选择的强力因素。日本的柔道和空手道分别成为东京 1964 年奥运会、东京 2020 年奥运会项目，正是东道主推进的结果。韩国的跆拳道经过 1988 年、1992 年、1996 年三届奥运会表演项目之后在悉尼 2000 年奥运会成为奥运项目，也是依靠东道主优势的结果。北京举办 2008 年奥运会时正处于奥运瘦身的关键阶段，无东道主提议设项权利，因此武术无缘奥运会项目。当然，东道主的强力因素主要是举办国政府、奥委会与奥组委共同作用造就的，在国际奥委会进行奥运项目遴选时成为难以抗拒的组织性力量。

（二）影响奥运项目评价的基本标准

目前国际奥委会奥运项目委员会公开的奥运项目评价标准主要有 2004 年、2012 年、2015 年三个版本，由于这些评价标准版本中的多个指标综合起来很难评出一个综合分或总分，这就使得某一个或几个方面的关键表现成为评价的重要因素。具体有如下几方面：一、运动项目历史和传统是第一个考量因素。国际奥委会十分注重项目能否为奥运会增加文化价值。但这是一个比较"隐性"的指标。如，摔跤运动历史悠久，但其未必就可以被稳定地保留在奥运项目中，相较而言排球运动历史不长，进入奥运会的时间也不长，但其未必无历史和传统方面的优势。二、运动项目普及率是一个可见性比较明显的因素。具体指项目的大洲联合会和国家或地区协会数量，项目在世界性大赛中的设项情况等等，均是可以清晰定量的指标。比如我国的武术长期以来难以进入奥运项目，一个核心因素就在于其很难被除亚运会之外的其他综合赛事作为比赛项目。但在 2007 年《奥林匹克宪章》删除了进入奥运会项目的具体普及性定量规定后，普及率的指标在评价中的作用日渐式微。三、运动项目流行度也是具有一定刚性的影响因素，项目赛事受欢迎的程度，特别是赛事的收视率和现场观众人数等是影响项目能否入奥的重要因素。高尔夫能于 2016 年入奥就是典型事例，相关数据表明，2016 年里约奥运会上看了 5 分钟以上高尔夫赛事的观众达到 2.85 亿人，转播信号时长达到 658.1 小时。四、社会和公众形象是影响项目前途的因素。一些项目中出现贪污腐败、裁判判决不公、操纵比赛、暴力事件等，不仅影响项目的社会声誉，也会影响到在奥运项目中的去留。拳击和举重项目被国际奥委会施加改革压力，就与此有关。五、国际单项体育联合会的运营状况往往也是项目在奥运会地位和作用的"写照"。国际奥委会目前第一号委员庞德就认为，对那些自己很难独立生存而需要国际奥委会补贴的国际体育组织，国际奥委会要重新考虑所涉项目在奥运会上的地位。更直白讲，即需要掂量其是否应该留在奥运会。2021 年 12 月国际奥委会指出拳击项目存在协会治理、财务透明、裁判判罚等问题，针对举重项目提出内部治理、反兴奋剂问题，正是因为这两个项目国际体育组织的运营出了状况。六、相关运动员健康问题。现国际奥委会专门设置"保护干净运动员"的特殊项目，关切运动员的身心健康。国际奥委会遴选奥运项目时的一个前置性条件是兴奋剂的情况。世界反兴奋剂机构提交的数据是一个不容忽视的刚性因素，目前国际奥委会保留对血样和尿样年追溯期的规则，更是使一些项目的运动员逃避兴奋剂检查变得越来越难，举重、竞走、投掷等项目近年来传出的被收回奥运奖牌的个案不断出现，直接影响这些项目在奥运会上的地位，调整或削减小项就是一个鲜明的惩罚措施。七、项目开展和办赛的成本问题。国际奥委会 2021 年 12 月对现代五项提出了确定马术和整体竞赛形式的替代方案，意在取消马术比赛，设法寻找其他项目替代。其动议的基本原因是马术比赛太过昂贵，开展和办赛成本过高。

需指出的是，上述这些在奥运项目评价标准中的主要指标，并不会像标准化考试一样得出一个总分，而是作为奥运会项目委员会提交给国际奥委会执委会和全会的参考依据，其和《奥林匹克 2020 议程》强调评估申办城市时突出"评估关键机遇和风险"的理念相同，某个或几个指标往往就是某项目进入或留在奥运项目中的博弈关键点。

（三）影响奥运项目遴选的现实依据

国际奥委会属于非政府、非营利、无限期的国际性社团法人，其虽然有选择奥运项目的严格标准和程序，但需注意的是，其内在的选择依据是逐步明晰的，始终体现着国际奥委会自身的动机和意图。对于任何试图进入奥运会的新项目而言，了解和理解影响奥运项目遴选的现实依据也是十分必要的。

从历史进程来看，国际奥委会在萨马兰奇1980年当选国际奥委会主席以来多次关于奥运项目的决策都有着清晰的现实动因，这些现实依据通常是经由国际奥委会主席或奥运项目委员会主席等人的表述公之于众的，主要有以下五个方面：第一，不断追求男女平等参与。如21世纪以来的历届奥运会，始终在不断缩小参赛男女运动员的比例差别，如东京2020年奥运会，通过增设混合项目使女运动员人数比例达到48.8%。另七人制橄榄球项目2009年确认进入2016年奥运会以后，参与者中女性达到30%，但2009年之前的女性参与比例不到15%。第二，逐步贴合年轻人的兴趣。如轮滑、攀岩、街舞等项目纳入奥运会，单板U型槽项目列入冬奥会，均是力图增加年轻人对奥运会的关注度，取得了明显的效果。第三，努力提升社会传播价值。能获得更多参与者关注的运动项目，具有良好社会价值的运动项目会受到欢迎。高尔夫球、橄榄球等进入里约2016年奥运会以后都实现了社会价值和关注度的提升等。第四，尽量顺应传媒机构要求。萨马兰奇曾经将奥运会项目分为适合电视转播的和不适合电视转播的。目前国际奥委会每个奥林匹亚德的收益大约3/4来源于媒体版权，因此极度重视吸收具有媒体转播价值的项目。高尔夫球、街舞、轮滑等进入奥运会，也与此有着密切关联。第五，适当关注东西方的平衡。随着日本、韩国、中国相继举办奥运会，柔道、空手道、跆拳道、乒乓球和羽毛球等项目进入奥运会，使得奥运项目中孕育于东方的项目增加，改变了奥运项目原来单一的欧美属性，在世界范围内促进了东西方文化的交融互鉴。

（四）影响奥运项目进出的隐形因素

除上述通常会被国际奥委会官方在公开场合阐述和提及的因素外，国际奥委会主席或利益相关者通常还会通过一些特殊手段来改变规则、淡化标准、模糊程序，继而达到使某些项目进入或让某些项目离开奥运项目的目的。从近几十年的相关项目进出奥运项目的情形看，主要有如下情况。

一是改变评审主体和规则。如2005年国际奥委会新加坡全会上，因未获得全会委员半数支持票而未能实现让橄榄球和高尔夫球进入奥运项目替换被淘汰的棒球垒球的愿望，时任国际奥委会主席罗格随后改变了规则，让14个执委采取逐一淘汰方式投票，从五个项目中筛选出高尔夫球和七人制橄榄球项目进入里约2016年奥运会（不是直接从五个项目中选两个）。二是改变项目入奥的具体规定。如为了让BMX小轮车进入北京2008年奥运会，国际奥委会直接改变两个规则，一个是将BMX小轮车定为自行车大项中下属的小项，在小项数严格受限情况下删除自行车大项的两个小项，给BMX小轮车腾出空间。另一个是按照国际奥委会当时规定，一个大项进入奥运会需要提前六年确定，而改为小项进入，只需要三年。由此，BMX小轮车男女竞速项目得以在2003年6月进入北京2008年奥运会。三是为"将就"东道主或追求男女平等而突破自设限额。东京2020年奥运会是20世纪80年代以来新增大项最多的一次，共设立33个大项和339个小项，比上届里约2016年奥运会多5个大项和33个小项，甚至打破了《奥林匹克2020议程》中设定的奥运会310个小项的原则性规定，其中新增的空手道大项就设有8个小项，大项数也大大超越了原先的28个大项的额度，即东道主因素所致。四是将表演项目作为一种过渡为某些项目提供入奥机会。跆拳道是汉城1988年奥运会通过东道主设项规则成为表演项目的，按照规则，随后连续在1992、1996年奥运会继续成为表演项目，后正式成为悉尼2000年奥运会比赛项目。罗格担任主席期间取消了奥运表演项目，连续三届表演项目成为正式项目的规则也随之消失。但巴赫任主席期间又在东京2020年奥运会设立了表演项目，让龙舟进入东京奥运会。虽然以往的三次表演项目可以成为正式项目的规则并未出现，东道主设项自主权还是决定项目入奥的关键因素。

四、"电竞入奥"的可能性分析和前景预测

综上所提及的奥运项目遴选的标准和程序、理念和趋势等，笔者认为电

竞要想成为奥运项目，需要考量的因素很多，需要满足的条件很多，需要通过的程序也较复杂，需要顺应的理念和趋势值得特别讨论。

在东京 2020 年奥运会之前，2018 年 5 月日本电子竞技协会向日本奥委会提出电竞进奥运会的申请，结果被拒绝。日本奥委会的回应有三点："电竞还没有达到被批准认可的阶段；体育是为了促进健康的；世界卫生组织将游戏定义为疾病，不应该承认这种可能会危害健康的行为。"法国巴黎 2024 年奥运会组委会也接到过本国电竞组织的诉求，但巴黎 2024 年奥运会 32 个大项 329 个小项均已明确，应该讲，电竞也应该失去了进入巴黎奥运会的机会。现在，美国洛杉矶 2028 年奥运会的项目还未最后确定，还存在一定的空间和余地。以下本文权且以电竞项目进入洛杉矶 2028 年奥运会为目标，依据现有标准和程序、理念和趋势以及显性和隐性的因素，做一分析。

（一）国际奥委会对电竞的态度和举措分析

国际奥委会将自己所有的体育项目分成夏季项目、冬季项目和承认项目。电子竞技目前显然不在夏季和冬季项目中，1983 年成立的国际奥委会承认的国际体育联合会（The Association of the IOC Recognised International Sports Federations，ARISF）最新列表中有 42 个项目，也无电子竞技组织。2008 年在韩国首尔成立的国际电子竞技联合会（International e-Sports Federation，IESF）致力于推动电子竞技成为真正被认可的体育竞技项目，为负责推广、维护和支持电竞运动的全球性组织。初期只有 9 个成员国，目前的成员国超过 70 个。另一个具有全球意义的电竞组织是 2019 年 12 月 16 日在新加坡的国际电子竞技联合会（Global Esports Federation，GEF）。2020 年 10 月 31 日，国际奥委会的电竞联络小组向全球范围内所有夏季、冬季奥运会体育项目联合会发出了书面声明，明确表示，IOC 未来对所有"全球性电竞管理组织"持不认可态度。更重要的是，发布这一全球声明前，IOC 和各个传统体育项目背后的国际联合会取得了联系，警告他们不要与 GEF、IESF 这类组织继续展开合作。

《奥林匹克宪章》第 45 条对奥运项目的基本规定是：最迟奥运会开幕前三年经过执委会同意提交全会表决通过，其中奥组委和奥运项目委员会可以提前商定，但所有新增项目应该不能脱离目前国际奥委会认可的核心奥运项目和承认项目。从此规定来看，电子竞技没有机会通过国际奥委会现有规则，作为一个整体成为奥运项目。此外，根据国际奥委会 2002 年墨西哥第 114 次全会的决定，机械型和智力型"竞技项目"也不能进入奥运项目。这也是现有规则中禁止电竞整体成为奥运项目的刚性条款，因为手脑协调过程和电脑展示结果的电竞恰恰是具有机械型和智力型的"竞技项目"，显然无论从哪个因素来看，电子竞技都是被奥运项目禁止的。

不可否认，国际奥委会从 2017 年的奥林匹克峰会开始，就一直积极地与电竞保持着密切的关注和持续的互动。2017 年，没有任何国际奥委会委员参加的国际奥委会第六届奥林匹克峰会认为竞争性的电子竞技可以视为一种体育性活动时，提到的主要理由是：The players involved prepare and train with an intensity which may be comparable to athletes in traditional sports，意思是电子竞技选手的准备和训练强度与传统体育中的运动员也许可以相提并论。因此，该峰会承认电竞是体育活动。当时的原始提法是：Competitive "esport" could be considered as a sporting activity，可译为：竞争性的电子竞技可以被认为是一种体育活动。

2018 年 12 月举行的第七届奥林匹克峰会上，国际奥委会主席巴赫和中国奥委会主席苟仲文参加，峰会探讨了"是否将电子竞技作为比赛项目"的议题，结论是"还为时过早"。但国际奥委会也表态，会尝试和电竞行业保持联系、进行合作。2019 年 12 月 7 日，第八届奥林匹克峰会在瑞士洛桑召开，国际奥委会主席巴赫、副主席于再清，各国家或地区奥委会负责人以及国际足联、国际泳联等国际体育组织的负责人参加了会议，关于电子竞技的相关议题再次被讨论。该峰会收到国际奥委会电子竞技联络小组主席大卫·拉帕赫迪昂提交的一份报告，内容是关于在电子竞技项目中推动奥林匹克运动和奥林匹克价值观的建议。在随后发布的《第八届奥林匹克峰会宣言》中建议对电子竞技与游戏采取双速合作方式。一是考虑如何管理他们的电子、虚拟形式的体育运动，探索与游戏出版商合作的机会。二是考虑打造体育利益相关者和电子竞技社区之间的对话平台。

2020 年 12 月 12 日，国际奥委会第九届奥林匹克峰会在线上举行。峰会听取了电竞联络小组负责人大卫·拉帕赫迪昂有关虚拟体育和游戏（Virtual sports and gaming）最新发展的报告。拉帕赫迪昂强调，虚拟运动既有物理形式（如骑自行车）也有非物理形式（如足球），而且游戏包括竞技游戏（如英雄联盟）和休闲游戏（如超级马里奥）。峰会认为，国际单项体育联合会必须同时接受其各自运动的实体和非实体虚拟形式，重点是规范公平竞争，尊重这些虚拟形式的体育价值观，并接触和拓展新的观众，峰会同意与游戏玩家保持联系，作为向年青一代推广体育活动和体育价值观的途径。综合来看，现国际奥委会更接受并鼓励各单项体育联合会发展已有运动项目的虚拟形式，包括物理性的和非物理性的。

国际奥委会最具实质性的一个举措是举办奥林匹克虚拟系列赛。2021年4月22日，国际奥委会宣布将联合棒球、自行车、赛艇、帆船和赛车五个国际单项体育联合会和游戏发行商，在东京奥运会之前，举办一场线上奥林匹克虚拟系列赛（Olympic Virtual Series）。首届奥林匹克虚拟系列赛于2021年5月13日至6月23日举行，五个比赛项目都通过各自的游戏发行商进行运营。国际奥委会表示，其余国际体育组织，如国际足联、国际篮联、国际网球联合会、世界跆拳道协会等也有意在未来设置自己项目的奥林匹克虚拟系列赛。事实上国际奥委会2021年2月发布的《奥林匹克2020+5议程》就提出："虚拟体育"将是国际奥委会拥抱电竞的重点。国际奥委会主席巴赫认为，奥林匹克虚拟系列赛可以带来全新的数字体验，增进与虚拟体育领域爱好者和观众的关系，鼓励更多年轻人参与体育运动，弘扬奥林匹克价值观。据报道，首届奥林匹克虚拟系列赛吸引了近25万参与者，拥有超过200万次访问量。国际奥委会决定未来每年举办该赛事，下一届赛事的具体信息将在2022年上半年确认。

国际奥委会体育总监基特·麦康奈尔在接受 the Verge 网站采访时表示："国际奥委会始终是一个以体育为基础和以体育为中心的组织。"并指出"我们希望将奥运虚拟系列的重点放在体育项目上。"

从这些相关表述可以看出，传统的角色扮演类电子竞技项目不是国际奥委会关注的重点，他们还是希望就像支持传统体育项目的运动员一样，支持电子竞技运动员的发展，国际奥委会"致力于调整各种现有的工具和资源，在性别平等、身心健康、诚信竞争和职业转型等不同领域提供支持。"换句话说，国际奥委会并不支持角色扮演类电子竞技项目，而是致力于在现有体育项目基础上结合虚拟体育形式和手段，使之更加符合青少年的需求。他们希望"通过与相关国际单项联合会合作，将实体的虚拟体育加入奥林匹克计划中。"麦康奈尔表示，如果这成为现实，它会以与奥运会虚拟系列赛中的自行车和划船比赛相似的形式呈现（在奥林匹克虚拟系列赛的 5 个项目中，只有这两个项目要求参赛者在实体设备上比赛）。

可见《英雄联盟》这类电竞项目并不被奥运会支持和关注，只有那些依托现有奥林匹克项目的虚拟体育才是被国际奥委会欢迎和接纳的。根据国际奥委会现有的电竞相关战略，虽然奥运会虚拟系列赛不是一项正式的奥运赛事，但有可能在 2028 年洛杉矶夏季奥运会上出现某项体育运动的虚拟呈现。当然，其不是作为整体的电竞赛事，而是作为传统体育项目的虚拟赛事。这意味着电竞有可能走进洛杉矶 2028 年奥运会的赛场，但只能是以目前奥运项目的某个分项或小项进入。

对于目前更受欢迎、也更有市场的多数角色扮演类电竞，国际奥委会体育总监麦康奈尔承认，这些项目较传统和流行的电子竞技玩家，如英雄联盟或堡垒之夜等格斗或策略游戏，与游戏玩家和奥运运动员有"很多相似之处"，"但是，让我们明确一点，奥运会项目今天专注于传统体育的电子形式"。

（二）电竞在洛杉矶 2028 年奥运会成为奥运项目的可能性分析

从国际奥委会目前的态度和举措看，他们主要是致力于对传统的奥运项目进行虚拟形式和手段的改造，进而产生新的运动形态，但依然未脱离自身的体育组织性质和致力于体力体能展示的核心本质，因此，不直接接纳角色扮演类的电子竞技项目。这是否就说明角色扮演类电子竞技没有办法成为奥运项目呢？或者说 2028 年不可能，那么之后是否可能呢？如 2032 年奥运会主办地布里斯班有无可能接纳电子竞技作为一个大项而不是寄生于目前的传统体育大项中进入奥运会呢？

如前文所述，影响奥运项目评价的因素众多，"电竞入奥"之事并非国际奥委会单方面可决定，此前也有过不少其他利益相关者游说成功的案例，如 BMX 小轮车入奥、轮滑、攀岩、高尔夫球、七人制橄榄球入奥等。笔者认为，从目前情势分析，即便是运动模拟类电竞，作为一个整体大项进入洛杉矶 2028 年奥运会的机会依然渺茫，理由有三：一是现有的奥运项目评价标准对电竞不利，电竞最大弱项是在于"运动员健康、国际体育组织运营现状"两个一级指标，二是电竞不符合《奥林匹克宪章》关于奥运项目的规则，特别目前电竞项目发展不稳定，正如巴赫所担心的现有项目可能"五年以后很多项目就不存在了"；三是电竞项目的利益结构不稳定甚至不均衡，国际奥委会目前难以驾驭。

同时，笔者认为运动模拟类电竞作为某一个或几个大项的分项或小项进入 2028 年奥运会是有可能性的。原因也有三：一是从 2021 年就开始的国际奥委会主导的奥林匹克虚拟系列赛会积累经验，从中产生国际奥委会接受的利益均衡模式和市场认可的商业价值；二是除目前的五个虚拟系列赛项目外，更多的强势国际体育组织也可能在近年来举办奥林匹克虚拟系列赛，从而产生更能被国际奥委会和国际单项体育组织共同认可的不脱离体力使用的"电竞项目"（有足够的体力使用）；三是东道主洛杉矶市的主导性增强，出于发展本地甚至本国电竞产业的需要，可能向国际奥委会和相关国际体育组织施压，使之接纳电竞分项或小项附着在传统体育大项之下成为奥运项目。

但对于 2032 年奥运会的主办城市布里斯班而言，届时能否接纳电竞大项作为奥运项目，可能也存在几个变数。一是，按照目前奥运项目确定的规则，至少需要提前三年，即 2029 年由国际奥委会全会投票决定，届时将面临新一任国际奥委会主席，委员中也会有大量"新人"，国际奥委会固守的"体育组织使命""体力体能利用"等观念很难说还会像现在一样稳固或坚实，这是最具决定性的因素，是影响主席动议、执委会决策和全会确认的关键因素。二是，再经六七年的发展，特别是奥运会和电竞各自的发展，双方的地位也可能发生一些微妙的变化。如电竞国际组织的发展能否摆脱目前的不稳定和不均衡态势，现有组织是否会发生整合或重组，世界上是否可能产生一个具有明晰理念和稳定利益结构、强大组织能力和极强动员能力的国际电竞组织？等等，均是不好预计的。抑或届时国际奥委会有所衰微，而电竞及电竞组织深孚众望，也会出现前者主动邀请后者加入的可能性。三是，电竞自身发展的分化态势也可能出现，角色扮演类电竞项目和社会众多领域（教育、科技、商业等）的游戏化发展在元宇宙环境中变得更加强势和普及，传统奥运项目虚拟赛事则可能也融入了更多新的技术手段，出现了更受特殊群体欢迎的兴盛态势。届时，将可能出现二者各自独立发展的格局，使传统的电竞项目丧失成为奥运项目的动力和愿望。

五、结语

综上，经历 120 多年发展和变革，现奥运项目的遴选正处于最灵活和可变的阶段，这使得"电竞能否入奥、如何入奥"这一问题的答案也变得不确定。现任国际奥委会主席巴赫将性别平等、东道主的自主性、青少年的兴趣、赞助商和转播商的诉求等作为调整项目的重要理念，并且对近两届奥运会突破奥运 310 个小项限额持默许甚至乐见其成的态度，给电竞在奥林匹克运动中谋得一席之地提供了一定的机会，或许电竞还可能像北京 2008 年奥运会期间的武术一样，独立成为奥运会特设大项，依托奥运会平台在奥运会赛期举办但不计入奥运会奖牌榜。然而，项目遴选毕竟是一个奥运项目评价标准和程序起着约束作用的决策过程，也是一个多种利益相关者博弈的复杂系统，同时也是奥林匹克传统观念和现代社会观念融合的过程，更是一个元宇宙时代可能带来巨大变数的艰难抉择，其间的矛盾、冲突乃至逆转、对抗等情势都可能发生。希望本文的讨论能给对此问题感兴趣的读者提供一些启示。

冬奥会后国内城市申办综合型国际冬季体育赛事初探

汪海波　　徐　达[*]

2022 年，北京克服了百年奥运史上面临的最大挑战，如期举办了第 24 届冬季奥林匹克运动会。这些挑战包括：为如期举办冬奥会协调国际关系、调动国家资源、修改（或者说妥协）防疫和入境政策；为确保赛会如期举办和避免疫情扩散。具体措施包括：远端防控、获取双码、包机往返（包机和临时航班为主、商业航班为辅）、闭环管理、空场比赛、快来快走的组织运行模式等。北京和全国人民为这届冬奥会成功举办所付出的代价、成本、风险和一切努力，是难以估量的，更是不可复制的。由于没有可比性，所以不能用冬奥会的成功举办来评论预测其他国际体育赛事。

在北京冬奥会开幕前的 2022 年 1 月，辽宁省向国家体育总局提交了 2027 年第十五届全国冬季运动会《申办报告》，提出以沈阳作为中心城市，承办开幕式、闭幕式及冰上项目比赛；抚顺市承办部分雪上项目比赛；不具备承办条件的如雪车、钢架雪车、雪橇、跳台滑雪、北欧两项等项目，计划协调河北、黑龙江设分赛区举行。

日前，河北省体育局印发《加快推动后奥运经济发展事实方案》提出将依托冬奥场馆打造高端体育赛事聚集区，发展赛事经济。每年承办国际赛事 2 次以上，国内冰雪竞技赛事 3 次以上，提升张家口"冬奥城市"国际影响

---

* 汪海波，研究员，北京 2022 年冬奥会的参与者；徐达，原北京 2008 年奥组委信息中心主任、北京 2022 年冬奥申委副秘书长。

力，"积极申办全国第十五届冬季运动会，助力冬奥场馆可持续利用"。支持张家口市利用冬奥场馆及周边环境设施，适应不同季节举办多种赛事活动。

由此看来，"辽冀双雄"竞相申办 2027 年第十五届全国冬季运动会的大幕即将拉开，一场激烈的竞争在所难免。一个是为中国竞技体育作出突出贡献的辽宁省，想在冰雪运动基础设施发展方面迈上一个新的台阶；另一个则挟着刚刚举办冬奥会和冬残奥会的余威，乘势而上，意在通过申办全冬会补齐冰上项目基础设施短板，成为全国乃至世界冰雪运动新的打卡地。这场较量谁能胜出，让我们拭目以待！

一、当前申办大型综合性冬季体育赛事的总体态势

(一)北京和张家口要趁势而上

每一届大型综合性体育赛事结束之后，如何对赛事积累下来的遗产进行充分利用，是赛事承办城市必然面临的重大问题。2021 年 1 月 20 日，习近平总书记在主持召开冬奥会和冬残奥会筹办工作汇报会时强调："要积极谋划冬奥场馆赛后利用，将举办重大赛事同服务全民健身结合起来，加快建设京张体育文化旅游带。"2022 年 3 月 5 日，李克强总理在政府工作报告中进一步强调："用好北京冬奥遗产，建设群众身边的体育场地设施，促进全民健身蔚然成风。"因此，作为携手北京举办 2022 年冬奥会的张家口市，在赛后如何延续冬奥会的品牌影响力、保持冬奥场馆的运营活力、继续推动区域旅游业、餐饮业和冰雪产业等业态可持续发展，就成为一个重要而紧迫的必答题。而继续申办大型综合型国际冬季体育赛事，无疑是重要的选项之一。

历史上，韩国江原道在举办了 2018 年冬奥会后，立即申办 2024 年第四届冬青奥会，并于 2020 年 1 月 10 日高票获胜。国际奥委会主席巴赫表示，选择江原道是考虑到此前平昌冬奥会的成功举办，并可直接使用现有的冬奥会场馆设施。冬青奥会首次在亚洲举行，将进一步推动冬季运动在亚洲发展。从国际奥委会的态度也可看出，借助继续举办大型综合性冬季体育赛事来实现奥运会的可持续发展，也正是国际奥委会等国际体育组织积极应对国际大型体育赛事遇冷的重要手段之一。

（二）国内越来越多的城市具备了申办和承办国际冬季体育赛事的条件

除了北京（含延庆）和张家口两个 2022 年冬奥会主赛区外，经过多年的持续建设和冬奥会、亚冬会、大冬会、全冬会的筹办与举办，我国已有 7 个左右的省份（北京、河北、内蒙古、黑龙江、吉林、新疆、辽宁等）、10 个以上的大中型城市（北京、张家口、呼伦贝尔、哈尔滨、长春、吉林、长白山、乌鲁木齐、沈阳、抚顺等），具备了申办和筹办国际综合型冬季体育赛事的基础和能力。而站在全球冰雪运动赛事的分布和赛事举办周期来看，提出申办的最佳窗口期是在 2023—2032 年的 10 年之间。

（三）当前国际上的办赛热情有助于申办大型综合型冬季体育赛事

当前，申办国际大型体育赛事总体态势是偏弱的，原因主要有以下八个方面：一是民意成为各国政府权衡是否办赛的重要因素；二是大型体育赛事的绩效评估不够准确；三是监管缺失，市场开发滞后；四是发展中国家缺乏办赛经验和技术支持；五是高昂的办赛投入和巨大的投资风险；六是赛后场馆利用率低、维护成本高；七是大型体育赛事的吸引力受到严重冲击；八是国际体育组织缺乏行之有效的应对机制。

但从另一个方面看，申办夏季和冬季奥运会的城市仍然趋之若鹜。仅以 2030 年第 26 届冬季奥林匹克运动会为例，目前已有日本札幌、美国盐湖城、西班牙巴塞罗那、加拿大温哥华四个重磅城市提出申办，预计必将有一场激烈的申办之争。

近几年综合型国际冬季体育赛事可分为两类：第一类是冬奥会和冬青奥会的申办难度很大。一是北京 2022 年冬奥会刚刚落幕，二是我们的亚洲近邻韩国江原道已经赢得了 2024 年第四届冬季青年奥林匹克运动会的举办权。如果没有极特殊情况，2028 年第五届冬青奥会国际奥委会不大可能继续选择亚洲。第二类是亚洲冬季运动会和世界大学生冬季运动会。目前这两大赛事都有申办空间，但是需要我们提前谋划，先下手为强。

二、国内外有关大型综合性冬季体育赛事的情况

（一）全国冬季运动会

中华人民共和国冬季运动会简称"全国冬季运动会""全国冬运会"或

"冬运会"，是中国规模最大、级别最高的冬季综合性体育赛事。第一届全国冬季运动会于 1959 年 2 月在哈尔滨市和吉林市举行，此后基本上是每四年举办一次，至今已举办十三届（第二届停办但届次照算）。第一届至第四届作为全国运动会的冬季项目，与全运会的夏季项目一并作为一项赛事举办。

1983 年以后，冬季运动会从全国运动会中分离，另行举办。第十三届全国冬季运动会（简称十三冬）于 2016 年 1 月在新疆维吾尔自治区举行，是新疆第一次举办全国综合性运动会。第十四届全国冬季运动会（简称十四冬）由内蒙古自治区举办，原计划于 2020 年 2 月 12 日开幕。由于疫情等原因，"十四冬"推迟至今未能举办。据非官方推测，"十四冬"很可能将于 2024 年第一季度恢复举办。

在项目设置上："十四冬"的项目设置与 2022 年北京冬奥会保持一致。比起"十三冬"，"十四冬"增加了 2 个大项、4 个分项、12 个小项。共有 7 个大项、15 个分项和 141 个小项，实现了全项目参赛（主要包括滑冰、滑雪、冬季两项、冰壶、冰球、雪车、雪橇、雪地足球、冰上龙舟、轮滑、滑轮、轮滑冰球、陆地冰壶、跳台滑雪、跳台滑雪 + 滑轮等项目）。新增的 2 个大项为雪车、雪橇，新增分项为雪车、钢架雪车、雪橇及北欧两项，新增的 12 个小项主要集中在自由式滑雪和单板滑雪坡面障碍技巧、障碍追逐等项目上。

在比赛场地方面："十四冬"所有冰上项目在海拉尔的内蒙古冰上中心举行；越野滑雪、冬季两项比赛将在内蒙古牙克石凤凰山滑雪场举办；自由式滑雪空中技巧、雪上技巧、U 形场地以及单板滑雪 U 形场地比赛将在内蒙古扎兰屯金龙山滑雪场举办；高山滑雪大回转、回转以及单板滑雪平行大回转项目比赛将在内蒙古赤峰美林谷举办，而其他项目将在内蒙古自治区以外的地方举办。

（二）亚洲冬季运动会

亚洲冬季运动会简称"亚冬会"，是国际奥林匹克委员会承认的洲际冬季运动会，由亚洲奥林匹克理事会的成员国轮流主办，每 4 年举办一届。第一届亚洲冬季运动会于 1986 年在日本札幌举行。目前，已有札幌（日本）、哈尔滨（中国）、江原道（韩国）、青森（日本）、长春（中国）、阿斯塔纳和阿拉木图（哈萨克斯坦）等城市举办过亚冬会。在 2017 年札幌亚洲冬季运动会的闭幕式上，由于没有城市申办 2021 年亚洲冬季运动会，传统的会旗交接仪式没有进行。原计划在 2021 年初举行的第九届亚洲冬季运动会由于没有城市申办而流产。

根据亚奥理事会章程规定，亚奥理事会是唯一有权决定亚冬会比赛项目的最高组织机构。2013 年 7 月，亚奥理事会与 2017 年札幌亚冬会组委会确定了第八届亚冬会的正式比赛项目。包括滑雪（高山滑雪、越野滑雪、跳台滑雪、自由式滑雪、单板滑雪）、滑冰（速度滑冰、短道速滑、花样滑冰）、冬季两项、冰球、冰壶。

参赛国方面：有 32 个亚洲国家或地区至少有一名运动员取得第 8 届亚冬会参赛资格。印度尼西亚、斯里兰卡、东帝汶、土库曼斯坦和越南等 5 个国家都将首次在亚冬会亮相，澳大利亚和新西兰首次作为"宾客"参赛，澳新两国选手成绩只做参考。

场馆方面：第 8 届亚冬会计划设有 13 个场馆，其中包含 6 个滑雪场和 6 个滑冰场（馆）以及 1 个开幕式体育场。

（三）世界大学生冬季运动会

世界大学生冬季运动会简称"世界大冬会"，是一项供大学生运动员参加的国际综合性体育赛事，主办方为国际大学生体育运动联合会（简称"国际大体联"），每两年举行一次。

首届世界大冬会于 1960 年在法国夏蒙尼举办。至 2020 年，世界大学生冬季运动会已举办过 29 届，比赛项目有速度滑冰、短道速滑、花样滑冰、高山滑雪、越野滑雪、跳台滑雪、冬季两项、冰球、北欧两项、滑板滑雪等。第 30 届世界大冬会原定于 2021 年 1 月 21 日在瑞士卢塞恩开幕，后因疫情改到 2021 年 12 月，最后在赛会开幕前十天，因奥密克戎爆发而被迫取消。2023 年第 31 届世界大冬会在美国的普莱西德湖举办。2025 年第 32 届世界大冬会已落户意大利都灵。

2017 年阿拉木图世界大冬会暨第 28 届世界大冬会于 2017 年 1 月 29 日至 2 月 8 日在哈萨克斯坦的阿拉木图市举行。阿拉木图大冬会共设 12 个分项 85 个小项的比赛。共有来自 57 个国家的 2000 余名运动员参加了本届世界大冬会。其中，中国大学生体育代表团共派出 119 名运动员，参加了冰壶、花样滑冰、短道速滑、速度滑冰、冰球、越野滑雪、单板滑雪、跳台滑雪、高山滑雪、自由式滑雪 10 个大项的比赛（未参加冬季两项、北欧两项 2 个分项的比赛）。

（四）冬季青年奥林匹克运动会

冬季青年奥林匹克运动会简称"冬季青年奥运会"或"冬青奥会"，由国际奥林匹克委员会主办，是全世界大规模、权威性的冬季青年综合性运动会，每四年举办一届，与夏季青年奥林匹克运动会相间举行。

冬青奥会第 1 届自 2012 年开始，每四年举办一届。奥地利因斯布鲁克、挪威利勒哈默尔、瑞士洛桑分别举办了前三届。由此可见，因斯布鲁克、利勒哈默尔等一些举办过冬奥会的城市举办了冬青奥会。第 4 届冬青奥会将于 2024 年 1 月 19 日至 2 月 2 日在韩国江原道举行。

2015 年 7 月 31 日，在国际奥委会第 128 次全会上，瑞士洛桑成为 2020 年冬青奥会举办城市。第 3 届冬季青年奥运会于 2020 年 1 月 9 日至 22 日在瑞士洛桑举行，比赛共设 8 大项 16 分项，有 1880 名选手参与角逐。16 个分项包括高山滑雪、冬季两项、有舵雪橇、越野滑雪、冰壶、花样滑冰、自由式滑雪、冰球、无舵雪橇、北欧两项、短道速滑、俯式冰橇、跳台滑雪、滑雪登山、单板滑雪、速度滑冰。其中滑雪登山为新的冬季青年奥运会比赛项目，冰球项目中增加 3V3 冰球。

2020 年洛桑冬青奥会的运动员村设在洛桑，颁奖仪式以及冰球、短道速滑和花样滑冰比赛在洛桑举行。高山滑雪、滑雪登山、自由式滑雪以及单板滑雪在洛桑市所在的沃州阿尔卑斯山区进行，冰壶比赛在另一个城市尚佩里进行。北欧式滑雪比赛在汝拉山谷进行，跳台滑雪、冬季两项、北欧两项在邻国法国的塔弗斯山进行。雪车、钢架雪车、雪橇以及速度滑冰比赛在原冬奥会举办城市圣莫里茨进行。

（五）其他国际性冬季体育赛事

1. 国际雪联世界杯。国际雪联世界杯与冬奥会、世锦赛同属于国际 A 级赛事，该赛事由国际雪联主办，在多个国家和城市巡回举行，赛事每年实行积分制，这一类赛事比赛密度高、参赛选手多。

2. 国际雪联洲际杯。国际雪联洲际杯是由国际雪联主办，举办国家承办的国际赛事，是国际雪联仅次于世界杯赛的 B 级国际赛事。赛事主要参赛选手为所在洲国家的运动员。

3. 国际雪联积分赛。国际雪联积分赛是国际雪联主办，举办国家承办的国际 B 级赛事，该赛事每年将在不同国家举办多场，也是国际雪联每赛季举办比赛最多的赛事，为了让更多的运动员参与赛事，从而获得相应积分。

（六）其他全国性冬季体育赛事

这里主要是指全国的比赛，包括各类雪上冰上冠军赛、锦标赛。该类赛事为全国赛事，由国家体育总局冬运中心主办，赛事所在省体育局、市人民政府承办，符合国家现已注册的运动员都可参赛。每年的全国赛都是检验运动员一年来训练成果的最好机会，也是给运动员提供最好的实战练兵的舞台。

三、国内城市申办大型综合性冬季体育赛事的意义与优势

（一）申办大型综合性体育赛事对城市发展意义重大

国内外经验表明，举办大型综合性冬季体育赛事，对于城市和区域发展有着强有力的推动作用。举办大型体育赛事需要现代化水平较高的体育场馆、交通通信、宾馆旅店等物质保障。其中，有些体育场馆由于风格独特、新颖，具有民族和时代特征，常常会保留下来并成为城市的标志性建筑。因此，许多城市都十分重视申请举办大型体育赛事。

事实上，申办和举办大型综合性体育赛事，已经被申办和举办城市当作推动市政建设、促进公共事业发展、优化经济结构的助推器。索契是俄罗斯最具盛名的避暑胜地之一，但因基础设施不完善和缺乏整体规划，离世界著名旅游城市总有一步之遥。索契筹办 2014 年冬奥会给城市带来了全面而深刻的变化，城市基础设施逐步完善，城市面貌明显改观，新建了一批冰雪比赛场馆，新建或改造了国际机场、高速铁路和多条公路，新建了一批宾馆、医院、学校、图书馆、垃圾处理厂、热电厂等。冬奥会使索契声名大振。索契于 2014 年 2 月举办了冬奥会后，还于 2018 年举办了俄罗斯世界杯，并举办了多场俄罗斯重要体育赛事或国际会议。2020 年 4 月，索契入选"2020 全球避暑名城榜"。目前，索契已经成为一个名副其实的国际化旅游城市。

（二）举办冬季大型赛事所需的硬件条件

从经验上看，承办一届冬季大型综合性运动会的主要条件包括雪场、滑

冰场、足够的酒店（接待能力）、通畅便捷的交通、人才和经验等五个方面。

大型冬季体育赛事一般需要 5—6 个冰上场馆（大道速滑馆、花样滑冰、冰球、冰壶、速滑、大跳台等），和若干高水平的滑雪场。另外，从历史经验来看，承办过冬奥会的城市，一般都具有承办洲际冬运会、单项世界冬季运动会或国家级冬季运动会的经验和能力。北京携手张家口赢得 2022 年冬季奥运会的举办权，只能说是一个特殊的例外。

以张家口为例，承办了 2022 年冬季奥运会的大部分雪上项目，雪上项目场馆设施没有任何问题。目前，张家口市已经具有 3 个冰上场馆和较为完备的滑雪场资源，计划再建设 1—2 个冰上场馆（或借用北京的大道速滑馆等冰上场馆，借用延庆高山滑雪和雪车雪橇中心的设施），加之近年来冰上项目场馆设施逐渐完善，已经具备了申办大型世界级冬季运动会、洲际冬运会或全国冬运会的条件。具体分析如下：

1. 拥有相对完备的滑雪场馆。目前，张家口市建有大型滑雪场 9 家，崇礼 7 家，张北、尚义各 1 家；建有高、中、初级雪道 177 条，占河北省雪道总数 272 条的 65%，总长度 164 公里，占河北省雪道总长度 186.62 公里的 88.2%；索道与魔毯共 70 条，总长度 45 公里。

2. 滑冰场馆也有一定的基础。张家口市已建成河北北方学院体育馆、怀来县海淀外国语学校原乡校区的冰雪运动中心、经开区第一中学、经开区"冰之梦"室内冰场等 19 个室内滑冰馆，实现了全市各县区室内滑冰馆全覆盖。如果成功申办其他大型综合性冬季体育赛事，未来几年还可以根据需求建设若干冰上运动场馆。

3. 2022 年冬奥会积累的丰厚遗产，包括酒店、餐饮、交通、人才和经验、安保、气象、通信、转播、无障碍设施等方方面面，都初步具备了承办国内、国际大型综合性冬季体育赛事的能力。

（三）许多城市均具备举办冬季大型赛事的软件优势

1. 越来越多的高水平国际冰雪赛事落户国内的冰雪运动传统城市，形成了冰雪运动品牌效应。国际、国内赛事的不断举办，吸引了来自世界各地运动员、教练员、裁判员参与比赛，同时也吸引了国内的滑雪爱好者前来观赛。

2. 成熟的服务保障团队和技术支撑成为举办国际国内大型综合体育赛

事的保证。为了运营和举办赛会的需要，各高水平滑雪场培训了一大批竞赛管理、专业技术、竞技体育、志愿服务等方面的人才，在医疗、交通、安保、餐饮、住宿、观众服务等领域均已形成自己的专业队伍。同时，经过多年的全方位运行，各滑雪场技术团队专业知识的熟悉、成熟技术的支撑、运行流程的优化、办赛经验的积累等，都为承办大型综合性冬季体育赛事提供了巨大的支撑作用。

3. 北京冬奥会的成功举办和三亿人上冰雪形成的热潮，将持续为发展冬季体育事业注入动力。自北京冬奥会申办成功以来，三亿人上冰雪日益凸显传播力量，全民冬季参与冰雪运动的热情正如火如荼；可以预见，北京冬奥会和冬残奥会后，必将激发起大力发展冰雪运动、做大做强冰雪产业的更大信心和决心。

四、国内城市申办冬季大型综合性体育赛事的可行性探讨

（一）申办第九届亚冬会成功的概率很高

目前，第九届亚冬会尚无城市申办。在亚洲，有条件举办亚冬会的国家也就中国、日本、韩国及哈萨克斯坦等少数国家，过去的八届亚冬会也基本是在这几个国家轮流坐庄。2017 年第八届日本札幌亚冬会闭幕后，就出现了没有下一届举办城市到场接旗的尴尬局面。此后亚奥理事会一直在谋求寻找第九届亚冬会的举办城市，但几年来一直没有结果。2020 年全球新冠肺炎疫情暴发后，这一努力变得更加困难。

当前，韩国 2020 年刚成功申办 2024 年第四届冬青奥会，日本札幌则和美国盐湖城、西班牙巴塞罗那、加拿大温哥华等觊觎 2030 年冬季奥运会。所以，如果中国的某个城市提出申办第九届亚冬会，几乎没有竞争对手。

（二）申办 2027 年第 33 届大冬会充满希望

大冬会的届次是两年一届。目前，原定于 2021 年 12 月（因疫情推迟一年）在瑞士卢塞恩开幕的第 30 届大冬会，因奥密克戎的突然暴发，在开幕前十天被迫取消。第 31 届大冬会将于 2023 年在美国的普莱西德湖举办。普莱西德湖因举办 1932 年和 1980 年冬奥会而闻名，1972 年第 7 届大冬会也是在此举行。2025 年第 32 届大冬会也已经明确落户意大利都灵。

从前几届申办的情况看，如果中国申办 2027 年第 33 届世界大冬会，将不会有太多的竞争对手，从场馆、设施等硬件到人才、程序等软件，都有明显的优势，所以成功的概率将很高。

（三）申办第五届世界冬青奥会还要费些周折

第五届世界冬青奥会将于 2028 年举办，这也是中国迄今为止唯一尚未举办过的奥运赛事。目前 2024 年的举办地点是韩国的江原道（平昌），连续两届冬青奥会都在东北亚举办的概率不高，但也不能排除此前出现的平昌冬奥会后北京连续获得举办权的特殊情况。可以考虑把申办 2028 年第五届冬青奥会作为"投石问路"，把申办 2032 年冬青奥会作为"志在必得"！

（四）各冰雪城市还可以考虑申办一些国际洲际性冬季体育赛事

可以继续申办或举办国际雪联世界杯系列赛事，例如：自由式滑雪雪上技巧世界杯、单板滑雪 U 形场地世界杯、自由式滑雪 U 形场地世界杯、单板滑雪平行项目世界杯、自由式滑雪坡面障碍技巧世界杯等。

可以继续申办或举办远东杯等国际雪联洲际杯等国际赛事；继续申办或举办国际雪联积分赛有关赛事；继续申办或举办全国性的各类雪上冰上冠军赛、锦标赛。根据各冰雪城市现有滑冰馆情况，探索申办或举办全国性的短道速滑、花样滑冰、冰球和冰壶比赛，达到测试场地、锻炼队伍、培养人才的目的。

第七部分 国际视野

北美地区冬奥会速滑馆赛后利用
的基本经验及启示

林显鹏 [①]

冬奥会速滑馆是冬奥会竞赛场馆中造价最高，赛后开发与利用难度最大的竞赛场馆之一。国家速滑馆（冰丝带）是冬奥会历史上建筑规格和规模最大的滑冰专业场馆，为举办简约、安全、精彩的冬奥会作出了巨大的贡献。2022 年冬奥会结束后如何运营好利用好国家速滑馆，向全国人民交出一份满意的答卷是中国体育界同人必须认真回答的问题。加拿大温哥华冬奥会里士满滑冰馆、卡尔加里冬奥会的卡尔加里速滑馆、盐湖城冬奥会的犹他速滑馆是冬奥会赛后运营具有代表意义的速滑馆。冬奥会结束后上述场馆在可持续运营方面进行了可贵的探索。本文拟对加拿大、美国具有代表意义的三座冬奥会速滑馆的赛后利用基本经验与做法进行分析，并进一步分析两国冬奥会速滑馆赛后利用对国家速滑馆（冰丝带）赛后利用可资借鉴的启示。

一、北美地区冬奥会速滑馆赛后利用研究

（一）里士满速滑馆的赛后开发与利用

1. 里士满速滑馆赛后开发利用的主要举措

里士满速滑馆（Richmond Oval）于 2006 年 11 月 17 日动工，于 2008 年

---

① 北京体育大学教授、博士生导师。

12 月 12 日建成，工程耗资 1.78 亿加元（约合 2.278 亿美元）。场馆建筑面积达 33750 平方米，可容纳 8000 名观众，当中包括面积达 20000 平方米的主竞技厅，全长 400 米的赛道亦置于其中。冰面设计为速滑跑道和两片标准的 1800 米冰上场地。2010 年冬奥会结束后，里士满滑冰馆仅保留两块 1800 米滑冰场地用于开展大众滑冰运动，速滑场地保留赛时冰场转换的功能，速度滑冰场地及其他场地均转化为多用途休闲娱乐场地，满足居民多层次、多样化的健身及休闲娱乐需求（见表 1）。

表 1 里士满滑冰馆冬奥会结束后场地转换情况

	2010 年		2018 年	
场地辅助	项目： 社区划船中心、3 个会议室、2 个更衣室、8 个团体工作室	服务： 儿童托管	项目： 社区划船中心、3 个会议室、2 个更衣室、12 个团体工作室、里士满奥运体验博物馆、里士满体育名人墙	服务： 儿童托管、咖啡、零售店、瑜伽工作室和红外桑拿、运动医学、药店、家庭医生诊所、加拿大丰业银行自动提款机、性能培训中心、停车场管理系统、加拿大体育协会
活动场地	项目： 2 块国际标准冰场、18 个羽毛球场、13 块国际排联规定排球场、10 块国际篮联篮球场、3 块国际足联规定室内足球场、16 块国际乒乓球台、200 米 5 条跑道、110 米 5 道冲刺道、4 个健身工作室	服务： 食品、饮料、书报亭	项目： 2 块国际标准冰场、18 个羽毛球场、13 块国际排联规定排球场、10 块国际篮联规则篮球场、3 块国际足联规定室内足球场、16 块国际乒乓球台、200 米 5 条跑道、110 米 5 道冲刺道、4 个健身工作室、攀岩墙、击球笼、个人培训工作室、里士满奥运体验活动	服务： 体育服务柜台、攀岩服务台
健身设施	20000 平方英尺健身中心、超过 100 件健身器材、传统的套房		20000 平方英尺健身中心、超过 100 件健身器材、传统的套房、攀岩墙、里士满奥运体验设施	
室外	奥林匹克广场、水天花园		奥林匹克广场、水天花园、沙滩排球场、儿童冒险游戏结构乐园、场外数字视频屏、场馆外标牌	

冬奥会结束后，里士满速滑馆开展的体育活动主要包括滑冰（2 块场地）、羽毛球（18 块场地）、排球、篮球、室内足球、攀岩、器械健身等。此外还开展体育培训、奥运体验、社团会议服务、康复理疗、儿童托管、亲子活动、购物、餐饮等相关服务。

2. 里士满速滑馆的经营效益

根据不列颠哥伦比亚省的《商业场馆法》，里士满速滑馆于 2010 年 8 月 10 日更名为"里士满奥林匹克椭圆速滑馆"，里士满市作为场馆的唯一股东，任命董事会。里士满速滑馆每年的经营收入约为 1500 万美元。收入主要来自四部分，其中包括里士满市政府（约 331 万美元 / 年）、赛事经营信托基金（约 280 万美元 / 年）、场馆会员、门票、各类活动（约 789 万美元，2017 年数据）以及其他收入（约 198 万美元，2017 年数据），主要包括停车场，租赁和社区遗产合作伙伴赞助收入等。里士满速滑馆自主经营的收入能达到 900 万—1000 万美元。尽管里士满速滑馆已经接近完美地将场馆运营发挥到极致，但每年仍需要近 600 万美元的政府和基金的补贴才能达到收支平衡。

里士满速滑馆赛后运营一项重要的收入系赛事运营信托基金（GAMES OPERATING TRUST-GOT）。2002 年 11 月 14 日，根据"奥运会多方协议"的规定，加拿大政府和不列颠哥伦比亚省建立遗产捐赠基金（"基金"），分别捐款 5500 万美元，成立专业基金会。该基金会建立董事会制度，董事会任命 7 名成员组成，包括加拿大、不列颠哥伦比亚省、加拿大奥林匹克委员会、加拿大残奥会、温哥华 2010 年奥运会和残奥会冬季运动会（VANOC）、里士满市和惠斯勒市。基金是为奥运会建造的设施资助业务费用和资本维持费用，特别是里士满奥林匹克椭圆速滑馆、惠斯勒滑行中心和北欧中心，并协助加拿大业余体育的持续发展。GOT 基金会董事会将该基金分为三项基金：里士满奥林匹克椭圆速滑馆基金；惠斯勒滑行中心和北欧中心基金，以及应急基金。GOT 基金会董事会将基金的资本分配如下：里士满奥林匹克椭圆速滑馆基金（40%），惠斯勒滑行中心和北欧中心基金（40%）和应急基金（20%）。自 2009 年 4 月 21 日起，里士满与温哥华奥组委达成协议。协议详情是城市需要遵守以接受资金的条款和条件才能得到资金支持。自 2011 年 9 月 1 日起，温哥华奥组委将协议分配给协会。GOT 基金会的资金首先支付给城市，城市将资金分配给场馆。

（二）卡尔加里奥林匹克速滑馆赛后开发与利用

1. 卡尔加里速滑馆赛后的经营主体

卡尔加里奥林匹克速滑馆（Calgary Olympic Oval，以下简称"卡尔加里速滑馆"）建成于 1986 年，占地面积 26000 平方米，屋面高度为 25.91 米，是世界上第一个拥有 400 米速滑道的全封闭场馆。速滑比赛第一次由室外转入馆内，这是冬季奥运会发展的重要标志之一，卡尔加里速滑馆是 1988 年第 15 届冬奥会速度滑冰的比赛场馆，当年可容纳观众 6500 人，为进一步扩大场地面积，2018 年座席数量削减为 3500 个。

卡尔加里速滑馆产权隶属于卡尔加里大学体育运动机能学院，由卡尔加里大学、奥运遗产合作方冬季体育公司（WinSport）和加拿大政府支持下开展运营工作，具体由冬季体育公司实施运营。冬季体育公司前身是卡尔加里奥林匹克发展协会（CODA），成立于 1956 年，代表卡尔加里申办冬奥会。1981 年 9 月 30 日，卡尔加里成为 1988 年第 15 届冬季奥运会的主办城市。在 1988 年奥运会之后，卡尔加里奥林匹克发展协会转变为冬季体育公司。该公司是一个非营利组织，在卡尔加里拥有和运营加拿大奥林匹克公园、阿尔伯塔省坎莫尔北欧中心、贝基·斯科特体能培训中心。该公司还承担了卡尔加里速滑馆的三分之二的运营支出。

2. 卡尔加里速滑馆的经营项目及收入

与里士满速滑馆不同的是卡尔加里速滑馆 30 年来一直专注于速度滑冰的专业化服务，开展具有世界先进水平的速度滑冰项目的训练和竞赛活动，保持世界速度最快冰的荣耀。卡尔加里速滑馆每年的运营成本约为 600 万加元（约合 768 万美元），收入来源包括接待各国高水平训练服务、对外公众培训、冰上俱乐部服务和场地租赁等费用。卡尔加里速滑馆作为大学附属设施之一没有经营收入的要求，主要的目的是满足学校和附近社区的公共体育服务。除此之外也对国外运动队、运动员和滑冰爱好者开放服务。卡尔加里速滑馆的收入会上缴学校，学校根据整体的运营情况进行上报，最终学校拨付下一年度的运营和维护费用。建成投入使用以来，卡尔加里速滑馆已经成为速度滑冰的神圣殿堂。自 1987 年建成以来，速度滑冰和短道速滑已经创造了 300 多项世界纪录。卡尔加里除了具备高海拔的天然优势外（海拔 1048 米），超强的精英制冰技术团队已经成为国际冰联（ISU）和国际奥委会的指定专家，在世界各国为专业滑冰场馆提供制冰服务。通常每年有9—10 个月的冰期，整个制冰团队会按照国际赛事的最高标准完成每年的制冰任务。

（三）犹他奥林匹克速滑馆赛后开发与利用

1. 犹他奥林匹克速滑馆运营主体

犹他速滑馆同卡尔加里速滑馆一样也是地处高海拔地区，实测冰场冰面海拔高度约为 1227 米。座席数量为 6500 人，场馆于 1999 年 5 月开始建设，2001 年 3 月竣工。耗资近 3000 万美元。犹他速滑馆的冰面分为三部分，有400 米的标准速度滑冰赛道，场中心有两个标准冰场，可以用作冰球比赛、短道速滑比赛、花样滑冰比赛和冰壶比赛。场馆内还有一个设施完善的体能训练房、医务室、15 个更衣室、小型售卖区和冰上用品租赁区等。犹他速滑馆外有一个体育中心和社区中心，在 2002 年冬奥会期间这两个中心作为媒体工作区域存在。

2002 年冬奥会结束后，盐湖城冬奥组委成立了非营利组织——犹他奥林匹克遗产基金会（Utah Olympic Legacy Foundation），负责盐湖城冬奥会1.02 亿美元结余资金的使用及保值增值。同时盐湖城冬奥组委将犹他奥林匹克公园、犹他奥林匹克速滑馆、奥林匹克遗产中心（滑行中心所在地）及士兵谷北欧两项中心的使用权授予该基金会，基金会在总体上负责上述场馆的赛后开发与运营工作。基金会的领导层由 13 名投票成员、1 名前政府官员和 1 名顾问组成。这些成员来自美国滑雪协会、犹他大学、犹他参议院、相关企业和休闲娱乐领域。

2. 犹他奥林匹克速滑馆的经营项目及收入

犹他速滑馆是美国奥委会速度滑冰和短道滑冰国家队训练基地。除了美国国家队以外，来自世界各国的运动员和美国国内俱乐部的专业运动员也会在不同的时期选择到犹他速滑馆进行包括速度滑冰、短道速滑、冰球等项目的专业训练。除了专业运动员的训练，犹他速滑馆每天也会在固定的时间段对城市和社区普通人群开放。同时提供不同水平的速度滑冰、短道速滑、冰球培训服务。冬奥会结束早期犹他奥林匹克遗产基金会每年支出 600 万美元作为犹他速滑馆日常运营的费用，至今已经降至每年 400 万美元。犹他奥林匹克速滑馆每年吸引许多来自世界各国的专业速滑运动员和短道速滑运动员开展集训活动，同时为社区和滑冰俱乐部提供各类培训。场馆速度滑冰的冰期通常是 9 个月（7 月至来年 3 月），两块国际冰场几乎保证全年有冰。

二、北美地区冬奥会速滑馆赛后利用的基本经验

（一）正确处理公益性与经营性的关系

冬奥场馆本质上属于公共产品，必须充分发挥冬奥场馆的公益性属性。北美地区冬奥会速滑馆高度重视场馆的公共服务的供给，开辟大量空间免费或低收费向大学生及周边社区居民开放，同时也为国家队提供高水平训练服务。为了确保速滑馆的公共服务的供给，加拿大地方政府给予里士满及卡尔加里速滑馆相应的经费资助，同时奥林匹克遗产基金也发挥了重要的作用。但速滑馆作为固定资产同样具有经营性的属性，因此上述速滑馆经营主体也充分利用场地空间开发多种服务产品，开展经营活动，取得了良好的经济效益。

（二）中等规模速滑馆应满足高水平运动训练需求

冬奥会速滑馆是滑冰项目运动场地中造价及建设规格最高的场馆。冬奥会结束以后，卡尔加里及犹他速滑馆主要的功能就是建设国家队高水平运动训练基地。为此两个速滑馆基本保留了冬奥会期间场地的运行水平，同时大力加强运动训练、运动康复、运动检测、运动营养等方面的保障功能和能力。成为美国奥委会、加拿大奥委会冬季项目高水平训练基地，美国、加拿大冬奥会滑冰项目运动员大多是在这两个速滑馆完成长期及短期集训的。同时向世界其他国家开放，接待相关国家（包括中国）运动队来此开展高水平运动训练。但与此相反，规模远超上述两个速滑馆的里士满奥林匹克速滑馆在冬奥会后基本不承担国家队集训功能，而是转化为冬季夏季运动相互转换的多功能场馆。这一现象值得我们研究和重视。

（三）建立奥林匹克基金会助力场馆赛后开发

冬奥会结余资金必须与冬奥会遗产保护与开发，尤其是冬奥会场馆的赛后开发与利用紧密结合起来。温哥华冬奥会及盐湖城冬奥会结束以后，冬奥组委均利用冬奥会结余资金建立了奥林匹克基金会，对里士满奥林匹克速滑

馆、犹他奥林匹克速滑馆持续给予资金支持。在冬奥会速滑馆赛后开发与利用工作中发挥了巨大的作用。

（四）冬奥会的举办与速滑馆赛后利用的有序衔接

冬奥会的举办与速滑馆的赛后利用的有序衔接是冬奥场馆可持续使用的关键环节。1988 年汉城奥运会结束以后，奥组委人员被全员聘用并利用奥运会结余资金建立"韩国国民体育振兴公团"，负责奥运会场馆的赛后运营，取得了良好的效果。负责卡尔加里冬奥会筹办工作的卡尔加里奥林匹克发展协会在冬奥会结束后直接转为冬季体育公司负责卡尔加里速滑馆等奥运场馆的赛后运营，取得了不错的成绩。

（五）场馆规模越大越需要多元化产品规划

在上述三个速滑馆中，里士满场馆规模最大，其建筑面积超过 3 万平方米。这样超大规模的速滑馆如果仅仅囿于运营速滑项目，场馆仅能源成本就将十分巨大，场馆的运行必将难以为继。为此里士满速滑馆仅仅在冬季保留速滑场地的项目功能，在夏季则完全转换为夏季运动场地。同时充分利用室内外空间，开辟出 3 个室内足球场、18 个羽毛球场、10 个篮球场、20 个乒乓球场，里士满速滑馆俨然变成了一个全民健身的运动超市！这一做法值得我们认真借鉴和学习。

（六）冬奥会速滑馆的运营需要一个产品培育的过程

北美地区上述速滑馆在冬奥会结束以后，都经历了 2—3 年的产品培育期。一方面是由于速滑馆在冬奥会结束以后，必然要经历一个适应性改造的过程，以使其更适应赛后的可持续运营。教练员、裁判员、制冰师等专业人员也需要经历系统化、专业化的培训。另一方面，速滑馆开发及研发的新产品新项目也有一个让居民逐步了解并且喜欢的过程。因此许多场馆在冬奥会结束后首先开发的是一般的场馆遗产观光及旅游项目，同时逐步吸引居民参与并体验新开发的项目。

三、进一步加强国家速滑馆赛后开发与利用水平的建议

（一）国家速滑馆公共产品的定位必须坚守

国家速滑馆是北京国资公司与首开股份、城建集团、住总集团、华体

集团等社会资本采用 PPP 模式共同投资建设的冬奥场馆，政府投资占 49%，社会投资占 51%。尽管社会企业投资占有一定比例，但丝毫不影响其作为公共体育产品的定位，为社会提供高品质体育服务是其不可推卸的社会责任。服务北京建设"四个中心"的目标，国家速滑馆必须承担高水平竞赛的相关任务。同时应当拿出一定的时段免费或低收费向社会提供服务。借鉴外国大型体育场馆已有的相关经验，国家速滑馆室内外空间在运营方面可以采用 A 时段 / B 时段的运营模式。早晨及工作日时间可以采取免费或低收费的方式向社会提供服务。同时国家速滑馆也应当拿出一定时段满足周边学校上滑冰课的需要。但在完成公共服务的基础上，国家速滑馆必须开展市场化经营活动，这与公共服务的定位并不矛盾。只有成功开展市场化经营才能更好地开展公共体育服务，同时逐步使社会资本得到应有的回报。

（二）用好冬奥会结余资金服务场馆赛后运营

与历届冬奥会一样，北京冬奥会由于成功的市场开发以及节俭办冬奥原则的落实，也将产生一定数额的结余资金。借鉴历届奥运会的经验和教训，建议有关部门出台相关政策，进一步完善冬奥会结余资金的使用效率，助力冬奥会场馆的赛后开发与利用。成立奥林匹克基金会是历届奥运会的基本做法，不同国家在奥林匹克基金会的政策投入方面差别很大，但一个基本原则就是奥林匹克基金会的可开发性。对于即将建立的冬季奥林匹克基金会，本人有两条建议：其一，制定相关政策，发挥冬奥基金的金融功能。只有实现冬奥基金的金融功能才有可能进一步扩大基金规模，为冬奥场馆的可持续运营奠定基础。其二，避免单纯的经费补助。建议采用奖励或鼓励的经费补助模式，鼓励式的经费补助模式主要是依据场馆提供的公共体育服务数量和质量提供经费补助，奖励式的经费补助是对具有创新意义并具有潜在开发前景的项目给予奖励。或者对已经取得良好市场开发效果的产品项目给予奖励。单纯的经费补助模式不仅不能发挥冬奥基金的作用，相反有可能固化传统经营模式、培养懒惰作风。

（三）探索冬季夏季运动转换模式

国家速滑馆总建筑面积 8 万平方米（不含地下停车场），设计高度 33 米。场馆为全冰面设计，冰面面积为 1.2 万平方米，是目前全球建筑规模最大、规格最高的速滑馆。这样高规格的速滑馆如果一年四季均保持滑冰功能并向社会开放，单就其用电量支出就难以承受，很难可持续经营。建筑面积 3.37 万平方米的里士满奥林匹克速滑馆在温哥华冬奥会结束后，仅保留两块 1800 平方米的滑冰场地用于向社会开放，速度滑冰及其他场地则完全开辟为夏季运动场地。加拿大奥委会组织的速度滑冰国家队集训都在卡尔加里奥林匹克速滑馆进行。目前北京已经拥有 105 块室内冰场，首钢速滑馆、首都体育馆国家队训练基地、延庆滑冰训练基地已经可以满足国家队的集训需要。

而长期以来，国家队集训大多在吉林冰上运动训练基地进行，其速度滑冰场地被称为亚洲最快的冰场。在这种情况下，如果国家速滑馆仍然仅仅围于滑冰、冰球、冰壶等运动，可能不一定取得令人满意的经济效益。为此建议采取冬夏轮换的方式，规划和管理场地空间。除冬季全场馆开展滑冰运动以外，在夏季保留少量冰场面积，绝大多数场地似可转换为以球类为主要内容的夏季运动。在场馆适应性改造过程中，就必须充分考虑这一点，使国家速滑馆成为国内唯一可以冬夏转换的高规格运动空间，打造北京市民全天候全季节运动天堂。

（四）大力加强无形资产的开发与利用

国内外大型体育场馆的运营经验告诉我们，必须注重体育场馆无形资产的开发与利用。目前国外大型体育场馆收入中 75% 以上来自无形资产的开发与利用。国家速滑馆历经冬奥会的洗礼，积淀了大量奥运故事、技术、形象、权利等无形资产（见图 1）。有关部门应当给予一定的政策支持，同时场馆运营单位必须重视无形资产的时效性，抓紧时间大力推动国家速滑馆无形资产的开发和利用。国家速滑馆冠名权是目前最可能开发的无形资产，如正常开发每年的冠名收入应当在 3000 万元以上，基本可以解决场地的常规运营支出（不包括还贷）。除场馆整体冠名外，也可以采取内部场地冠名、活动冠名、设施冠名、项目冠名等多种方式推动冠名权的开发和利用。其次可以通过构建企业俱乐部，为企业提供产品展示、运动服务等方式为大企业客户提供服务。场馆运营方也可以通过传承冬奥会等赛事举办、场地开发、人才培训、俱乐部服务等专有体育技术，为其他场馆部门输出技术或服务。国家速滑馆广告开发也具有很大的潜力。总之，国家速滑馆的无形资产是一笔巨大的财富，值得运营单位重视。

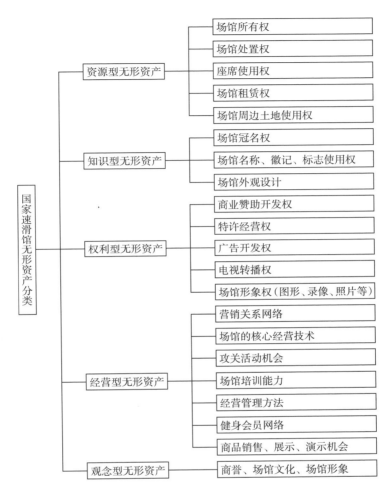

图 1 国家速滑馆无形资产结构图（部分无形资产）

（五）充分认识冬奥会速滑馆市场培育长期性的规律

国外冬奥速滑馆赛后运营的经验表明，大型速滑馆市场及其产品培育具有长期性的特点。北美三个冬奥会速滑馆至今也没有实现自负盈亏的运营目标，离开政府的财政拨款及奥林匹克基金会的资助，速滑馆的亏损是无法避免的。可以预计国家速滑馆在市场培育及产品开发方面也将面临巨大的压力。为此北京市政府必须充分认识到国家速滑馆赛后市场培育及产品开发的长期性和艰巨性，应投入必要的政策支持创造良好的营商环境，推动国家速滑馆的赛后运营工作。国家速滑馆经营有限责任公司必须立足于形成稳定的产品链结构及稳定的客户群，尽快制订中长期场馆运营规划和系列可行性研究报告，加强国家速滑馆赛后运营的战略管理。在精品赛事培育、无形资产开发、体验式冬奥旅游、精品文化演艺、运动休闲娱乐等方面形成稳定的产品链和品牌。在产品开发方面应加强点线面紧密结合的创新思路，在赛后开发方面取得突破。

东京奥运会十大关键词 [*]

陈 剑

随着 2021 年 8 月 8 日晚上闭幕式结束，历时 17 天的 2020 年东京奥运会已经成为历史。如何评价 2020 年东京奥运会，笔者用以下十大关键词作一回应。

一、感谢付出

2021 年 7 月 23 日，日本东京，2020 年东京奥运会开幕式举行。

应当向为东京奥运会举办而付出巨大努力的日本人民，日本国政府、东京都，参与东京奥运会市场开发的全球合作伙伴、东京奥组委赞助商，东京奥组委、国际奥委会、各国奥委会和各国际体育单项组织所付出的巨大努力表示感谢和敬意；也应当向 204 个参赛国及参赛的 1 万多名运动员表示感谢，并致以崇高的敬意。没有参赛国和运动员的支持，这届奥运会也难以成功举办。国际奥委会主席巴赫在 2021 年 8 月 8 日的国际奥委会大会上提出，将破例为时任日本首相菅义伟和东京都知事小池百合子颁发奥林匹克金色勋章，感谢他们为奥运发展作出的贡献。按惯例，只有奥组委主席才能获此殊荣。巴赫说："虽然做法属于破例，但考虑到他们挺过了如此困难的两年。没有日本政府的鼎力相助，这届奥运会可能根本无法实现。"

---

* 原载爱思想网站，2021 年 8 月 14 日。

巴赫感谢日本奥委会、日本各级政府、志愿者以及各国或地区奥委会、各国际体育单项组织等，在此间展现的团结与支持。"我们这样做是为了运动员，我们团结在一起，我们做到了。"巴赫的感谢，反映了普遍民众的心声。

二、特殊奥运

2020 年东京奥运会无疑是百年奥运史上特殊的一届奥运会。特殊在哪里，特殊在全球肆虐的新冠肺炎疫情使这届奥运会只能够空场举办。而空场举办就使得东京奥运会呈现有别于以往奥运会的特点。由于新冠肺炎疫情，这届奥运会被史无前例地推迟了一年举行；由于空场举行，没有现场观众的加油鼓劲和欢呼喝彩，运动员需要适应空场变化以提升自己的竞技水平。

正是东京奥运会的特殊，也使得这届奥运会最终成为一场凝聚人心的奥运会，成为一届成功的奥运会。虽然在此之前，包括笔者在内，对东京奥运会能否成功举办缺乏信心，但日本国、东京都、东京奥组委和各方的积极努力，使这届奥运会完成了所有的比赛项目，并得到各方的理解和认同。重要的是，在全球疫情仍然持续的情况下，东京奥运会起到了凝聚人心的作用。运动员用体育的凝聚力，激励了大家。疫情带来许多挑战，使体育的凝聚力显得更为突出，"这是一届前所未有的奥运会"。巴赫强调，东京奥运会是一届希望、团结与和平的奥运会。以前从未有人组织过延期的奥运会，正是国际奥委会和合作伙伴付出了前所未有的努力，才使得本届奥运会得以召开。

三、疫情博弈

在东京奥运会开幕之前，日本的疫情已出现恶化。东京奥运会在疫情已出现恶化的情况下开幕，无疑引发了巨大争议。许多人担忧，这个时候举办奥运会将导致疫情加重。在整个日本国内，受德尔塔变异毒株的影响，多地单日新增确诊病例达到历史新高。正在举办奥运会的首都东京，2021 年 8 月 5 日新增确诊病例 5024 例。截至 8 月 6 日，日本累计确诊病例超过 100 万例。虽然日本官方否认疫情扩大与奥运有关，但疫情扩大则是一个事实。东京奥组委 8 月 7 日公布，又有 22 名和东京奥运会相关的人确诊感染新冠，这使得 7 月以来感染新冠的奥运相关人士达到了 404 人。此前的 8 月 4 日，东京奥运村内首次报告出现集体感染。希腊花样游泳队 12 名选手中 5 人确诊，剩下 7 人作为密切感染者全部离开了奥运村。希腊队没有参加 3 号的双人赛，也不能参加 6 号的比赛，堪称"团灭"。希腊奥委会表示，该队从进入奥运村的第一天起，就没有与希腊奥运队的其他成员接触，所有运动员抵达日本后都在遵守严格的限制措施。

在疫情持续扩大情况下，是否有必要一定要举办东京奥运会，这个问题实际难有明确答案。东京都和东京奥组委用自己的努力，说明加大疫情防控是可以将疫情带来的风险降到较低限度，东京奥运会受到疫情感染的运动员仅限于 20 人左右。这届奥运会，虽然举办艰难，但疫情并没有影响赛事举办，也没有在运动员中扩散。

四、奥运经济

自 1984 年洛杉矶奥运会美国人尤伯罗斯市场化运作，奥运经济横空出世，使奥林匹克主义在全球的传播有了强大的物质支撑。奥运经济也成为一个重要概念，成为以后历届奥运会关注的话题。

如果不包括申办费用，奥运会成本主要有场地建设费用、基础建设费用、运营费用。在 8 年奥运筹备中，日本政府已经投入了巨额资金用于完善交通基础设施，包括 3 条环首都地区的道路和机场新航线，总投资 202 亿美元。东京奥运会的场馆是 1964 年日本首届奥运会使用的，体育场馆的翻新和建设用了 14 亿美元。奥运村建设花费 28 亿美元，这些加起来已经达到了 244 亿美元。由于疫情原因，东京奥运会延期一年举办维护费达到了 16 亿美元，日本还要支付 25 亿美元的运营费用。这些费用已经超过 285 亿美元。

奥运会的收入主要来自电视转播费用，门票，商业赞助（包括全球合作伙伴和组委会赞助商）。首先看电视转播费用。奥运会举办，电视转播费用是收入重要组成部分。但一半以上要分给国际奥委会，日本到手里的估计只有 12 亿美元左右。其次是门票收入。由于疫情原因，本次奥运会大部分场馆都是空场举行，原本预计的 8 亿美元门票收入已不存在。空场举办和对入境游客的限制，对日本的航空、餐饮、酒店、旅游、消费等行业无疑是沉重打击。空场比赛的情况下，直接损失的是观众消费支出，周边商品的销售收入也将减半。日本经济学家推算，空场举办的东京奥运会，日本经济将面临2.4133万亿日元（约合人民币1420亿元）的损失。无形损失则难以用数字来衡量。最后是企业赞助。日本东京奥运会打破了企业赞助纪录，日本国内有62家企业参与，签约金额大约31亿美元。但由于奥运会的持续低迷，东京奥组委的一些赞助商选择了退出。国际奥组委的赞助费为7.6亿美元，加上奥运会衍生出来的周边产品和体育彩票，加起来也只有10亿美元左右。这些算下来大概61亿美元左右。也就是说，收入与支出相比，日本至少亏损200亿美元。如果上述数据分析大体真实，办一届奥运会，对日本无疑也是一个很大负担。2020年东京奥运会亏损情况，或许能与1976年加拿大蒙特利尔陷阱相比较。如果属实，无疑会对奥林匹克运动在全球产生消极影响。在全球经济不景气并遭受疫情冲击情况下，有能力承办奥运会国家和地区的积极性将进一步降低。

五、体教融合

中国军团在此次东京奥运会上成绩喜人，取得了38块金牌和88块奖牌，都位居第二，是仅次于美国的好成绩。这是中国1980年恢复国际奥委会会员资格后，参加境外奥运会取得成绩最好的一届。欣喜的是，中国军团不仅在传统优势项目上继续保持优势，摘金夺银，即在乒乓球、跳水、举重、射击四大优势项目上获得金牌21块，奖牌38块，在一些非传统优势项目中，也取得了很好的成绩。苏炳添百米9.83秒成绩令人振奋，朱亚明三级跳远成绩可圈可点，铅球名将巩立娇奋力一掷以个人最佳成绩收获金牌，等等。

中国军团在东京奥运会取得好成绩，主要原因如下：一是大环境有利，这包括，中国疫情控制有效及时，中国运动员有更多的时间用于训练。东京奥运会中国队取得好成绩，可以看作中国成功控制疫情成果的体现；日本与中国地理接近，没有时差、饮食等因素的困扰。二是科学技术方法广泛使用，体育科研为运动员取得好成绩增添了动力。三是制定的奥运战略符合实际，精准有效，对奥林匹克运动的理解也更加全面、深刻。四是举国体制的优势，动用国家力量推进奥运战略实施，成绩显著。

随着社会的进步，人们对举国体制优势和弊端的认识也日益清晰。不计成本，动用国家力量，自然会有回报，能够取得成绩，例如苏联、东德等，但并不一定有利于运动员接受系统教育、全面自由发展。奥运会本身是业余而非职业化，更多是有利于身心能量的迸发。此次东京奥运会，给人印象深刻的是奥地利安娜·基森霍夫小姐，拿到了自行车公路赛的金牌！对于安娜而言，自行车只是业余爱好，她是一位数学博士后，任职于洛桑联邦理工学院，平时讲授偏微分方程课。而这一次摘得金牌，安娜不仅刷新了自己的人生纪录，还帮助奥地利拿下了2004年以来的首枚夏季奥运会金牌。但举国体制则强化了运动员职业化特征。欣喜的是，中国在发展、在进步，这种体制也在悄然发生一些变化。特别是社会力量的出现，体校融合、体教一体，成为中国竞技体育一支不可忽视的生力军。一些运动员，本身也是在校大学生。东京奥运会让浙江体育职业技术学院知名度急剧提升，学院培养的学生石智勇、汪顺、陈雨菲等已经在东京奥运会上获得至少5块金牌；创亚洲百米纪录的苏炳添，就是暨南大学副教授。这种体校融合、体教一体，已经在一定程度上克服了举国体制的一些弊端。运动员既参加体育运动，又接受系统教育，得到较为全面的发展。

六、致敬郎平

郎平作为东京奥运会的关键词，是因为她作为总教练率领的中国女排——上届里约奥运会冠军，此次东京奥运会居然小组三输两胜没有出线，以1984年洛杉矶奥运会以来历史最差战绩结束奥运征程，引发了广泛关注。中国女排是中国女排精神原生地。中国女排在此次奥运会上的表现，网上也有多种评论。中国女排提前出局，主教练究竟应承担怎样的责任，局外人其实难以说清楚。但郎平愿意承担所有。这很符合她的个性。在小组赛遭遇三连败期间，郎平透露了排球队一号主力朱婷手腕受伤，严重程度连她也感到非常吃惊。这次东京奥运会，是她最后一次带队出战了。没有一个圆满的收场，确实有点遗憾。

笔者以为，没有永远的常胜将军，也没有永远的冠军。中国女排此次没有出线，原因复杂，作为主教练郎平，已经十分尽力了。郎平执教的中国女排，八年来战绩辉煌，已经先后获得世界冠军、奥运会冠军。此次中国女排的表现，虽有遗憾，但人们更多的是理解。网上也少有攻击性帖子，反映了中国社会的进步和观众心态的成熟。而郎平，这位 13 岁从事排球、20 世纪 80 年代中国女排五连冠的主力，以后又作为意大利国家队、美国国家队主教练，在国际排球界掀起了一阵阵"郎旋风"，成为国际排球界最著名的教练员，提升了中国人在国际社会的形象。在祖国需要的时刻，她毅然挺身而出，分别在 1995 年、2013 年至今，一次次把中国女排带入辉煌。郎平 48 年排球生涯，始终把为国家效力放在第一位，已经成为中国改革开放 40 年最具影响力人物之一，也是中国深刻融入国际社会的标杆型人物。改革开放夯实了中国精神，而郎平则是中国精神完美的诠释者，即敬业、担当、坚忍、大气。

致敬郎平——中国女排精神的开创者和传承者！

七、友谊

友谊是奥林匹克精神。《奥林匹克宪章》写道："每一个人都应享有从事体育运动的可能性，而不受任何形式的歧视，并体现相互理解、友谊、团结和公平竞争的奥林匹克精神。"东京奥运会，是奥林匹克精神——友谊得到较为完美诠释的奥运会。用三个例子作一说明。

第一个例子，中国运动员汪顺用鞠躬、握手，向老将表达敬意。中国游泳运动员汪顺，在短泳项目中夺冠，这是欧美运动员传统夺冠项目。汪顺获得第一名后，感受到 34 岁泳坛老将匈牙利运动员切赫的落寞之情，从 2004 年雅典奥运会开始，五届奥运 4 银 1 铜，34 岁的他用刻苦的坚持诠释了奥运精神。汪顺克制住了因胜利带来的狂喜，走到了切赫面前，深深地鞠躬、握手，向这位老将表达深深的敬意，对方亦报以热情回应。在中国文化中，低头弯腰握双手乃大礼。汪顺这一鞠躬，收获了意想不到的效果。外媒铺天盖地报道此事，对其尊重对手的举动表示盛赞。

第二个例子，张雨霏的拥抱。7 月 31 日，中国队选手张雨霏参加女子 4×100 米混合泳接力比赛结束后，看到日本运动员池江璃花子路过，张雨霏主动伸手，紧紧拥抱。二人在大赛中一直是旗鼓相当的对手。但池江璃花子在 2019 年被确诊白血病，治愈后，她坚持训练和比赛，坚强不屈的精神，打动了世界体坛。这次重逢，张雨霏给池江璃花子送上了祝福，告诉对方希望明年亚运会再见。

第三个例子，意大利与卡塔尔选手共享金牌。男子跳高决赛，卡塔尔选手 Barshim 和意大利选手 Tampberi 由于 2 米 37 成绩一致，一直分不出高下！裁判只好请他们以"最后一跳"来决胜负。此时，意大利选手 Tampberi 腿部严重受伤，不得不放弃。这意味着 Barshim 能轻松夺金了。然而，Barshim 却问评审："如果我也退出最后一跳，我们是否可同获金牌？"评审官商量之后回复："是的，你们两人都可获得金牌。"听到这个消息，Barshim 随即宣布，自己也退出最后一次尝试。听到对手做出这样的决定，本来只能退居第二的意大利选手 Tampberi，忍不住激动地熊抱着敌手！互不相让的敌手，变成共享荣耀的队友。这一刻，没有输家！

上述三个例子，给我们带来的启示是，当下国际局势云谲波诡，应当坚信世界仍然是美好的，人与人之间心也是相通的。你的美好、你的善意，也一定能够收获美好、收获善意。你把他看作是朋友，或许还真是你的朋友；你把他看作敌人，很有可能就是你的敌人。

八、合规

对中国这样正快速融入国际社会的国家，对合规重要性的认识十分重要。笔者在五年前里约奥运会结束时就提出建议，中国奥运军团应当加强合规研究，并聘请律师作为奥运军团成员，进而在遵守国际奥委会规则，遵守举办城市、举办国家的法律法规的同时，捍卫自身合法权益。今年东京奥运会，中国奥运军团聘请了北京天达共和律师事务所律师宫晓燕加盟，这是十分可喜的现象。但合规，即使重视，仍然需要一个学习过程。

2021 年 8 月 2 日，中国两位自行车选手在奥运会场地自行车女子团体竞速赛中，以 31 秒 895 的成绩夺得金牌，这是中国奥运代表团在本届奥运会上取得的第 28 枚金牌。在赛后的颁奖仪式上，两位运动员衣服上都佩戴了一枚中国已故领导人像章。她们的行为在中国社交平台上引发了广泛赞誉。但很多人不了解的是，此举被控违反了《奥林匹克宪章》第 50 条的规则，即任何形式的示威或政治、宗教及种族宣传都不允许在任何奥运会场地、场馆或其他地区进行。中国代表团在随后又获得了十枚金牌和若干银牌及铜牌，但佩戴已故领导人像章登上领奖台的事情再未发生。

2020 年东京奥运会即将结束之际，2021 年 8 月 7 日下午，国际奥委会表示，已向两名在东京奥运会领奖台上佩戴中国已故领导人像章的中国自行车运动员发出警告，称其违反了奥运会的相关规则。国际奥委会（IOC）同时表示，已收到中国奥运代表团对其运动员举动的"澄清"。国际奥委会企业传播和公共事务总监克里斯蒂安·克劳告诉记者："我们收到了澄清，并警告了运动员。""我们同时得到保证，不会再发生这种事情，国际奥委会认为此事已经结案。"

合规问题自然不是中国一家所面临的问题。几乎每一届奥运会都会遇到合规问题的困扰。此前，获得本届奥运会女子铅球银牌的美国运动员拉文·桑德斯在领奖台上做出了"×"形手势。桑德斯解释称，这个手势代表着"所有受压迫的人相遇的交叉点"。

国际奥委会随即宣布将就桑德斯的举动展开调查，并要求美国奥运代表团作出解释。

明年 2 月北京将举办 24 届冬季奥运会。在全球疫情仍然紧张、中美博弈大背景下，如何遵循国际奥委会规则十分重要。需要在全社会，特别是中国运动员中加强对合规问题的认识，这也是中国融入国际社会必修的课程，没有例外。

九、奥运遗产

东京奥运会在疫情持续上升情况下成功举办，给奥林匹克运动留下了丰厚遗产。东京奥运遗产内容很多，给人印象深刻的至少有以下一些内容。

一是精神遗产。东京奥运会是在一个特殊的疫情环境下举办的奥运会。国际奥委会、各国奥委会和国际各单项体育组织的团结合作十分重要。各国运动员在疫情肆虐情况下会聚东京很不容易。特别是一些不发达国家运动员，为了参与奥运所付出的努力超过以往。东京奥运会的成功举办，反映了人类共同应对新冠肺炎疫情的决心。在一起，这是奥林匹克新格言。只有在一起，才能产生凝聚力，才有战胜疫情的决心和信心，国际社会才有希望。

二是奥运文化遗产。东京奥运会的开幕式、闭幕式，奥运会口号、会徽、吉祥物，为奥运会制作的日本和服等，都属于东京奥运会的文化遗产。特别是奥运会开幕式，展现了日本文化的丰富内容，是奥运文化遗产的集中体现。

三是空场环境体验。东京奥运会是在无观众情况下举办的。这是百年奥运史上第一次。没有观众空场情况下，组织者如何面对，运动员如何适应，数字经济和网络视频如何将比赛过程第一时间传播到全世界，给人以身临其境的感觉，有很多经验值得总结。特别是 2022 年 2 月将举办的北京 2022 年冬奥会，届时疫情如何，不得而知。如果届时全球疫情仍然严重，东京奥运会空场环境的应对，对室内冰上项目来说，无疑也是一个选项。无论是经验或是教训，都是一笔宝贵的遗产，值得借鉴和认真汲取。

四是奥运物质遗产。57 年前，即 1964 年，东京奥运会举办。那一届奥运会的一些场馆，这届仍在使用。这届奥运会新建了一些场馆，新建了为这届奥运会顺利举办而必需的基础设施。这些内容，奥运会结束后仍会继续发挥作用，供市民们使用。东京奥运会，由于疫情的原因，其运营赤字和亏损情况将在百年奥运史上留下厚重一笔。但奥运新场馆和基础设施，则成为东京奥运会留给人们的重要物质遗产。

五是奥运会的政治遗产。奥运会应当远离政治，但每一届奥运会，政治都如影随形。东京奥运会也不例外。实际上，如果东京奥运会的举办提升了日本在全球的形象，这本身就是政治遗产。如同 1964 年的东京奥运会，由于取得了很大成功，实际是日本国的政治宣言，向全球宣示，日本这个"二战"的战败国，经过 19 年努力，如今终于站立起来了。这当然属于政治。

东京奥运会政治遗产内容丰富，包括一些政治干预在内。这里仅举几例。

首先是主办国的政治干预。日本广岛市和广岛县核爆受害者团体协会，向国际奥委会主席巴赫提出书面要求，希望在投下原子弹的 8 点 15 分进行默哀。日本是迄今唯一遭受原子弹轰炸的国家，日本借此把自己描绘成"二战"特别是原子弹的"受害者"，但日本却很少提及自己遭受原子弹轰炸的历史背景。日本这一要求，显然难以得到国际奥委会认可，更不会得到中国、美国等饱受日本军国主义侵略的国家和运动员的认可。

其次是俄罗斯的被干预。在奥运会开幕前，俄罗斯遭遇国际体育仲裁法庭"重击"，被剥夺在比赛中使用本国国歌和国旗的权利，只能以俄罗斯奥委会名义参赛。国际体育仲裁法庭的"重击"，是否掺杂了政治因素，不是此篇短文能够说清的。但这一行动本身，就含有政治因素。

此外，东京奥运会期间，运动员为抗议种族主义而举行的仪式，白俄罗斯运动员季马诺夫斯卡娅在东京奥运会期间前往波兰寻求政治庇护等事情，也是东京奥运会政治遗产一部分。

十、中美奖牌数 PK

说到中美 PK，不要误以为是中美两国在奥运会这个舞台上所进行的国家之间的竞争，那不符合《奥林匹克宪章》精神。《奥林匹克宪章》第 6 条，说到奥林匹克运动会，"奥运会是运动员在个人或团体项目的竞争，而不是国家之间的竞争"。这里说的中美 PK，是指世界上经济实力最强的两个国家，在东京奥运会金牌和奖牌总数位居前两名，既是两个国家经济和社会发展实力的体现，也是这两个国家竞技选拔体制决定的，各有自己的特色。

对百年奥运历史奖牌分析，虽然每一届奥运会或许有一些黑马国家，但从大数据分析，经济发展水平位居前列的国家，奥运奖牌一般也位居前列。道理很简单，奥运奖牌需要经济发展实力给予支撑。东京奥运会奖牌前十名的国家，分别是美国、中国、日本、英国、俄罗斯、澳大利亚、荷兰、法国、德国、意大利。上述十个国家，美、中、日、德、英、法、意七国也是 2020 年经济总量位居前十位的国家。金牌总量位居前十其余三个国家俄罗斯、澳大利亚、荷兰，2020 年经济总量也分别位居全球的第 11 位、第 13 位和第 17 位。也就是说，金牌总数位居前列的国家，经济发展水平一般也位居前列。当然，不可能是完全对应的关系。

中国自 1979 年恢复了在国际奥委会的会员资格后，随着中国的经济增长，人均收入水平的提升，中国在奥运会奖牌数量也持续提升。2008年，由于主场因素，中国获得金牌总数第一位（51 块）。但奖牌总数，美国

（110 块）比中国多出 10 块。2012 年伦敦奥运会中国获得 38 块奖牌，居世界第二位，2016 年里约奥运会中国获得 26 块奖牌，居世界第三位，美国在这几届奥运会则一直位居第一。实际是美国综合实力使然。中国在金牌总数和奖牌总数位居世界前列，与举国体制有关，更重要的是，中国经济社会的持续发展，为中国竞技体育发展提供了强大支撑。

就中美两国竞技体育选拔机制分析，中美两国，各有特点，但美国优势明显。美国运动员以兼职业余为主，中国则以职业运动员为主。前者更多的是出于运动员兴趣，且政府投入较少，后者运动员出于多种考虑，且需要政府大量投入。近年来，中国体教融合形式出现，对上述做法是一个很大冲击。中国需要向美国学习的是，如何进一步释放社会活力，让更多的社会组织积极参与，进而实现以职业运动员为主向以兼职运动员为主转变，政府少花钱，运动员更多是基于兴趣参与。

就东京奥运会中国奖牌榜分布分析，按照官方说法，中国奥运军团"虽然成绩符合预期目标，但还存在着一些明显短板和弱项，项目结构不均衡的问题依然存在，一些基础项目与美国等体育强国整体上仍有较大差距，传统优势项目挑战依旧严峻，部分项目未发挥应有水平，直接交手对抗类项目还有差距"。官方的说法实事求是，明确了未来努力方向。应当点赞。

奥林匹克相关术语辨析

——从"全国残特奥会"说起

易剑东 *

一、赛事名称有讲究

媒体报道，全国第十一届残运会暨第八届特奥会于 2021 年 10 月 29 日闭幕。关于赛事名称，还有"全国残特奥会"的说法。

英文语境里有 Olympic Movement、Olympism、Olympic Spirit、Olympic Motto、Olympic Education、Olympic Heritage、Olympic Games、Olympic Winter Games、Youth Olympic Games、Winter Youth Olympic Games 等众多术语，这些术语的含义和用法也基本约定俗成，随着时代环境和特定语境的变化，用法可能略有不同，但含义都比较明晰。比如 Olympic Movement 是具有统摄意义的概念，位阶在 Olympic Games 之上，这在多个版本的《奥林匹克宪章》中都有完整表述。后者只是前者的 Activities 之一。而且从国际语境看，没有 Winter Olympic Movement 这个说法，在英文母语用法里也搜不到这个词（即便有，也基本是中国人用的英语）。道理很简单，这是一种持续不断的社会文化活动的总体称谓，有国家和地区界限之分，没有夏季和冬季之分，而其下位概念的运动会或其他活动，根据情况是可以有时间或季节概念的。现代奥运会早期的举办时间甚至有超过半年之久的、横跨春夏秋

---

* 易剑东，温州大学体育与健康学院教授，北京 2022 年冬奥申委总体策划部及法律事务部副部长。

Fundamental Principles of Olympism

1. Olympism is a philosophy of life, exalting and combining in a balanced whole the qualities of body, will and mind. Blending sport with culture and education, Olympism seeks to create a way of life based on the joy of effort, the educational value of good example, social responsibility and respect for universal fundamental ethical principles.

2. The goal of Olympism is to place sport at the service of the harmonious development of humankind, with a view to promoting a peaceful society concerned with the preservation of human dignity.

3. The Olympic Movement is the concerted, organised, universal and permanent action, carried out under the supreme authority of the IOC, of all individuals and entities who are inspired by the values of Olympism. It covers the five continents. It reaches its peak with the bringing together of the world's athletes at the great sports festival, the Olympic Games. Its symbol is five interlaced rings.

4. The practice of sport is a human right. Every individual must have the possibility of practising sport, without discrimination of any kind and in the Olympic spirit, which requires mutual understanding with a spirit of friendship, solidarity and fair play.

5. Recognising that sport occurs within the framework of society, sports organisations within the Olympic Movement shall apply political neutrality. They have the rights and obligations of autonomy, which include freely establishing and controlling the rules of sport, determining the structure and governance of their organisations, enjoying the right of elections free from any outside influence and the responsibility for ensuring that principles of good governance be applied.

三个季度的奥运会，南半球举办的奥运会也基本不在北半球人的夏季。所以说，早期是很少用 Summer Olympics 或者 Olympic Summer Games 的。近年来，从与冬奥会区分的意义上，这个词才逐渐用到。但毋庸讳言，Olympic Games 还是用得最普遍的。而我们所说的冬奥会，国际奥委会的规范用语是 Olympic Winter Games，而非 Winter Olympic Games，有时可以用 Winter Olympics。相应地，青奥会标准用语是 Youth Olympic Games，冬青奥会标准用法是 Winter Youth Olympic Games 或者 Winter Youth Olympics。

二、组委会名称分析

还有一个值得注意的细节是，1960 年开始举办的残奥会在 1988 年开始和奥运会在同地举办，北京 2008 年奥运会时开始由一个组委会举办，这就使得奥运会组委会的名称中开始将奥运会和残奥会一同列入，北京 2008 年奥运会以后的历届奥运会组委会名称中都有奥运会和残奥会。北京 2008 年奥运会的官方英文名称是 Beijing Organizing Committee for the Games of the XXX Olympiad（这里强化了第 29 届奥林匹亚德周期，本人揣测在组委会成立之初没有来得及确定两个赛事由一个组委会组织，因此组委会名称中没有列入残奥会）。但自从确立奥运会和残奥会由一个组委会主办以后，组委会名称中都有了残奥会，如伦敦奥组委的名称是 London Organizing Committee of the Olympic and Paralympic Games。为了列入残奥会，不再强化奥林匹亚德，甚至连时间都去掉了。当然，历届奥运会和冬奥会名称最通用的名称都是简写，主办城市在前，年份在后，如 Beijing 2008，London 2012 等。考虑到东京奥运会因疫情被迫推迟一年，而奥运会又是严格遵循奥林匹亚德周期举办的，所以即便东京奥运会延期到 2021 年举办，其名称依然使用 Tokyo 2020，如果非要完整表述，应该是 Tokyo 2020 Olympic Games in the year (of) 2021，或者 Tokyo 2020 Olympics in the year (of) 2021。国内不少媒体乃至体育总局直接使用"东京 2020 年奥运会"，应该是欠妥的。毕竟 2020 在这里是奥林匹德周期概念，而举办年不是在 2020 年，而是在 2021 年。出于尊重国际奥林匹克运动传统的惯例，应该称东京 2020 奥运会，淡化举办年与奥林匹亚德周期的冲突之意。

几年前，有关单位发文件时，把年份放在赛事举办地之前，使得国内一些机构（包括学术期刊）视之为对赛事名称的标准称谓，其实不然。"北京 2008 年奥运会"或"Beijing 2008"依然是专业的用法，目前的北京冬奥组委也习惯于使用"北京 2022 年冬奥会"或者"Beijing 2022"，而不是年份在前城市在后。国际奥委会门下的所有赛事组委会名称都采用的是城市在前年份在后，而且多用简称。最初杭州亚运会组委会也多次使用 2022 年杭州第 19 届亚运会的提法，笔者对此不止一次提出应该将杭州置于名称之首，目前大有改观，多使用"杭州 2022 年亚运会"等名称。

三、特奥会有特殊性

特奥会则是另外一套体系，值得单独做一介绍。其英文名称是 Special Olympics，大体可以理解为特殊奥林匹克（运动），甚至可以替换为 Special Olympic Movement，因为它也是一个统摄意义的概念，下属着赛事、活动、教育、培训等诸多内容，而且赛事也有着世界、大洲、国家和地区等各个层级。其实在国际奥林匹克体系内，也是奥林匹克运动支配和统摄着整个思想、制度和活动体系，Olympic Movement 和 Special Olympics 一样具有统领其旗下赛事和活动的地位，只是在赛事名称中不直接体现，而是通过《奥林匹克宪章》来加以明确。

我们熟知的最大规模、全世界特奥运动员参与的特奥会是 Special Olympics World Games，美国明年将举办的是 2022 Special Olympics USA Games. 如果我们国内把特奥会按照完整意义叫世界特奥运动会，则我们本国的赛事就可以成为全国特奥运动会，但不该直接叫全国特奥会，否则容易造成混淆。个人以为，目前的特殊奥林匹克全国运动会 Special Olympics CHINA Games 称为全国特奥运动会是可以的，直接称为全国特奥会是欠妥的。

保持国际术语与国内术语的大体一致是国际交往的一个重要原则，这方面我国体育界还有一个比较特殊的例子。世界各单项体育联合会（IFs）组成的机构 SportAccord 在我国长期以来一直被称为"世界体育大会"，而世界各国家（地区）奥委会（ANOC）则被称为"国际奥协"。其实我国曾经有一个非奥项目组成的赛事叫全国体育大会，那时出现一个"世界体育大会"其实就很容易让人误解这个世界体育大会是世界上的非奥项目赛事或其组织，但其实那时的非奥项目赛事叫世界运动会（The World Games，成都将于 2025 年举办第 12 届世界运动会），其所属国际组织是 International World Games Association（国际世界运动会协会）。根据笔者的理解，世界各单项体育联合会总会可以简称国际体联，各国家（地区）奥委会组成的机构可以简称世界奥协。目前我们使用的中文名称既不能体现国际惯例和本义，也容易造成国内的误解。一个综合性国际赛事中，各有关单项体育联合会直接的关系就是联合，各参与国家（地区）奥委会的关系就是协作。前者用"联"，后者用"协"，也符合实际含义。与此同时，目前世界各单项体育联合会总会并没有聚齐所有的国际单项体育联合会（IF），而各国家（地区）奥委会总会是汇总了所有被国际奥委会承认的国家奥林匹克委员会（NOC）的，前者冠以"国际"，后者冠以"世界"，似乎更加顺理成章。

四、"奥运精神"无所不包

前面我还提及了几个奥林匹克的专门概念，目前混淆严重的主要是国内的"奥运精神"一词，还有"奥林匹克精神"这个词。由于我们官方基本不用 Olympism 这个词，有些人有时候就喜欢用"奥林匹克精神"这个词来取代，但在奥林匹克思想体系层面上，Olympism 这个词也是具有统摄意义的，Olympic Spirit 就是其下位概念，这在《奥林匹克宪章》中有着明确的说明：mutual understanding with a spirit of friendship, solidarity and fair play。在其他意义上去阐发奥林匹克精神，都是与此不在一个语境中的。而近日甚至有冬奥组委官方某视频中将奥林匹克新格言视同奥林匹克精神的说法（还将"更高"置于首位），显然脱离了国际奥委会的基本语境和《奥林匹克宪章》的基本范畴。

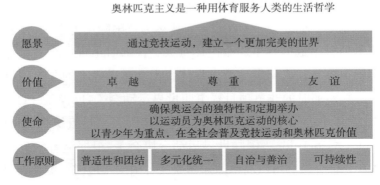

奥林匹克运动的愿景与使命

其实，我们是可以在自己的语境范围内构建属于自己的"奥运精神"的，但必须符合基本的逻辑和尽可能保持和国际奥林匹克运动相关语词的对应或区隔关系，否则就会引发混乱。比如，我们通过举办北京 1990 年亚运会和北京 2008 年奥运会创造性地生发出了"北京亚运精神"（无私奉献、艰苦奋斗、团结协作、争创一流）和"北京奥运精神"（为国争光的爱国精神、艰苦奋斗的奉献精神、精益求精的敬业精神、勇攀高峰的创新精神、团结协作的团队精神），带有鼓励全民支持举办亚运会和奥运会的意味，成为丰富国际奥林匹克运动指导思想的一种创造性的精神文化传承。这种具有中国特色的特殊术语成为我国奥林匹克研究的特殊资源，体现着和国际奥林匹克体系、其他国家奥林匹克运动的显著区别。

我们在动员和鼓励社会各界支持举办奥运会的意义上提出奥运精神，这本身无可厚非，但国际奥林匹克体系中确实没有对应的英文词汇，我们姑且可以自己使用这类概念，不应轻易套入国际话语体系，更不宜用我们的体系去曲解国际奥林匹克的话语体系。

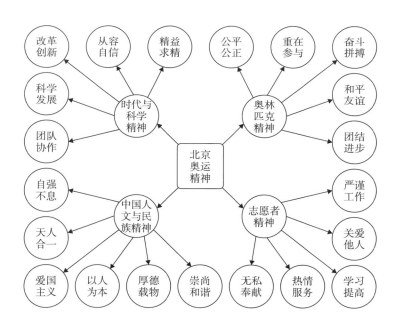

众所周知，任何语词的产生及其传播、应用都应该有一定的规约和范畴，任意和随意阐发、解读并不可取，甚至会引发困惑和混乱。例如，笔者偶然看到某几位学者的"2008年北京奥运会精神体系"，就感到无所不包，几乎囊括一切美好的品质和品德。图中直接用"北京奥运精神"作为核心概念和统摄概念，将"奥林匹克精神"等包含在内，极易造成我国奥林匹克研究与国际奥林匹克术语和概念的冲突，从而引起混乱乃至麻烦。

五、愿东西方文化交融互鉴

奥林匹克运动在我国已经有百年以上的发展历史（1913 年开始举办的远东运动会可以看成是国际奥林匹克运动在中国的重要实践），中国人了解和接触奥运会也有近百年历史（1922 年王正廷当选国际奥委会委员算是中国人首次介入国际奥林匹克决策层，1924 年巴黎奥运会我们几位网球选手打算去最后未能成行可以算是中国人离奥运赛后参观最近的第一次），可以说，中国人追逐奥林匹克的情怀始终执着。

当前，我国热情拥抱奥林匹克运动，目前已经成功举办奥运会 1 次、青奥会 1 次，即将举办冬奥会，未来肯定会有机会主办冬青奥会。然而，欧美孕育的西方文化毕竟与传统的东方文化判然有别，东西方文化交融互鉴是不可阻挡的历史潮流。在这种背景下，加强对国际奥林匹克基本术语和概念的研究、宣传和推广，显然是中国拥抱奥林匹克运动的一个必要途径，专业、理性、科学是我们的应有态度。

第八部分　冬奥史话

冬奥史上中国十个第一次

陈　剑

2022 年 2 月 4 日，第 24 届冬奥会在北京举办。回顾冬奥史上中国十个第一次，可以清晰展现中国前进的脚步。

一、1980 年，中国第一次参加冬奥会

1980 年 2 月 14 日，第 13 届美国普莱西德湖冬奥会开幕式上的中国代表团准备入场

1979 年 11 月 26 日下午 4 时，国际奥林匹克委员会领导人在洛桑总部宣布，经过投票表决，国际奥委会批准了执委会在日本名古屋通过的关于中国代表权问题的决议。中国在国际奥林匹克运动中的合法权利得到恢复，结束了中国与国际奥委会中断关系 21 年之久的不正常局面。

1980 年 2 月 13 日

至 24 日，第 13 届冬季奥运会在美国的普莱西德湖举行，中国奥委会应邀派团参加。这是国际奥委会恢复中国奥委会合法权利后，中国代表团第一次参加奥运会。距 1952 年参加赫尔辛基奥运会已时隔 28 年，也是中国代表团第一次参加冬季奥运会。

中国派出由 28 名运动员组成的代表团，参加了滑冰、滑雪、冬季两项等 18 个单项比赛。当中国速滑名将赵伟昌高举五星红旗进入会场时，这是五星红旗第一次在冬奥会的开幕式上飘扬，全场响起了热烈的掌声和欢呼声，欢迎中国重回奥林匹克大家庭。

首次参加冬奥会的中国选手竞技水平与世界先进水平有较大差距。最终在所参加的 18 个小项中中国运动员无一进入前六名。虽然成绩不尽如人意，但正视与世界顶尖水平选手之间的差距，并能够在日后迈开追赶世界的脚步，是中国代表团在这届冬奥会上的收获。

二、1984 年，海峡两岸运动员第一次同时参加冬奥会

1984 年第十四届冬奥会在萨拉热窝举行。这是中国代表团第二次参加冬奥会，共派出 37 名运动员参加 26 个单项比赛。中华台北队也有 14 名运动员参加本届冬奥会。这是海峡两岸中国选手第一次同时参加冬奥会。

1984 年 2 月 8 日，在第 14 届萨拉热窝冬奥会开幕式上的中国代表团

三、1988 年，中国第一次获得表演项目金牌

1988 年，第十五届冬季奥运会在加拿大卡尔加里举办。本届冬奥会首次将比赛时间延长到 16 天，共横跨了 3 个周末。中国运动员李琰在女子短道速滑表演赛中获 1000 米金牌和 500 米、1500 米铜牌，这是中国代表团取得的首枚表演项目金牌。让五星红旗首次在冬奥会赛场升起。

虽然当时短道速滑只是表演项目，但因为当时短道速滑项目发展很快，许多国家都陆续开展了这个项目，因而它被列入冬奥会正式比赛项目只是时间问题。因此李琰的成绩在当时极具影响力，丝毫不亚于正式比赛项目。在李琰获得金牌后，卡尔加里冬奥会官方还专门以此设计了一幅海报。在这幅以五星红旗为背景，李琰在奋力滑行的海报上，还用中文写下了"神龙腾飞"四个字，可见其影响力。

中国运动员李琰（左）在女子短道速滑表演赛中获 1000 米金牌

四、1992 年，中国第一次获得冬奥奖牌

1992 年第 16 届冬奥会，在法国阿尔贝维尔，中国体育代表团共派出 34 人出征，参加了滑雪、滑冰、冬季两项等 34 个小项的比赛。

1992 年 2 月 14 日，中国选手叶乔波接连摘得女子速滑 500 米和 1000

1992 年 2 月 14 日，法国阿尔贝维尔，冬奥会女子速度滑冰 1000 米
的颁奖仪式。中国选手叶乔波（左）获得亚军

米两枚银牌，而曾经在第 15 届冬奥会女子短道速滑表演赛中获得 1000 米金
牌的李琰，也在首次成为冬奥会正式比赛项目的短道速滑比赛中，为中国队
再添一枚银牌。最终中国队斩获了 3 枚宝贵的银牌，实现了冬奥奖牌历史上
"零的突破"。从首次参赛到收获奖牌，12 年的努力造就了改写中国冬季运
动历史的一刻。

五、1998 年，中国第一次获得冬奥会男子奖牌

1998 年 2 月 17 日，18 届
长野冬奥会，李佳军在短道速
滑男子选手 1000 米比赛中，
在后半程开始领先，可惜在冲
刺的一瞬间被韩国选手反超，
屈居亚军获得银牌。这是中国
从 1980 年参加冬奥会以来，
第一个获得奖牌的男运动员。
李佳军 1975 年 8 月 15 日出生
于吉林省长春市，是中国短道

1998 年第 18 届长野冬奥会短道速滑男子 1000 米
决赛，李佳军为中国队夺得 1000 米银牌，成为
中国冬奥史上获得男子奖牌第一人

速滑的运动高手，在长野冬奥会上不仅获得银牌，还跟队友获得 5000 米接力铜牌。

六、2002 年，中国第一次获得冬奥会冠军

杨扬在短道速滑女子 500 米决赛中问鼎冠军

2002 年盐湖城第 19 届冬奥会，中国体育代表团共派出 89 名冰雪健儿参赛，以 2 金 2 银 4 铜的成绩排名第 13 位。盐湖城当地时间 2 月 16 日，在短道速滑女子 500 米决赛中，杨扬一路领先，最终以 44 秒 187 的成绩问鼎冠军，实现了中国冬奥金牌零的突破，成为中国第一位冬奥会冠军。此后，她又以 1 分 36 秒 391 的成绩摘得女子 1000 米的金牌，并且与队友杨阳、王春露和孙丹丹合作获得女子 3000 米接力的银牌。

杨扬一共获得过 59 个世界冠军，是获得世界冠军最多的中国运动员。

七、2010 年，中国第一次包揽一个项目的金银牌

2010 年温哥华冬奥会，来自中国的冰上伉俪在加拿大温哥华刮起了"中国旋风"，32 岁的申雪和 37 岁的赵宏博以近乎完美的发挥勇夺温哥华冬奥会花样滑冰双人滑金牌。连续参加四届冬奥会的花样滑冰名将申雪和赵宏博以 216.57 分的总分创造了国际滑联新的双人滑总分纪录，这也是中国花样滑冰第一枚冬奥会金牌，另一对中国组合庞清和佟健夺得银牌，使中国选手首次包揽冬奥会同一项目冠亚军。

2010 年温哥华冬奥会上花样滑冰双人滑的颁奖现场，申雪和赵宏博（中），
庞清和佟健（左）分别获得金银牌

八、2010 年，中国第一次蝉联冬奥金牌

　　2006 年都灵冬奥会上，王濛在短道速滑女子 500 米比赛中夺取金牌。2010 年，温哥华冬奥会女子 500 米短道速滑决赛中，王濛以 43 秒 048 的惊人速度滑过终点，成为中国蝉联冬奥金牌第一人。在温哥华冬奥会的赛场上，王濛在短道速滑 500 米、1000 米和 3000 米接力项目上连夺三金，以两届冬奥的四金一银一铜，成为冬奥短道速滑的女子奖牌王。

　　温哥华冬奥会，中国代表团派出 182 人的队伍参赛，其中运动员 91 人，夺得了 5 枚金牌、2 枚银牌和 4 枚铜牌，在金牌榜上名列第 7 位，在创下历史新高的同时，还在多个项目中实现了历史性的突破。

王濛在女子 500 米速滑比赛中蝉联冬奥金牌

九、2006 年，中国第一次获得雪上项目金牌

韩晓鹏获得的第一枚雪上项目金牌

2006 年，都灵冬奥会自由式滑雪男子空中技巧决赛在意大利都灵萨奥兹·杜尔克斯滑雪场举行。中国选手韩晓鹏战胜众多好手，勇夺金牌。这是中国选手在冬奥会历史上获得的第一枚雪上项目金牌，也是中国男运动员在冬奥会历史上获得的首枚金牌。

从 1980 年普莱西德湖冬奥会中国代表团开始参加冬奥会雪上项目比赛，到 1998 年长野冬奥会由徐囡囡在自由式滑雪女子空中技巧上获银牌而实现雪上项目奖牌突破，再到 2006 年都灵冬奥会由韩晓鹏在自由式滑雪男子空中技巧上收获中国代表团在雪上项目的首枚冬奥会金牌，中国在雪上项目的夺金征程历经整整 26 年。

十、2014 年，中国第一次获得速滑金牌

2014 年索契冬奥会速度滑冰女子 1000 米决赛中，中国选手张虹以 1 分 14 秒 02 的速度夺得金牌，这也是中国冬奥会历史上首枚速滑金牌，创造了历史。速度滑冰并非中国队的强项，但却是冬奥会的王牌大项。张虹的夺冠，对于速滑在中国的发展无疑是一针强心剂。

张虹在颁奖仪式上

北京冬奥会奖牌设计背后的故事

孔氏珐琅 *

北京 2022 年冬奥会与冬残奥会已经结束，奥运健儿在运动场上的矫健身姿和收获金牌之后的激动，也在下一次奥运盛会的期待中得到延续。我们看着赛场上获得奖牌的运动员，看着他们的荣誉以奖牌为载体得到体现，心里为他们高兴的同时，也想到奖牌背后那群无声的天使团队。

北京 2022 年冬奥会秉持"绿色、共享、开放、廉洁"理念，创造了北京 2022 年冬奥会和冬残奥会的精彩、非凡、卓越。针对奖牌的设计，体现科技水平和可持续发展理念，也是本届冬奥会的关键词。孔氏珐琅设计团队创作的奖牌设计方案"祥云珐琅"，从来自全球的千余份应征方案中脱颖而出，成为本次奥运奖牌设计的候选方案亚军。

"祥云珐琅"设计制作团队：孔氏珐琅设计师郝凝辉、宋晓薇、黄威、刘家欣、薛照馨。"祥云珐琅"的整体造型沿用挂钩加基体的形式，挂钩以汉代双凤谷纹玉璧进行设计演变，与奥运"金镶玉"的龙蒲纹瓒形成互补，中国自古以来有以"龙凤呈祥"来比喻吉庆之事，龙凤从文化角度上来

2022 年冬奥会候选金牌

*　孔氏珐琅，创作团队负责人孔令俊，京张冬奥研究中心研究员。

正视　　　　　　侧视　　　　　　后视

讲，都属于汉文化的经典代表，龙作为鳞虫之长，凤作为百鸟之王，都是祥瑞之物，运用在奖牌的设计上，尊贵典雅且尽显王者风范。

奖牌正面将珠穆朗玛峰与长城元素进行结合，珠峰作为世界第一高峰，峰高势伟，是奥运精神"勇攀高峰"的象征，同时，山腰处绵延不断的长城，既是奥运会举办国的国家象征，又是体育竞技"好汉"精神的表达，二者的结合体现出运动健儿坚韧不屈的拼搏精神。

奖牌背面采用中国非物质文化遗产"掐丝珐琅"工艺结合传统水墨画技法。"掐丝珐琅"不仅是皇城古技、燕京八绝之一，同时也在世界工艺美术史上占有重要地位，运用在奖牌的设计表达中，不仅凸显了中华文明的璀璨

历史，而且让人们看到了传统的新生。掐丝的图案以中国传统"渊源共生，和谐共融"的祥云图案为创作原型，更加艺术化地处理了云朵的空间感。祥云寓意吉祥美好，蓝色是天空的颜色，祥瑞的云气浮于蓝天，寓意同一个世界同一片天空，坐看云卷云舒，使人心生喜悦。

奖牌的设计理念是勇攀高峰，是和谐共融。就像我们奖牌设计制作背后的这群人——80% 为听障技师的孔氏珐琅天使团队。

在普通人眼里，残障人士是弱势群体，但是孔氏珐琅这群热情洋溢、充满活力的天使团队，让人看到了听障人士别样的风采。

在奥林匹克这个超越政治、跨越文化的运动盛会中，他们用自己的天赋和努力，诠释了奥运精神的不屈不折和勇敢向上。奥运奖牌作为一个美好的载体，让坚强不屈的运动精神和所有人连接在了一起。

孔氏珐琅从选择应征开始，就是想让参与其中的天使团队用艺术和创意告诉人们，即使命运不公，也不影响他们成为艺术大师。

在奥运奖牌"祥云珐琅"的设计制作过程中，参与制作的孔氏珐琅天使团队夜以继日地修改、打磨，力求呈现出最好的作品。天使团队不仅代表着孔氏珐琅，也代表着中国 8000 多万残障人，肩上的担子不可谓不重。

"祥云珐琅"在创作过程中，设计师团队查阅了大量相关文献资料，对能够表达奥运精神、凸显举办地文化特征的元素进行梳理和总结，衍生出通过掐丝珐琅工艺表现中国传统水墨画艺术形式的设计方案，将掐丝珐琅工艺运用于奥运奖牌的设计，在奖牌史上更是属于首次，而运用珐琅工艺对水墨

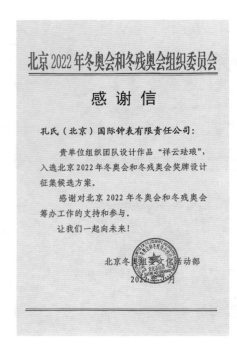
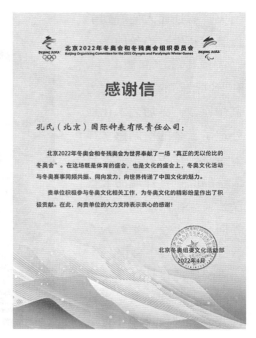

艺术的表达，在工艺美术史上也实属罕见。

"祥云珐琅"不仅彰显了我们深厚的艺术造诣和精湛的工艺水平，更在反复的推敲和修改过程中，体现了孔氏珐琅团队精益求精的精神。

功夫不负有心人，经过 100 多天的反复修改、推敲、打磨，终于让"祥云珐琅"这款奖牌成功入围 2022 年冬奥会、冬残奥会奖牌设计候选方案。

设计方案入围之后，等待的是更进一步的打磨、锻造。首先就是细节上的较真，设计师团队的五位老师对颜色的搭配更加严苛，大胆运用传统色彩来体现奖牌的凝重大气。不断地修改细节，重新调色、锻造，汗水成为孔氏珐琅团队的勋章。令人感动的是，在整个奖牌制作过程中，孔氏珐琅的天使团队从不叫苦叫累，还会主动加班，废寝忘食。也正是这股永不退缩的毅力和勇气，才造就了 2022 年冬奥会奥运奖牌候选方案第二名的"祥云珐琅"。

获得奥运奖牌设计亚军的"祥云珐琅"，只是通往艺术殿堂的序章。孔氏珐琅将持续带领这支勇敢、拼搏的团队走向更高的艺术殿堂，打造体现中国文化的顶级品牌。

第九部分　冬奥对话

办奥踏雪上冰，同沐冬奥荣光 *

李 晓 方 莉 **

编者按：从申办、筹备到办赛，北京冬奥会、冬残奥会成为一件区域协同配合、全民共同参与的大事。近年来，我国冰雪产业蓬勃兴起，区域经济快速发展，城市建设显著提升。正如习近平总书记强调的那样："坚持共享办奥，积极调动社会力量参与办奥，提高城市管理水平和社会文明程度，加快冰雪运动发展和普及，使广大人民群众受益。"一届人人共享的冬奥会是什么样的？又是如何实现的？让我们听听专家怎么看、参与者们怎么说。

本期嘉宾：

李国平　北京大学首都发展研究院院长

陈　剑　京张冬奥研究中心主任

茹秀英　首都体育学院奥林匹克研究中心教授

铸一枚融通中外的"同心圆"

记者：如何理解共享办奥理念的深刻内涵？在北京冬奥会筹办过程中，是怎样调动全社会参与其中的？

陈剑：北京冬奥会的共享办奥理念，与奥林匹克格言中后来增加的"更团结"高度契合，为"团结、和平、进步、包容"的共同目标注入新动力。

---

* 原载《光明日报》2022 年 2 月 5 日。

** 李晓、方莉，《光明日报》记者。

如今，全球新冠肺炎疫情形势依然严峻，全球经济复苏仍较为艰难，举办冬奥会，展现了全世界共克难关的信心和决心。北京冬奥会以"一起向未来"为主题口号，号召全世界人民在奥林匹克旗帜下携手前行，就是把奥林匹克运动与人类命运共同体理念结合起来，彰显了"五环同心"、全球共享的价值内涵。

在共享办奥理念引导下，社会公众积极参与相关事业，参与冰雪运动的热情被激发；社会活力充分释放，社会治理能力有所提升；奥林匹克的教育功能充分发挥，有利于青少年培养健全人格、提升规则意识、形成良好意志品质。

陈　剑（卢重光绘）

李国平：冬奥会是一项全球性重大体育赛事。有来自约 90 个国家和地区的数千名运动员参赛，全球性参与是共享冬奥的重要体现。

从国内看，我国兑现了对国际奥委会的承诺，实现了"带动三亿人参与冰雪运动"这一宏伟目标，大大提升了冬季冰雪运动参与人数，给参与者带来了身心的愉悦感与获得感。此外，建设高规格、高质量的场馆，提供精准、优质的奥运赛事组织、运营和服务，数以万计的志愿者默默奉献，支持奥运健儿取得成就、挑战极限、展现冰雪运动魅力等，都是共享理念的重要体现。

李国平（卢重光绘）

茹秀英：从国际奥林匹克运动史来看，"共享"是奥林匹克运动发展的生命之源。奥运会之所以有别于其他一般体育赛事，很大程度上是因为其将人类共同追求的美好品质，如卓越、尊重、友谊等作为重要理念，具有超越

茹秀英（卢重光绘）

国家、种族、地区的独特意义。因此，奥运会是全人类的节日。此次我国提出共享办奥，不仅强调了筹办冬奥会需要全社会共同参与，而且强调了冬奥会福祉会惠及人民，以满足人民对美好生活的向往为根本追求。

架一座区域协同的"连心桥"

记者： 从区域协同、产业发展、社会治理等角度看，共享办奥将引发怎样的社会效应？

李国平： 北京是京津冀地区经济发展水平较高的核心功能区，张家口是京津冀地区经济发展水平较低的西北部生态涵养区，举办本次冬奥会，有利于发挥北京作为超大城市的辐射带动作用，提升张家口经济发展水平，缩小区域差距，促进协同发展。具体来看，建成了京张高铁、延崇高速等交通基础设施，将张家口纳入了北京一小时交通圈，大大改善了京张之间的通达程度；建设了一批高级别滑雪场等体育场馆及高级别宾馆等场所，完善了城市服务设施，提升了城市环境质量。特别是"冰雪热"现象激活了潜在的市场需求，助推京张冬奥产业带及体育文化旅游带建设。

陈剑： 在筹办北京冬奥会过程中，奥运战略融入京津冀协同发展，提升了冬奥赛区三地的整体发展水平。北京的智力、教育、科技资源向张家口等地加速渗透，提升了京张沿线冰雪产业整体创新能力。冬奥会市场开发签约数十家赞助企业，促进了京津冀地区人流、物流、信息流、资金流的顺畅流动，有效促进了冰雪资源、旅游资源、文化资源在区域内合理配置。

共享办奥，还能助推中国冰雪运动发展，提升京津冀三地环境治理水平，实现三地公共服务共建共享。

茹秀英： 北京冬奥会不但促进了赛区城市的发展，如首钢全面转型、延庆区建成"最美冬奥城"、张家口实现全面跨越式发展，更促进了区域协调发展。比如，京张高铁见证中国速度，全面升级区域交通互联互通；京张地区医疗、教育、文化等公共服务实现共建共享，京张体育文化旅游带已形成品牌效应。

阐释奥运文化　走向美好未来[*]

齐泽垚^{**}

编者按： 奥林匹克运动会是万众瞩目、担负着重要角色的国际性体育盛会。伴随着经济全球化进程的迅速推进，现代奥林匹克运动已然成为世界各国展示经济、政治、文化、外交、体育、艺术等诸多要素的重要舞台，心与心的碰撞，力与美的结合，激情与超越的爆燃，使得奥林匹克运动成为现代文明的重要标识。深入研究阐释奥运文化，弘扬奥运精神，必将助力人类一起走向美好未来。中国社会科学网特邀专家学者与您共论奥林匹克精神，展望人类进步光明前景。

嘉　宾：

陈　剑　京张冬奥研究中心主任

易剑东　温州大学奥林匹克运动与全球体育善治研究院院长

孔繁敏　北京联合大学应用文理学院原党委书记、奥林匹克文化研究中心原主任

王润斌　福建师范大学体育科学学院教授

主持人： 齐泽垚

---

* 资料来源：中国社会科学网。

** 齐泽垚，中国社会科学网记者。

一、奥林匹克运动对人类社会发展贡献独特

中国社会科学网： 经过一个多世纪的发展，现代奥林匹克运动已经发展成为人类历史上规模最大、影响最广的体育文化现象，为人类的进步作出了突出贡献，成为人类文明史上的一大奇观。奥林匹克运动对人类社会发展有哪些主要贡献？

陈剑： 现代奥林匹克运动兴起于欧洲资本主义工业化时代，与市场竞争机制和发达的科学技术紧密结合，体现了进入工业文明以后人类勇于开拓、敢于进取的特征。奥林匹克运动超越了政治、宗教、肤色、种族和语言的限制，由地域性文化变成了一种世界性体育文化。奥林匹克体育项目，展示了人类在新的历史条件下开拓、进取、超越现实和创造未来的搏击精神，体现了人在奋斗中求发展、求进步进而实现生命价值的生活哲学。

现代奥林匹克主义是法国人皮埃尔·德·顾拜旦提出的。奥林匹克主义提出的更快、更高、更强、更团结，提倡的公正、平等、宽容、重在参与的理念，由此促使奥林匹克文化在全球范围内得到广泛认同和传播，吸引不同肤色、不同民族的人们走到一起，彼此尊重、公平竞争、顽强拼搏、超越自我，并通过体育增进理解和友谊，促进和谐共处，推动建设更加和平美好的世界，这正是奥林匹克精神之所在。

奥林匹克文化追求文化多样性，并认为各种文化都有它存在的意义。这与中国文化倡导的"和而不同"是一致的。奥林匹克文化所宣扬的和平、友爱、平等、尊重、理解、宽容、奉献等精神，与中国文明所倡导的和合文化一起，成为构建人类命运共同体的基本要素和润滑剂。

易剑东： 国际奥委会自 1894 年成立以来，成功组织过奥运会、冬奥会、青奥会、冬青奥会，各届奥林匹克赛事几乎都是当年在全世界范围内备受关注的活动，单位时间内吸引世界关注的密度无可匹敌，所以奥运会被称为人类和平时期最大的嘉年华。奥运会吸引着世界各国人民的关注，通过自媒体和流媒体等深度介入和讨论的人群无法估量。可以说，奥林匹克赛事塑造出来的世界"首位度"的盛景，本身就是奥林匹克运动的独特魅力和非凡贡献。

当然，更加重要的是，国际奥委会从来不仅仅把奥运会作为其工作、使

命和愿景的全部，而是在世界范围内塑造了独特的奥林匹克思想体系，特别是国际奥委会确立"体育不仅是一种健身方法，还是一种反映人类理想的健康的生活方式"，倡导通过符合奥林匹克主义及其价值观的体育运动方式来教育青少年，并以此助力于建设一个和平的、更加美好的世界。为此，国际奥委会倡导，通过体育运动使人们的身体精神意志融为一体均衡发展，塑造更加健康的人；鼓励体育和文化、教育之间进行融合，建立一个公正的、坦率的、维护人类尊严的、人们相互理解的社会；通过宣扬优秀运动员的榜样教育价值，倡导在奋斗中寻求欢乐、遵守社会公德的基本原则为基础的生活方式，进而建设一个和平的、更美好的世界。

赛场上没有任何广告的奥运会有着不同于其他体育运动的鲜明的文化意味和人文精神，五环标识长期以来是世界上辨识度和认同度最高的标识之一，这也是奥林匹克运动对世界作出独特贡献的一个有力证明。

孔繁敏：现代奥林匹克运动来源于奥林匹克主义，它包括在奥林匹克主义指导下的竞技运动、大众体育，以及与之有关的文化教育等活动。奥林匹克文化涵盖着奥林匹克运动的全部思想和活动内容，其核心是以奥林匹克主义为指导、以体育为载体的教育。奥林匹克文化为人类社会发展所带来的贡献，突出表现在促进人的和谐发展、促进社会的和平进步方面。

促进人的和谐发展，主要途径是体育与文化教育活动。体育具有强大的吸引力，能够让年轻人通过参加体育运动增强体魄、提高素质。特别是在现代社会中，奥林匹克运动所倡导的顽强拼搏精神、公平竞争精神、团结友谊精神和爱国主义精神等，对青年人健康成长的促进是其他形式的活动所无法替代的。体育运动员精湛的技术，向自身体能生命的极限挑战，提升了人的美感修养。近年来，由国际奥委会和国际残奥委会研发、面向全世界青少年的通用教材——《奥林匹克价值观教育》和《残奥价值观教育》，倡导卓越、尊重、友谊的奥林匹克价值观，已逐渐进入学校课程和社会活动，必将进一步促进学生健康成长。

促进社会的和平进步，特别重要的途径是四年一次的奥林匹克运动会。奥林匹克文化倡导以宽广的胸怀善待各国的文明成果，以尊重消解歧视，以交流代替排斥，以友好竞争代替对抗。在奥运五环标志下，世界各国人民欢聚一堂。奥运会在不同国家举办有不同的文化特色，从开幕式到闭幕式，从体育比赛到艺术活动等，各民族的风土人情、礼节习俗等异彩纷呈。不同的文化特色彼此兼容，取长补短，汇聚发展成为五彩缤纷的多元文化。多元文化不仅符合时代潮流，而且对于促进不同民族之间的了解和友谊起到了不可估量的作用，也是人类文明进步的标志。

王润斌：在思想内核层面上，奥林匹克运动推动了人类社会的精神提炼与价值凝聚。奥林匹克运动的愿景是通过体育建立一个更加美好的世界，奥林匹克运动提炼了"卓越、友谊、尊重"的价值观念，奥林匹克运动形成了"更快、更高、更强、更团结"的奥林匹克格言。围绕着"奥林匹克主义"建立起来的思想体系使得奥运会有别于其他单项锦标赛，以其独特的理论品格和价值追求支撑着奥林匹克运动的大厦，也使得奥林匹克运动能够在纷繁复杂的国际社会变迁中成为"和平、发展"的代名词。

在组织层面上，奥林匹克运动的自治善治模式和架构推动了人类社会更好地解决体育问题，国际奥委会始终坚持"逆向代表制"，力图摆脱国家政治力量的干扰，始终把握以国际奥委会为核心的国际非政府组织对全球体育事务的自治权力，始终用透明、民主、问责等善治标准来治理全球体育事务。

在活动层面上，以四年一届的奥运会为依托，奥林匹克运动体现了不同国家、不同民族、不同文化在赛场内外的身体角力与思想交融，丰富与拓展了人类的交往类型与交往层次，并且通过"媒体奇观"的方式拓展了人类身体活动的边界。

二、奥林匹克运动与中国传统体育文化交流互鉴、开拓创新

中国社会科学网：奥林匹克运动自20世纪后期进入中国以来，在与中国传统体育文化的交流碰撞中对中国体育产生了哪些影响？

陈剑：中国传统体育是在独特的社会环境中孕育和发展起来的，带有明显的农业社会烙印。中华传统体育以个人的修身养性为主，这与农业社会的超稳定结构、慢节奏的生活方式和独特的东方思维方式相适应。

20世纪20年代后，中国和国际奥委会建立了直接的联系。20世纪80年代初期，奥林匹克重新回到了中国，为奥林匹克运动在中国的进一步发展提供了前所未有的机遇，同时也给中国体育增添了崭新的活力。奥林匹克文

化对中国体育产生的影响有以下三个方面。一是加深了国人对体育重塑青年的认识。奥林匹克教育功能充分彰显。通过奥林匹克的教育实践，青少年得到的不仅是发达的肌肉、匀称的肌体、机敏的头脑，还有健全的心理素质和良好的社会公德。体育运动所展现的顽强拼搏、超越极限的精神更可以激励青少年主动参与体育锻炼，在感受体育运动带来快乐的同时，可以健全人格，树立关爱自我、团结合作、平等公正、无私奉献的精神。二是规则意识的培养。每个运动项目都有它的规则，规则面前人人平等。通过参加运动项目，培养运动员的规则意识。对体育规则的认识，提升了国人对竞技体育公平和公正的认识。三是挫折训练的教育不可或缺。运动员从事体育运动，也是锤炼意志品质，树立顽强斗志的过程。并不是所有运动员都能够获得成功，在挫折和失败面前如何应对，如何能够顽强、永不放弃地坚守，考验着运动员的品质和意志力，也启示我们每个人如何树立健全的意志品质。

在奥林匹克进入中国社会的过程中，中国传统体育也以其自身特色，包括价值观念、文化特点和行为方式等对奥林匹克运动产生多层面的影响，这使得中国传统体育文化与奥林匹克运动得以交流互鉴，呈现出不断开拓创新的生动局面。

易剑东： 1922 年王正廷成为中国第一位国际奥委会委员，1928 年宋如海参加荷兰阿姆斯特丹第九届奥运会以后喊出"我能比呀！"中国人力争在奥林匹克的舞台上展现自己的实力和雄心。

鲁迅先生讲"费厄泼赖"，倡导和鼓励奋力抗争者，视其为中国的脊梁。费孝通先生也讲 fair play、sportsmanship and teamwork 这些精神有助于人类社会的发展。我们国家接纳奥林匹克运动的一个最大成果，就是现代体育的范式逐步植入我们传统的文化教育和社会生活当中，使得中国建构起了一个成型的体育体系和奥林匹克体系。在现代体育价值观指导下，我们也发展了自己的学校体育、社会体育、竞技体育，目前中国的体育体系是深受奥林匹克体系影响的。

1992 年巴塞罗那奥运会后，我们推出了全民健身、奥运争光计划，《体育产业发展纲要》和《中华人民共和国体育法》的通过也顺理成章，逐步构筑起符合世界潮流和自身特点的体育体系，并且在与世界的交往中不断展示出了中国的文化软实力。在竞技体育领域涌现出了许多优秀运动员和运动团队，他们的精神风貌引领时代风尚。"胸怀祖国，放眼世界""敢笑珠峰不高，定叫红旗顶上飘""冲出亚洲，走向世界""团结起来，振兴中华"等由体育运动而生发出来的口号奏响了不同时代的强音，中国女排五连冠产生的积极社会影响更是无与伦比，精神魅力永恒。

孔繁敏：任何一个文明古国都有自己的体育文化传统。在中国古籍中记载的传统体育项目有射箭、御车、五禽戏、八段锦、气功、蹴鞠、角抵、武术、滑冰等。鸦片战争以后，西方文化大量涌入中国，促使中国体育文化从传统向现代转型。19世纪末，奥林匹克文化开始进入中国，经过曲折发展，至20世纪后期对中国体育的影响不断加深。

中华人民共和国成立后，在中华全国体育总会主持下，体育运动逐渐开展。此后很长一个阶段，中国一方面努力争取恢复在国际奥委会中的合法地位，另一方面积极开展体育运动，参与一些国际体育文化交流活动。1979年，国际奥委会恢复中国合法地位后，中国采用"举国体制"参与奥林匹克运动，中国运动员在奥运会上不仅取得举世公认的优异成绩，还展示了良好的精神面貌。2008年，北京成功举办第29届奥运会，极大促进了奥林匹克运动全球化的进程，同时促进了我国体育的全面发展。

中国积极参与奥林匹克运动，促使奥林匹克竞技运动及大众体育在中国的开展。奥运会主要运动项目为中国人所接纳并喜爱，各种各样的比赛和运动会纷纷举办，涌现出一批优秀体育人才。竞技体育促进学校体育与社会体育及全民健身运动发展，体育人口大幅增加。奥林匹克运动还极大地推动了我国体育改革与体育产业的发展。体育作为第三产业，走向市场，面临难得的发展机遇。北京作为"双奥之城"，努力向世界体育城市迈进。

王润斌：奥林匹克运动源自西方，是现代欧美体育样式的集合，也是欧美文明的代表，在特定的时空里面，甚至夹杂着殖民主义、种族主义、帝国主义的成分。伴随着鸦片战争的爆发和欧美列强的涌入，与奥林匹克运动相关的体育项目、竞赛活动、组织架构等被国人所接触、参与和熟知。具体而言，首先，奥林匹克运动推动了中国体育的现代化。传统体育文化深受儒家思想的影响，对道德、养生、军事等目的的追求远胜于对体质的强化与健康的塑造。然而，奥林匹克运动的现代体育风格，阿伦·古特曼笔下"世俗主义、平等竞争机会和条件、角色专门化、理性化、科层化、量化及追求纪录"等基本样式对中国传统体育产生深远影响。学习奥林匹克体育项目、接纳奥林匹克体育组织、参与奥林匹克运动会等活动实现了中国体育的现代化发展，在体育这个层面上推动中国与国际社会接轨。其次，奥林匹克运动见证着中国体育的兴衰成败。奥林匹克运动以奥运会为核心，通过体育赛场的较量彰显了国家认同感、实力与形象。从刘长春单刀赴会到许海峰零的突破，再到北京"双奥之城"的历史壮举，把中国从体育弱国到体育大国再到体育强国的发展历程展现得淋漓尽致。再次，奥林匹克运动留下了中国体育的独特印记。在参赛、办赛、参与奥林匹克组织管理事务中，中国无疑逐渐成为不可忽视的力量。中国运动员在奥运会赛场上展现的风采、中国人士参与国际奥委会改革所起到的独特作用、中国企业参与奥林匹克赞助事业的卓越贡献、中国为举办奥运会留下的宝贵遗产与经验、中国"人类命运共同体"理念等为丰富奥林匹克思想体系做出的尝试与努力等都为"五环旗"描绘上了中国色彩。

三、一起向未来　绘就人类社会绚美画卷

中国社会科学网：北京冬奥会的举办将对世界发展、中国进步带来哪些影响？

陈剑：北京冬奥会的举办，对世界发展进步带来的影响有以下几个方面。一是加深了世界各国的团结和友谊。冬奥会是全人类的一次伟大团结的聚会，给全人类带来对美好未来的期待，为世界各民族文化之间对话、交流、沟通、合作提供了优质的平台，将促进世界不同文明的融汇。二是展示和弘扬了中国气派。北京冬奥会七年的筹办，所展示和弘扬的东方文化、东方气派、东方风骨和东方意境，将给奥林匹克文化以生动的诠释与补充，充分体现了多元文化交融互补的奥林匹克精神。七年冬奥会筹办形成的奥运文化与奥运经济协调发展，把奥运发展融入国家发展战略，推动区域经济协调发展，将是奥运史上最成功的探索之一，并将成为奥运史上弥足珍贵的文化遗产。三是向世界各国展示了中国人民对美好生活的向往。当代中国比以往任何时候，都更强烈地感受到人民对积极健康的生活方式、文明和谐的人文精神的渴求。2022 年北京冬奥会将进一步唤醒中国人的环保意识、绿色意

识、健康生活方式意识；进一步展现中国人民乐观向上、改革进取的精神风貌、开阔开朗的胸襟气度；进一步展现中国人民对健康生活方式、力与美的永恒审美追求；进一步展现中国人民对构建人类命运共同体的美好愿景。

易剑东： 中国体育发展的逻辑、矛盾、挑战、机遇、希望都在参与国际奥林匹克运动的进程中不断深化，使我们能够更加认清体育体制和体育发展模式中存在的问题，不断寻求借鉴世界先进体育经验，发挥中华优秀传统文化特色，进而寻找到充分体现以人民为中心的发展思想引领体育运动向前迈进的正确道路。

当前，世界范围内的新冠肺炎疫情尚未得到全面控制，全世界需要一种积极的、光明的、温暖的、力量的象征，北京 2022 年冬奥会被赋予了更多的使命，正如国际奥委会主席巴赫所说"奥运会的举办实际上是我们在隧道尽头的那束光"。国际奥委会和中国以及国际体育界共同把冬奥会精彩地呈现给世界，就是这样一种象征。世界各地冰雪健儿齐聚中国，让世界的目光汇集于五环旗下和冬奥赛场，这本身就是体育人向全世界展示力量与勇气、团结与友谊、和平与进步、光明与希望的绝好契机。

值得一提的是，北京 2022 年冬奥会的举办，是世界冬季运动拓展新型热点区域的成果，也为世界冰雪产业的发展提供了前所未有的机遇。无数冰雪运动的利益相关者将从北京 2022 年冬奥会中受益良多，国外的运动员、教练员、媒体、企业等纷纷在中国获得拓展业务的新机遇。中国的冰雪运动也在这个过程中突飞猛进，中国体育运动实现夏季和冬季、冰上和雪上均衡发展的可喜局面。

在壮大冰雪产业和户外产业的同时，中国人冬季生活方式也得以转型升级。寒冬时节，让全国人民广泛参与体育竞技，与自然做抗争，挑战自我，超越极限，是一种积极的生活方式，也提高了人体免疫力和人们的整体健康水平，有助于全民健康和健康中国建设。

孔繁敏： 综观奥运会举办历史，没有一个同时举办夏、冬两季奥运会的城市。北京创造了奥运历史上的又一个"唯一"，成为世界上首座"双奥之城"，向世界表明了北京是具有特殊实力与魅力的体育文化之城。

北京冬奥会将秉持"简约、安全、精彩"的办赛要求，努力为世界奉献一届精彩、非凡、卓越的奥运盛会。借鉴以往举办奥运会的经验，2022 年北京冬奥会必将进一步推动社会进步、民族自信及国家发展；推动北京基础设施建设、生态环境改善及京津冀协同发展；推动我国冰雪运动、全民健身运动及体育强国建设；推动奥林匹克精神的传播及中华文明和世界各国文明的交流互鉴。

在全球新冠肺炎疫情蔓延的大背景下，北京冬奥会展现出人类向美好未来进发的期望和理想，展现出全球合作的良好精神状态。如期举行本届冬奥会，不仅让本届冬奥会的历史意义得以凸显，也可以让世界看到中国发展的真实面貌。

王润斌： 习近平总书记指出："北京成功获得 2022 年冬奥会举办权，将有利于中国体育及社会经济发展和世界奥林匹克运动发展相互促进，有利于促进中华文明同世界各国文明交流互鉴，让中国人民有机会再次为奥林匹克运动发展、奥林匹克精神传播作出贡献。"这为阐明和理解北京冬奥会的重大意义提供了总指引、总遵循。

一方面，北京冬奥会将为世界奥林匹克运动的发展作出卓越贡献。北京冬奥会申办之时，恰逢奥运会举办成本攀升、遭遇大规模的申办遇冷危机，中国肩负着负责任大国的使命，积极参与申办并坚定不移地推动各项筹办工作平稳向前，这在一定程度上保证了奥运会的可持续发展和奥运会在全球范围的公信力。北京冬奥会以"精彩、非凡、卓越"为总目标，以"简约、安全、精彩"为总要求，以"绿色办奥、共享办奥、开放办奥、廉洁办奥"为根本理念，在产品体验、场馆建设、赛事服务、商业开发、城市运行等诸多领域达到了高标准，也形成了筹办奥运会的中国气派与中国风格。

另一方面，北京冬奥会为中国发展进步带来了重要契机。从文化遗产角度来看，北京冬奥会在实现京津冀协同发展、带动三亿人参与冰雪运动、加强体育强国建设、推动奥林匹克精神的传播等多个领域都将起到推动作用。

四、承继奥运文化遗产　让奥林匹克精神永放光芒

中国社会科学网： 我们应该怎样对待奥运文化遗产？

陈剑： 奥运遗产是实现奥运会愿景的结果，包含所有通过举办奥运会，为公众、城市和区域发展以及奥林匹克运动创造的或带来的有形的和无形的

长期收益。其中，体现奥林匹克象征和艺术的文化元素是奥林匹克运动留给人们最具特色的文化遗产；举办奥运会而形成的奥运会场馆、体育设施及其相关文化附属设施，则是奥林匹克文化遗产的另一大内容。2008 年北京奥运会和 2022 年北京冬奥会景观设计都深深地体现了我们的文化特色。其中的奥运会会徽、吉祥物、体育图标、奖牌、火炬等景观设计，都突出了东方文化的特色，为奥林匹克文化添上了一笔浓浓的具有东方文化神韵的笔墨。

奥运遗产属于当代城市文化和公共文化的范围，可从以下三个方面来承继奥运文化遗产。一是继续维护和使用好硬件实施。二是展示和弘扬奥运会带来的无形遗产。从历史的高度追根溯源，奥运理念特别是奥林匹克精神的传承不能孤立地局限于体育的范畴，而应将其视为人文精神、人类思想史和人类文明史的一个重要组成部分，需要特别注重展示和弘扬奥运会带来的无形精神遗产。三是北京冬奥组委与国际奥委会共同创新制定了《遗产评估体系（KPI）》和《场馆遗产计划通用模板》，作为一种共享遗产成为国际奥委会"知识传承"（Knowledge Transfer）的一部分，成为奥运会可持续发展的重要内容。

易剑东：国际奥委会和北京冬奥组委将北京 2022 年冬奥会遗产分成体育、经济、社会、文化、环境、城市和区域发展等 7 个部分，体现出对于冬奥会举办效应的高度关切。申办北京冬奥会七年来，中国有越来越多的人参与到冰雪运动中。冰雪运动场所大力改进，全国各地，包括海南、西藏等地都有冰场或雪场，冰雪运动在中国蔚然成风，成为一项新兴的体育活动方式、文化教育形式、休闲娱乐方式。从这个意义上讲，冬奥会的举办对整个中国的影响将远远超过冬奥会赛事本身，其效应也必然是长期的。我将其称为"不限北京""不止 2022""不仅冬奥会"，这是我们对冬奥会遗产进行规划、管理的基本理念。

对待奥运文化遗产最根本的是做好战略规划，做好整体谋划和架构，摸清资源家底和结构布局，加强人才培养等等，使奥运文化遗产保护利用真正落到实处并持续产生效益。比如，像京津冀协同发展的国家战略，就要同北京冬奥会文化遗产的保护利用进行整体战略思考，促进环境、交通、信息、产业等各个方面的融合，把京张体育文化旅游带的发展引向深入，让河北张家口等地提升城市品质、服务水平和产业能级，这些都将是奥运文化遗产保护利用的重要抓手。

　　每个人都应该从奥运会中汲取精神力量，将其灌注到日常的生活和学习当中。有关部门应该加强资源整合和协同配合，让奥林匹克成为社会生活的重要组成部分，使北京变成一个更开放、更包容、更有生机和活力的城市，使越来越多的国民通过参与体育运动变得更积极和更健康，使我们国家体育产业、冰雪产业、文化产业、旅游产业等相关产业都在冬奥会的促动下实现更高质量的发展。

　　与此同时，我们的奥林匹克教育示范学校和相关的教育文化资源，也应该利用冬奥会的契机持续扩大，把奥林匹克精神落实到日常的教育中，让孩子们的奥林匹克情怀扎实地嵌入到日常生活和教育活动之中。

　　孔繁敏：文化遗产一般分为有形遗产与无形遗产、物质遗产与精神遗产或直接遗产与间接遗产等，主要涉及可持续发展的战略问题。国际奥委会解释："奥林匹克遗产指的是每一届奥林匹克运动会在举办之前、筹备期间和结束之后为主办城市、当地人民和奥林匹克运动创造的长期利益。"举办奥运会的目的不仅是要实现办赛精彩，更要为社会公众带来可以长期受益的奥运遗产。随着奥林匹克运动的发展，从国际奥委会到举办国家城市，越来越重视奥运文化遗产的保护利用。能否为主办城市留下积极丰厚的奥运遗产，已经成为衡量一届奥运会是否成功的重要指标之一。

　　北京冬奥组委从筹办伊始就高度重视遗产工作，充分考虑冬奥遗产传承利用，制订实施了北京冬奥会遗产战略计划。2021 年 6 月发布的《北京 2022 年冬奥会和冬残奥会遗产报告（2020）》，总结提炼了北京冬奥会自2015 年申办成功以来数年筹办工作所形成的遗产成果，重点呈现了促进中国冰雪运动普及发展、超前谋划场馆赛后利用、持续提升京张地区生态环境、促进京津冀地区协调发展、主办城市转型发展及引领社会文明进步。

　　传承利用好北京冬奥会文化遗产，关键在坚持可持续发展的战略并与实际工作相结合。以奥林匹克教育为例，北京冬奥会奥林匹克教育的重点是北京中小学，北京发布《北京 2022 年冬奥会和冬残奥会中小学生奥林匹克教育计划》《北京 2022 年冬奥会和冬残奥会遗产报告（2020）》也提到教育实施基本情况。教育部门持续推动"百万青少年上冰雪"和"校园冰雪计划"，推动中小学将冰雪运动知识教育纳入学校体育课教学内容，支持"冰雪运动特色学校"建设，启动"北京市中小学生奥林匹克教育及冰雪进校园系列活动"，校外青少年冰雪活动日趋丰富。可以说，北京冬奥会筹办期是学校奥林匹克教育最闪光的黄金期。这其中一些教育内容在赛会之后要继续传承下去，让奥林匹克教育持续发光，促进奥林匹克价值观真正进入学校课程，持续推进学生上冰雪活动，同时让奥运教育与学校立德树人、思政育人工作紧密结合，培养学生德智体全面发展。

王润斌：我认为使奥运文化遗产得到充分保护利用，需做好四个方面的工作。首先，要全面识别北京冬奥会遗产。通过遗产专项工作，建立一套标准系统和分类系统，识别北京冬奥会的遗产，比如直接遗产、间接遗产，长期遗产、短期遗产，有形遗产、无形遗产等。其次，要准确测量评价北京冬奥会遗产。可以借鉴国际奥委会和往届奥运会遗产测量评价的指标体系，优化一套符合北京 2022 年冬奥会、冬残奥会遗产评价的指标体系，来测量北京冬奥会遗产的规模、范围、内容、影响等。再次，要努力促进北京冬奥会遗产转化。要推动奥运会资源要素向遗产要素的转化，通过践行《奥林匹克 2020 议程》及《奥林匹克 2020 议程：奥运会新规范》关于奥林匹克运动改革的新要求，创新奥运会遗产工作新理念、新模式、新方法，为奥林匹克运动遗产工作提供"北京方案"。最后，要积极传承北京冬奥会遗产。冬奥会遗产实现路径的重要目标之一是要为主办城市、地区和国家留下长期的遗产，中国也要积极主动开展北京冬奥会遗产传承工作。比如，通过普及发展中国冰雪运动，推动全民健身，倡导健康生活方式，促进健康中国建设，使广大人民群众长期受益；搭建人文交流平台，促进开放多元的世界文化与中华优秀传统文化交融，增进各国人民友谊，为推动构建人类命运共同体作出积极贡献！

结　语

现代奥林匹克运动自诞生以来，在世界范围内取得辉煌成就，获得广泛认同，并在国际社会交往和文化交流中产生了越来越深厚的影响。现代奥林匹克运动已然突破了单纯体育的范畴，成为促进人的全面协调发展、社会和谐进步、国际和平交往的重要纽带。北京冬奥会、冬残奥会的举办，将在寒冬里再次书写下"一起向未来"的冰雪传奇！

绘就奥林匹克运动新图景
开创人类更加美好的未来 [*]

齐泽垚 [**]

现代奥林匹克运动自诞生以来，在世界范围内成就辉煌、认同广泛、影响深远，并在国际社会交往和文化交流中扮演着越来越重要的角色。北京冬奥会成功举办，从办奥理念，到开幕盛典；从超越自我，到展现精神；从文化铸魂，到交融互鉴……一场"绿色、共享、开放、廉洁"的北京冬奥会，展示了中国、成就了世界，拉近了距离、带来了希望，奥林匹克运动的新图景被徐徐描绘，开创人类文明发展新纪元的勃勃雄心被充分激活，人们在北京冬奥的光荣与梦想中，踔厉奋发、笃行不怠、携手精进，一起向未来！围绕北京冬奥会举办对奥林匹克运动发展的影响、对人的全面发展的影响、对人类文明发展进步的影响等冬奥话题，中国社会科学网特别邀请专家学者与您一起重温北京冬奥精彩时刻，阐释北京冬奥独特精神，展望人类文明光明前景。

嘉　宾：
易剑东　温州大学奥林匹克运动与全球体育善治研究院院长
孔繁敏　北京联合大学应用文理学院原党委书记、奥林匹克文化研究中心原主任
王润斌　福建师范大学体育科学学院教授
主持人：齐泽垚

---

[*]　原载中国社会科学网，2022 年 02 月 23 日。

[**]　齐泽垚，中国社会科学网记者。

一、超越自我、追求卓越　北京冬奥书写奥林匹克新传奇

中国社会科学网：北京冬奥会成功举办，"简约、安全、精彩"的北京冬奥给全世界留下了深刻印象。作为在新冠肺炎疫情影响下首个如期成功举办的全球性综合体育盛会，北京冬奥会必将载入史册。首先请为我们简要梳理一下北京冬奥会的主要成就。

易剑东：除了前提性的安全之外，衡量一届冬奥会的成功，国际上一般从三个方面考量。

一是赛事本身的组织管理水平。北京冬奥运行顺畅，没有中断，没有事故，没有意外，并且为运动员们提供的场地设施符合标准，不少运动员取得了好成绩，打破了很多纪录，运动员们对赛事的组织管理很满意。如，北京速滑馆就打破了 10 次以上的冬奥会纪录或世界纪录，赢得参赛运动员及其教练员的普遍赞誉。从场地设施的质量与为赛事提供的服务这一点看，北京冬奥会可以说是实现了史上最佳。很多运动员、单项运动协会的主席，乃至于国际奥委会的官员等，都对赛事的场馆运行表示了高度的肯定。

二是赛事的服务保障。这届冬奥会在疫情条件下闭环管理的环境中举办，体现了无微不至的照顾和非常到位的餐饮、交通、住宿、医疗等各方面的服务。国际奥委会主席巴赫在 2022 年 2 月 19 日的国际奥委会第 139 次全会上认为，中国人民带给我们温暖、能量、好客与支持，国际奥委会的奥运会部执行主任杜比甚至借运动员的话说，这是天堂一般的待遇，更多的运动员甚至说舍不得离开。还有些运动员以前没有来过中国，甚至没有出过国，这次都被全方位的服务给震撼了。可以说，中国人的热诚、好客、温暖给外国参赛代表团各类人员留下了难忘的印象。

三是赛事本身得到的关注度和好评度。国际奥委会的奥林匹克转播有限公司的首席执行官雅尼斯在冬奥会的中段就开始提出本届冬奥会的收视数据良好，无论是中国还是国外，还有些国家甚至实现了比以往翻几倍的史上最好的收视数据。这些都充分说明北京冬奥会得到了非常好的关注度，这些关注度也是我们努力做好筹办工作所带来的。可以这样说，北京冬奥会为整个世界、世界体育大家庭和奥林匹克社群奉献了一届精彩、非凡、卓越的

奥运盛会。

孔繁敏：北京作为世界首个"双奥之城"，在新型冠状病毒肺炎全球蔓延的背景下，能够如期举办世界最高层次的综合体育盛会，这本身就展示了奥林匹克运动强大的生命力和中国科学周密的防疫政策。北京冬奥会的主要成就表现在发展冰雪运动、弘扬奥林匹克精神、增强民族自信心、推动区域发展和促进东西方文化交流等方面。中国传统冰雪活动虽然源远流长，但与世界冰雪强国相比，明显存在群众参与面不广、竞技水平不高、产业基础薄弱等问题。通过举办北京冬奥会，可以让不同人群、特别是广大青少年参与冰雪运动，实现了"三亿人参与冰雪运动"的目标，冰雪成绩达到历史上最好水平，开辟了世界冰雪运动发展的新时代。通过开展广泛的奥林匹克教育，运用现代科学技术，提高北京冬奥会的全球关注度，进一步弘扬了奥林匹克精神、价值观及新格言。北京冬奥会实现了"简约、安全、精彩"的办赛要求，我国运动员的突破自我、奋力拼搏精神以及所取得的优异成绩，志愿者热情周到的服务等极大振奋了民族精神，增强了民族自信心。我们将北京冬奥会的筹办融入国家发展战略，有力推动了社会进步和区域经济协调发展。北京冬奥会也是中国与世界交流的文化盛会，中国传统文化融入奥运文化，中外体育运动员相互交流，推动了东西方文明互鉴。和平、友谊和团结成为北京冬奥会的主旋律。在 2022 年 2 月 19 日进行的国际奥委会第 139 次全会上，国际奥委会主席巴赫将奥林匹克杯授予全体中国人民，以感谢中国人民对北京冬奥会作出的卓越贡献。

王润斌：其一，如期交付、兑现承诺。《奥林匹克宪章》规定，国际奥委会的使命和任务之一就是确保奥运会的如期举行。无论是古代奥运会延续千年的"奥林匹亚德"传统，抑或现代奥运会四年一届周期的更迭，哪怕受到战争、恐怖袭击等事件都未曾改变。相比较于东京 2020 奥运会的延期，北京冬奥会如期举行，减少了奥运会被中断延误的巨大风险，也消除了不少学者对奥运会延期合法性的质疑。其二，团结一致、鼓舞世人。在新冠肺炎疫情带来全球公共卫生危机的时刻，"安全健康大于节庆竞赛"的呼声很高，但是奥运会作为人类战胜新冠肺炎疫情通道里面的那束光，从未缺少它的温暖。北京冬奥会的举行，本身就证明了人类可以团结在五环旗下，共同战胜因为疫情带来的分裂主义、保守主义的挑战，如巴赫在北京冬奥会闭幕式所言:"奥运会团结的力量,比那些试图分离大家的力量更加强大。"其三,追求卓越、不断进取。冬奥会和夏奥会的本质相通之处在于为世界最优秀选手提供公平竞技的舞台。北京冬奥会共打破 2 项世界纪录和 18 项奥运纪录,充分展示了人类不断追求卓越,挑战极限的进取精神。当然,除了成绩之外,运动员们对"卓越、尊重、友谊"价值观尊崇和践行的事迹超越了竞技本身。其四,组织周密、服务周到。组织奥运会本质上是委托代理行为,是主办城市和国家履行与国际奥委会签署合同的过程,其核心是赛事交付,为所有客户提供绝佳体验。从这个角度衡量,北京冬奥会的成功毋庸置疑。一流的场馆设施条件、高科技的技术装备、贴心周到的赛事组织、温情满满的志愿服务、便捷通畅的城市运行……当然,最关键的是践行了《奥林匹克 2020 议程》提出的"以运动员为核心"的理念。其五,关注升温、魅力无限。对于一项全球赛事,媒体的评价与大众的关注不可或缺。北京冬奥会的媒体收视率达到了历史顶峰,特别是在全球社交媒体平台的受欢迎程度空前高涨,这些实实在在的数据让一个"可信、可爱、可敬"的中国形象跃然于聚光灯下。

二、存蓄资源、启创未来 北京冬奥留下的各类资源弥足珍贵

中国社会科学网:北京冬奥会的成功举办,使我们存留了宝贵的办奥知识、人才、经验,如何充分发挥这些知识资源、人才资源、管理资源的优势,以使我国未来的重大综合体育赛事举办能够简约、高效、优质呢?

易剑东:自 2019 年前后,我国就被称为世界上举办国际大型赛事指数最高的国家。也就是说,综合各种不同赛事的重要程度,从总体判断,我们已经超越美国,成为世界上承办国际体育赛事体量或者说品质最高的国家,这自然为我们的赛事筹办会带来挑战。北京 2022 年冬奥组委通过国际奥委会协调委员会的支持,国际奥委会信息与知识管理计划的帮助,积攒下了丰富的关于奥林匹克的知识管理资源,培养了大量人才,也留下了丰富的管理经验,这对我们承办其他更多的国际体育赛事提供了宝贵的经验。比如说杭州的亚运会、成都的世界大学生运动会、晋江的世界中学生运动会等,众多的赛事都可以从中获得相关经验和相应资源。

当下，我们应该把这些信息和知识管理资源分门别类地整理出来。按照注册、交通、人力资源管理、志愿者招募、场馆运行等 50 多个不同业务口展开。比如说，整理基本规范、可能犯错误的难点和痛点，既往奥运会或冬奥会赛事筹办中的经验和教训等，都要进行分门别类地细致整理，并且更好地结合中国承办北京 2008 年奥运会和北京 2022 年冬奥会的实际进行细化。与此同时，我们要积极用好北京冬奥会留下来的人才，让他们进入全国各地大型体育赛事的组织体系当中去，而不是仅仅从当地政府部门抽调没有大赛筹办经验的工作人员。

有关北京冬奥会管理资源的释放，需要与已经获得世界各种赛事组织办赛权的各级地方政府部门和赛事组委会进行对接，根据赛事筹办的阶段性要求和业务口需要，在实践当中让已有北京冬奥会筹办经验的专业人才进入组织、决策、管理、运行的各个环节当中去，以减少错误，避免弯路，助力有关领导做出重要决策，纠偏赛事筹办过程当中的一些错误做法和观念，提升我国在举办国际体育赛事的效率和效益。

孔繁敏：我国已成功举办了 2008 年北京奥运会与 2022 年北京冬奥会，北京作为双奥之城，对举办重大综合体育赛事已积累了丰富资源与经验。我们的目标是通过举办重大综合体育赛事，提高人民身体素质和健康水平，推动经济社会发展。党的十九大报告提出"加快推进体育强国建设"，2019年，国务院办公厅印发《体育强国建设纲要》，从宏观层面明确了加快推进体育强国建设的政策安排。北京市制订贯彻落实《体育强国建设纲要》实施方案，提出到 2050 年，全面建成社会主义现代化体育强市。"体育强则国家强"，面对新时代体育发展的新形势新机遇，要把体育事业摆在更加重要的位置，积极举办重大综合体育赛事，特别是具有较高国际知名度和影响力的赛事。国际奥委会主席巴赫，在 2022 年 2 月 18 日进行的新闻发布会上表示，北京 2022 年冬奥会非常成功，运动员们感到非常满意。北京冬奥会留下很多遗产。"我们和国际单项体育组织联盟等其他相关方讨论过相关的问题，在下一个赛季中，会有例如'世界杯'等更多冬季赛事在北京举办。"巴赫还积极评价了"北京冬奥会可持续管理体系"的作用。作为奥林匹克历史上第一个把"大型活动可持续管理体系、环境管理体系、社会责任指南"三个国际标准整合为一体的可持续管理体系，巴赫认为它将"有力地促进全世界参与冰雪运动"。可见我国未来举办重大综合体育赛事，要实现简约、高效、优质，特别需要借鉴"双奥"经验、选用"双奥"人才、用好"双奥"遗产，通过优化竞技体育项目布局，统筹各类资源，协调赛事管理，努力开创体育发展新局面，开启建设世界体育强国新征程。

王润斌： 其一，要实现知识管理的档案化。国际奥委会历来重视奥运会知识传递和管理的相关工作，将举办奥运会知识与经验的届际传承作为规范办赛、科学办赛、可持续办赛的重要抓手。北京冬奥会结束后，相关举办奥运会的资料、文本、经验、做法等应该充分被归档、整理、典藏、展示、宣传、研究，从而实现办赛资源的活化与转化。特别是北京冬奥会应对疫情的一系列措施与思路，可以为疫情常态化的情境中举办大型体育赛事提供重要参考借鉴。其二，要实现人力资源的集约化。北京作为双奥之城，人力资源的传承具有得天独厚的优势，一大批经历过冬奥会洗礼和检验的赛事组织、管理、服务人员将是北京冬奥会遗产中最宝贵的财富。可以尝试建立"北京冬奥会人才数据库"，分门别类地对相应的人力资源进行集约化管理，让他们在后冬奥时代的赛事组织管理中发挥主力军和突击手的作用。可以尝试建立"北京冬奥会志愿者服务联盟"，让冬奥服务的精神得以永久传承，让冬奥服务的工作品牌得以永续光芒。其三，要实现赛事活动的常态化。冬奥会落幕了，但是"三亿人上冰雪"的活动仍将继续。可以预见的是，北京张家口等地的冬奥场馆及运行团队资源将得以长期保留。围绕着冰雪主题的竞技体育赛事、群众冰雪嘉年华、大型体育展览、服务贸易活动等持续保持热度。只有以赛事活动为平台，才能盘活现有的知识资源、人才资源、管理资源，让北京冬奥会的举办彻彻底底地成为民生工程。

三、携手共进、互相团结 北京冬奥写下全人类"一起向未来"的豪迈宣言

中国社会科学网： 时下，奥林匹克运动在蓬勃发展的同时，也面临着诸多的困难和挑战，存在诸多不确定因素。北京冬奥会的成功举办将对世界奥林匹克运动发展带来哪些启示？

易剑东： 北京冬奥会是在全球新冠肺炎疫情蔓延近两年的形势下如期举

办的第一次世界大型综合性赛会，而且办得如此精彩、非凡、卓越，这是世界奥林匹克运动历史上的奇迹。第一，奥林匹克运动不是一种生产性活动，而是人类在和平时期最大的嘉年华和庆典，其作为人类团结、希望、和平、光明的象征，依然具有不可替代的历史地位和作用。第二，承办这样的一种大型综合性赛事活动，表明人类在困难面前可以携手共进，互相团结，迎接挑战，可以不惧风险和困难，鲜明地体现了人类的坚韧精神。第三，中国能在当前复杂的国际情势下如期承办冬奥会，并且付出极大的努力，充分体现了中国人对奥林匹克运动的热爱、支持和响应，也是中国建构人类命运共同体理念的具体体现。北京冬奥会的成功举办也体现了中国人的责任精神、担当意识和对世界和平与发展事业的贡献。

孔繁敏：在 2022 年 2 月 20 日北京冬奥会闭幕式上，国际奥委会主席巴赫评价北京冬奥会："这是一届真正无与伦比的冬奥会，我们欢迎中国成为冰雪运动大国。"事实上，由于受气候条件、设施以及群众基础等因素限制，我国冬季项目竞技发展相对缓慢。冰雪项目只在北方的部分地区有所开展，冰雪运动发展无论是规模还是竞技水平，都与世界水平存在显著差异。但中国作为世界上最大的发展中国家和负责任的大国，为积极促进奥林匹克运动的发展，采取多种"补短板"措施，包括与国际奥委会紧密合作，制定"带动三亿人参与冰雪运动"的目标，设置符合国际体育通则及以人为本的办赛理念和方案，加大对冰雪项目的投入，而且组织策划工作严谨认真、高效务实，促使中国冰雪运动快速发展。北京冬奥组委会从筹办伊始就高度重视遗产工作，充分考虑冬奥遗产传承利用，制订实施了北京冬奥会遗产战略计划。2021 年 6 月发布的《北京 2022 年冬奥会和冬残奥会遗产报告（2020）》，总结提炼了北京冬奥会自 2015 年申办成功以来五年筹办工作所形成的遗产成果，重点呈现了促进中国冰雪运动普及发展、超前谋划场馆赛后利用、持续提升京张地区生态环境、促进京津冀地区协调发展、主办城市转型发展及引领社会文明进步。2022 年 2 月 11 日北京冬奥组委发布了《北京 2022 年冬奥会和冬残奥会遗产案例报告集（2022）》。报告集收录了 44 个典型遗产案例，凝聚了千万个冬奥建设者的智慧和力量，为奥林匹克运动发展留下不可多得的北京记忆，贡献了弥足珍贵的北京智慧，为未来奥运会和我国大型活动的筹办和举办发挥着示范和借鉴作用。

王润斌：其一，加强团结。东京奥运会延期举办期间，因为巨额超支成本的问题和赛事举办权力的纠葛问题，奥林匹克大家庭几乎陷于利益的陷阱中，这种组织的分裂化趋势是奥林匹克运动发展中非常危险的信号。国际奥委会审时度势地将"更团结"加入奥林匹克格言，并且通过北京冬奥会弥合了曾经的伤口、重塑了奥林匹克大家庭的团结一致。其二，拥抱数字化。媒介化是奥运传播的生命力与奥运经济的命脉。数字化技术的革新和社交媒体的崛起为北京冬奥会带来了新的媒体奇观。北京冬奥会广泛运用和拥抱数字技术（8K、VR、AR）的做法与国际奥委会倡导的数字化趋势不谋而合，这将深刻改变未来奥运会的传播渠道与传播方式，其根本目的是吸引更年轻一代的目光。其三，实现可持续发展。以"绿色冬奥"为主题的可持续发展是北京冬奥会的一大亮点。在奥运会超大规模与无人办奥的尴尬境地，实现奥运会的可持续发展是根本纠偏良方。无论是夏奥场馆的资源再利用，还是绿色能源的大量使用、生态环境保护的重视程度、区域协调发展的战略导向，都充分体现了北京冬奥会将实现可持续性作为根本原则加以贯彻，构成了践行《奥林匹克 2020 议程》及《奥林匹克 2020 议程：奥运会新规范》的绝佳典范。其四，提升公信力。北京冬奥会通过与世界范围内多个社区与群体的互动，重新塑造了奥林匹克运动推动和平与发展的良好形象。其五，保持经济与金融弹性。疫情冲击之下，奥运会的举办成本大幅攀升、预期收益率大幅降低，这在一定程度上影响了奥林匹克运动的生命线。北京冬奥会逆势而上，在赞助商收益、转播商收益等方面取得巨大成效，在节俭办赛方面取得巨大成功，无形中为增强奥林匹克运动的经济与金融弹性提供了范例与样板。

四、树典立范、光照寰宇　北京冬奥绘就人类文明新画卷

中国社会科学网：当前，人类社会发展面临百年未有之大变局，新一轮科技革命和产业革命加快重塑世界，经济全球化深入发展加快全球治理变革，世界多极化深入发展使国际力量发生深刻变化，大国战略博弈加剧推动国际体系深刻变革，人类社会面临前所未有的机遇与挑战。北京冬奥会的成功举办将在人类文明进步的长河中起到什么样的作用？

易剑东：在当今世界面临着比较复杂局势的情况下，北京冬奥会的成功举办，将在人类文明进步的长河中起到不可替代的积极推动作用。具体体现在，为了办好这次世界性的体育盛会，北京与国际奥林匹克运动的利益相关者进行精诚合作，说明在困难和艰难时期，唯有化解分歧、消除对立，和衷共济、精诚团结，人类才能一起走向光明的未来。

北京冬奥会上各国体育代表团的表现也是奥林匹克精神在特殊时期的充分体现。运动员们面对困难表现出来的特殊品质和风格，正如国际奥委会主席巴赫在 2020 年奥林匹克日讲的那样，保持活力、保持强大、保持健康（stay active，stay strong，stay healthy），我们要健康、强大、积极地应对眼下的困难。有这样的意志和信心，通过运动员在赛场上的卓越表现，体现人类的积极进取和奋勇抗争精神以及对和平、友谊、进步的追求。全世界人们通过北京冬奥会看到了奥林匹克运动带来的希望。"隧道尽头的那一束光"从北京冬奥会发出，照亮和温暖人们的心灵。

奥林匹克运动和奥运会的核心是运动员。运动员们以自己的真诚、坦率态度，热爱运动，挑战自我，挑战纪录，与对手竞争。这种纯粹的对运动的热爱，对惊险、刺激、力量、耐力、优美旋律等的追求，为所有人带去观赏的乐趣和精神的启迪、意志的激励。这种特殊作用，正体现了奥林匹克运动对人类文明的特殊价值，那就是，无论人类处于什么样的艰难阶段，运动员们的坚忍不拔精神、乐观自信精神，都是我们走向胜利的重要支撑和保证。

中国已经对京张体育文化旅游带的发展做出了 2025—2035 年的战略规划，北京冬奥会带动京津冀协同发展的效应正在逐步显现，奥林匹克运动与区域发展合作共赢的态势正在形成。一条京张铁路激活一条价值链和一届冬奥会带动一个产业链的蓝图，正在徐徐铺开。中国满怀自信，昂首走向中华民族的伟大复兴之路。可以说，北京 2022 年冬奥会的成功及其对中国发展动力和活力的驱动，正是奥林匹克运动为促进建立一个和平的、更加美好的世界的贡献，也必将在人类文明进步的长河中留下永恒印迹。

孔繁敏：现代奥林匹克运动为人类社会发展所带来的贡献，突出表现在促进人的和谐发展、促进社会的和平进步方面。北京冬奥会的愿景是："让奥运盛会惠及发展进步，让世界更加相知相融。"北京冬奥会的主题口号是："一起向未来"，表达了人们对构建人类命运共同体和美好明天的憧憬。2021

年 12 月 2 日，第 76 届联合国大会协商一致通过北京冬奥会奥林匹克休战决议，173 个国家参与共提，创下近几届冬奥会休战决议共提国数量新高，传递出国际社会渴望和平、支持北京冬奥会的共同心声。北京冬奥会有 91 个国家和地区、近 2900 名运动员参加，充分践行了"更快、更高、更强——更团结"的奥林匹克格言。在全球新冠肺炎疫情背景下，奥林匹克运动特别需要彰显"更团结"的精神。诚如国际奥委会主席巴赫在 2020 年 6 月 23 日的国际奥林匹克日上所说：我们比以往任何时候都更需要体育精神，那就是我们共享的卓越、友谊、尊重和团结的奥林匹克精神。来北京的各国来宾不仅将体验奥林匹克与中华文化的魅力，同时也能促进各国间的和谐发展，推动人类命运共同体的建设。在冬奥赛场上，不同信仰、不同肤色、不同种族的运动健儿相互切磋、共同提高，共享奥林匹克带来的激情。联合国邮政管理局发行了"体育促进和平"主题纪念邮票，这是联合国首次为冬奥会发行的邮票。2022 年 2 月 20 日，巴赫在北京冬奥会闭幕式上提出，奥林匹克精神之所以闪耀，是因为中国人民搭建了一个出色而安全的奥运舞台。冬奥村和场馆设施完善，服务温馨完备，各项组织工作非凡卓越。17 天的时间总是太短，世界各国人民的友谊永恒且绵长。在国家体育场燃烧了 16 天的北京冬奥会火炬已缓缓熄灭，而北京冬奥会带给世界的和平、友谊和团结长存。鸟巢上空"天下一家"绚烂焰火永远在人们心中绽放。

王润斌：巴赫在北京冬奥会闭幕式中指出："你们给和平提供了一个机会，愿你们树立的团结与和平的榜样鼓舞全世界的政治领导人。"站在世界风云变幻大格局和百年未有之大变局的交汇点看待北京冬奥会，既能够彼此尊重、和而不同，又能够携手合作、同舟共济，共同建设人类命运共同体，将是其最重要、最伟大、最独特的价值与意义。在冷战时期，奥运会饱受意识形态和政治区隔的冲击，从 1980 年的莫斯科奥运会到 1984 年的洛杉矶奥运会，大国博弈的战车将奥运会冲击得遍体鳞伤。进入后冷战时期，以美国为首的西方国家假借所谓的人权、民主问题，屡次对中国的申奥、办奥工作予以阻挠。然而，"得道多助失道寡助"，联合国大会一致通过的《奥林匹克休战决议》、宾客满门的北京冬奥会首脑外交盛况、世界各国运动员对北京冬奥会的有口皆碑等事实说明，单靠所谓的冷战思维、价值观外交和单边主义做派已经难以支配国际社会的格局。与之相反，北京冬奥会通过聚合全世界优秀的青少年代表、展现东西方各具魅力的多元文化、融合不同国家和地区的技术力量，向世界呈现了"各美其美、美美与共"的和谐景象，也充分践行了"携手构建合作共赢新伙伴，同心打造人类命运共同体"的美好愿景。

结　语

体育随人类社会而生，人类因体育运动而强，展示生命强力、开掘人体潜力、追求人类极限，北京冬奥会在东方神州书写下"更快、更高、更强——更团结"的奥林匹克传奇。"简约、安全、精彩"的北京冬奥给世界呈现了精彩、树立了标杆、留下了记忆，必将书于竹帛、光照寰宇，并在人类文明发展进步的未来之路上春风化雨、润养人心！

附录一：

褚国儒、魏庆华、伍斌被评选为 2020 年度"冬奥之友"*

2020 年 11 月 7 日下午，"京张冬奥发展论坛 2020"在河北崇礼召开。京张冬奥研究中心在此次论坛上为褚国儒、魏庆华和伍斌颁发"冬奥之友"杰出贡献荣誉证书。这是京张冬奥研究中心第三次颁发这个奖项。

北京联合大学奥林匹克文化研究中心原主任孔繁敏、北京北奥集团原董事长杜巍、第 29 届奥组委技术部部长杨义春分别向张家口市政协常务副主席褚国儒、张家口兴垣集团公司山地运行部执行经理魏庆华和北京市滑雪协会副主席伍斌颁发了"冬奥之友"杰出贡献荣誉证书。

京张冬奥研究中心主任陈剑介绍了自 2017 年以来设立"冬奥之友"的情况。2022 年冬奥会成功申办，中国冰雪产业发展进入一个新的阶段。中国冰雪产业自 1995 年萌芽，至 2015 年成功申办第 24 届冬奥会，历经了整整 20 年。20 年期间，一批杰出人士为推动中国冰雪产业的发展和冬奥会的申办付出了辛勤和汗水，作出了突出贡献。"冬奥之友"评选纯属公益。评选出为冬奥申办和筹办作出重要贡献的杰出人士，旨在推进 2022 冬奥会的筹办，助推区域经济发展，推进冰雪产业发展，弘扬奥林匹克主义，进而让全社会对 2022 冬奥会的筹办有更多的关注，以顺利推进 2022 冬奥会的筹办。

---

* 《雁栖湖健康发展论坛》公众号，2020 年 11 月 10 日。

第 29 届奥组委信息中心主任徐达（左二），京张冬奥研究中心主任陈剑（右二）
与三位获奖者褚国儒（居中）、魏庆华（左一）和伍斌（右一）合影

评选标准共四条：一是为申冬奥作出贡献；二是为崇礼、延庆作为冬奥
会赛区作出贡献；三是为推进中国冰雪产业发展作出贡献；四是为弘扬奥林
匹克主义作出贡献。

2017 年 10 月，京张冬奥研究中心评选出第一届"冬奥之友"杰出贡献
者单兆鉴、林致华和徐达。2019 年，第二届评选出王彪、易剑东、朱有平
三人。由于评选公正，事迹感人，社会评价积极，反响很好。在此基础上，
2020 年开展了第三届评选。

论坛组委会对三位获奖者的颁奖词分别是：

褚国儒颁奖词：

这是一个典型的坝上硬汉，也是一个儒雅的政府官员；从张家口宣化冶
金机修厂的生产车间，一步步走上市级领导岗位。他的励志故事，曾让当年
的小伙伴们羡慕不已。

从不惑之年的 2004，到天命之年的 2013，整整十个年头，他把自己的
青春和热血献给了塞外小城崇礼县，开启了"十年崇礼情、一生冬奥梦"的
漫漫征程。

北京联合大学奥林匹克文化研究中心原主任孔繁敏为张家口市政协常务副主席褚国儒颁发"冬奥之友"杰出贡献荣誉证书

在带领崇礼人民脱贫致富的过程中，他敏锐地察觉到了得天独厚的降雪条件和山地资源带来的商机。他请来国际国内著名的滑雪专家，评估崇礼的滑雪潜质。他把崇礼的发展目标定位为中国滑雪之都、国际滑雪胜地和东方"达沃斯"；他憧憬着先办冬运会，再办亚冬会，最后申办冬奥会。有人说他这是痴人说梦。他说：有梦，才会梦想成真！

从张承高速公路崇礼段批准立项，到万龙、多乐美地、云顶、太舞滑雪场的陆续动工开业，他和全县干部群众一道，沿着冰雪之路向着冬奥之梦砥砺前行。

2013 年年底，已经离开崇礼领导岗位的他，再次披挂上阵，作为北京 2022 冬奥申委的成员，在申办过程中，淋漓尽致地发挥着他对崇礼的山山水水、一草一木如数家珍的优势，讲述着崇礼人的冰雪情、讲述着中国人的冬奥梦。

他就是：曾任崇礼县政府县长、崇礼县县委书记，原 2022 北京冬奥申委总策法务部副部长，现任张家口市筹备冬奥会工作领导小组副组长、市政协常务副主席褚国儒先生。

魏庆华颁奖词：

他的命运注定与冰雪运动紧紧地联系在一起。他出生在中国冰雪运动的摇篮亚布力，求学、就业、娶妻、生子都是在那里完成的。

从大学校门一步就迈入了滑雪场的他，深耕滑雪运动 28 年。从黑龙江亚布力，到北京密云的南山，再到崇礼的万龙和云顶，他经历了滑雪场员工、中层经理再到总经理等几乎所有的岗位。

他不仅精于滑雪运动，在滑雪场规划设计、开发建设、运营管理和教育培训等方面也颇有建树。他曾多次飞赴新疆阿勒泰，为打造中国乃至世界富有潜质的冰雪产业超级大区绘制蓝图，得到了国家有关部委和地方政府的充

北京北奥集团原董事长杜巍为张家口兴垣集团公司山地运行部
执行经理魏庆华颁发"冬奥之友"杰出贡献荣誉证书

分肯定。他还参与了国家冰雪运动和冰雪产业中长期规划的编制工作和中国滑雪产业白皮书和蓝皮书的编撰工作。

十年前，他就参与谋划北京携手张家口申办冬奥的可能性，并在后来的申办工作中以一个专家的身份贡献了诸多的智慧和力量。如今，他和他的团队正奋战在建设北京 2022 冬奥会张家口赛区的主要场馆——"雪如意"的第一线。

他就是：在冬奥会古杨树赛场组团担纲越野、跳台和冬季两项三个赛场的张家口兴垣集团公司山地运行部执行经理魏庆华先生。

原第 29 届奥组委技术部部长杨义春为北京市滑雪协会副主席
伍斌颁发"冬奥之友"杰出贡献荣誉证书

伍斌颁奖词：

从金融界到滑雪界，从职业经理人到创业者，从一线实战到理论研究，从滑雪装备到雪场管理。他的足迹几乎踏遍了国内外大大小小重要的雪山，他的身影更时常出现在国际国内滑

雪高峰论坛的讲台上。

十年磨一剑，他以首本《2015 中国滑雪产业白皮书》作为北京 2022 冬奥会申办成功的贺礼，第一次系统地为中国滑雪产业描绘了一幅完整的画卷，提供了翔实的权威数据；他以每年出版的《冰雪蓝皮书》系列报告，为冬奥时代的滑雪产业提供了详尽的案例指引，并留下了弥足珍贵的丰厚史料。最近，他又以刚刚出版的《中国滑雪产业核心数据报告（2015—2019）》，提出了后疫情时代及后冬奥时代的反思。他多年来的不懈努力，赢得了业内人士"记录中国冰雪运动发展脉搏的司马迁"的赞誉。

他是南方人，但为了追逐滑雪的梦想一路向北。在经历了多乐美地、北大湖、万达集团、万科集团、卡宾滑雪等中高管岗位后，他毅然决然地选择了自主创业，立志将毕生积累的经验奉献出来，成为滑雪场和滑雪者的好帮手。

他就是：雪帮雪业创始人、北京市滑雪协会副主席、《中国滑雪产业白皮书》系列丛书作者伍斌先生，一位把滑雪作为信仰的播种者。

张利、孙葆丽、刘博宇、周文茜被评选为
2021年度"冬奥之友"

　　"冬奥之友"评选，是由京张冬奥研究中心牵头组织的民间公益活动。通过各方推荐和评议，对那些为2022年冬奥会和冰雪产业发展作出突出贡献人士的荣誉表彰。

　　评选标准共四条：一是为申冬奥作出贡献；二是为崇礼、延庆作为冬奥会赛区作出贡献；三是为推进中国冰雪产业发展作出贡献；四是为弘扬奥林匹克主义作出贡献。

　　自2017年度活动举办开始，已陆续评选出三届"冬奥之友"，本届是第四届。因疫情原因，本届评选结果没有及时公布。通过各方评选，共有四人获此殊荣，分别是：

张利

　　张　利　清华大学建筑学院院长、2022年冬奥会张家口赛区总规划师。张利教授2014年与冬奥结缘，不仅是北京申办冬奥会代表团陈述人之一，还是国家跳台滑雪中心"雪如意"和首钢滑雪大跳台"雪飞天"的总设计师、冬奥张家口赛区规划师。

孙葆丽

刘博宇

周文茜

2022 年 2 月 2 日，冬奥火炬在北京传递，张利作为首钢园站第 1 棒火炬手，参与火炬传递。

孙葆丽 京张冬奥研究中心研究员，北京改革和发展研究会（原北京奥运经济研究会）副会长，北京体育大学教授、冬奥文化研究中心首席科学家。曾担任 2008 年北京奥组委志愿者部培训处处长。自 2015 年冬奥申办至今，执笔完成北京冬奥组委、北京奥运城市发展促进会等单位委托的多项研究课题，由其主讲的网络公开课《走近冬奥会》得到社会各界的热烈好评。

刘博宇 京张冬奥研究中心副主任、张家口滑雪协会会长。作为冰雪运动发烧友，致力于张家口冰雪产业的发展。2015 年 1 月，京张冬奥会申办成功前夕，推动张家口滑雪协会成立，带领协会，以民间之力，举办各种与冰雪相关的交流和活动，为申办 2022 年北京冬奥会、推动张家口冰雪产业发展和对外交流作出了巨大贡献。

周文茜 太舞滑雪小镇总裁，北京大学管理学硕士，英国皇家特许测量师。全面主持太舞滑雪小镇项目的开发建设、投融资和运营管理，并将其成功打造成四季运营的目的地型旅游小镇。因其对冰雪产业发展的突出贡献，2020 年度，荣获第五届冬鼎奖"年度冰雪运动推广先进人物"。

附录三：

孙大光、陈剑、林显鹏、任亮被评选为 2022 年度"冬奥之友"

　　2022 年度"冬奥之友"评选工作，从 2022 年 2 月 4 日正式启动，至 2022 年 11 月 7 日结束。这是北京冬奥会筹办和举办期间，京张冬奥研究中心与相关单位共同组织的最后一届"冬奥之友"评选活动。

　　本届"冬奥之友"经过多方面评选，共有四人获此殊荣，他们多数从 2008 年北京夏季奥运会就开始投身奥运事业，并为推动 2022 年冬奥会和冰雪产业发展作出贡献。这四位分别是：

　　孙大光　作为中国奥林匹克现象的参与者、见证者和京张冬奥研究中心特聘研究员，20 世纪 90 年代较早提出建议中国申办冬奥会，并在 2001 年为中国（哈尔滨）第一次申办 2010 年冬奥会出谋划策；而后，积极参与了北京冬奥会工作，是《北京 2022 年冬奥会申办报告》审稿人之一；多次受邀赴冀为办奥经验较少的张家口及崇礼献计献策；2018 年在京张冬奥发展论坛上作主旨报告。多年来，按照领导的要求，向北京冬奥组委提交了《办好北京

孙大光

2022 年冬奥会的十条建议》《中国"双奥"的历史意义》等多份文字资料，受到各方重视。

陈　剑　从北京夏奥会到北京冬奥会，主编的 450 万字的 10 部奥运报告，主持的 10 多项奥运研究课题，成为推动两届奥运会顺利举办的动力之源；给北京市领导关于加强城市奥运经济研究建议，给国家领导人关于发挥民间社会组织的作用，都转化为具体措施和实际行动，为北京城市发展和社会活力的释放发挥了积极作用；发起成立的北京奥运经济研究会和北京冬奥研究中心，在为两届奥运会的顺利举办作出贡献的同时，也为弘扬奥林匹克主义在中国的传播发挥了积极作用。率团参与的韩国平昌冬奥研讨会，以及作为主编编撰的中日韩三国秘书处年度报告，把北京冬奥会筹办经验推向国际。

陈　剑

林显鹏　自 2008 年北京奥运会至今，积极致力于"两个奥运"的政府决策、科研攻关、文化传播相关服务。主笔或参与完成《群众冬季运动推广普及计划》等 6 项国家级政府文件编制工作；主持完成《2008 年冬奥会场馆赛后开发与利用研究》《2022 年北京冬奥会场馆赛后开发与利用研究》国家级科研攻关项目；带领团队完成《2008 年北京奥运会 TOK 知识转让》《2008 年北京奥运会代码翻译》等 10 余项奥运攻关项目；作为"两个奥运"宣讲团成员，十几次参与奥运宣讲工作，为 2022 年冬奥会培养大批专有人才。政策主张曾荣获"北京市科协科学建言献策特等奖"。

林显鹏

任 亮 作为"冬奥之城、塞外山城"张家口的享受国务院政府特殊津贴专家，从奥运英语培训到奥运志愿者、冬奥文化旅游产业规划以及奥运宣传和研究，到《人民日报》《光明日报》和《新华文摘》等报刊发表文章以及主流官方媒体为冬奥和家乡发声，特别是承担《京张冬奥发展报告》和主持多项冬奥重大课题，凝聚集结大批优秀冬奥研究高质量成果。作为张家口冬奥研究的领军人物，为唤起冬奥的热忱，发扬中国自信，塑好冬奥形象和弘扬冬奥精神殚精竭虑，贡献斐然。

任 亮

后　记

　　呈现在读者面前的这本书，是北京改革和发展研究会（前身是北京奥运经济研究会）自 2003 年成立以来的第 10 部奥运报告。作为 10 部奥运报告的主编，有必要在最后一部奥运报告的后记中就编写初衷作一个说明。

　　研究会自成立以来，在筹办奥运会的同时，就把弘扬奥林匹克主义作为研究会的重要使命和责任。奥林匹克主义是将身、心、精神三方面各种品质均衡地结合在一起，并使之得到提高的一种人生哲学、生活哲学。这种哲学主张通过增强体质，磨炼意志和培养高尚情操，使人得到身、心和精神三方面的全面发展。奥林匹克主义的三大核心价值观卓越、尊重、友谊，通过追求典范的教育价值，尊重普遍的基本伦理原则，现代奥林匹克主义的最终目标是使体育运动为人的和谐发展服务，通过体育与文化教育的结合，促使人的身体素质、道德精神获得和谐发展的提高，以促进建立一个维护人的尊严和平的社会。

　　奥林匹克主义提倡的平等参与、公平竞争、公正公开原则、友谊原则和奋斗原则，在人类生活的方方面面都具有普适意义。以平等参与原则为例，在奥林匹克运动会中最重要的是参与而不是取胜。顾拜旦在此基础上进一步延伸，"在生活中重要的是奋斗而不是获胜，是尽力而为而不是战胜别人"，强调比赛、奋斗的过程比竞赛的结果更有意义，参与奥运会竞技本身比取得胜利更有意义。它为奥林匹克运动普及与广泛参与奠定了思想基础。公平竞争是奥林匹克运动的基本形式，也是推动人类社会进步的基本形式之一。奥林匹克主义所体现的平等精神，是人类社会中的自由、平等、博爱三大最重要的价值理念之一在体育领域的体现。奥林匹克平等精神的弘扬与传播,是奥林匹克运动能够吸引不同肤色、不同民族走到一起的重要原因。正是奥林匹克主义所具有的普适意义,这是研究会自成立以来,近20年不懈努力的初衷和动力。对一个国家、一个主办城市来说,成功举办一届奥运会固然重要,但更重要的则是奥林匹克主义精神弘扬的程度;更具有意义的是通过增强体质,磨炼意志和培养高尚情操,使人得到身、心、精神三方面的全面发展。这样一个初衷不可或缺,必须坚定不移。

2022年北京冬奥会已经圆满结束。京张冬奥研究中心,在整个2022年冬奥会的筹办期间,从成立之初,从参与2022北京冬奥申委课题报告开始,为弘扬奥林匹克主义在中国的传播,为推进2022年北京冬奥会的顺利举办,为推进中国冰雪运动和冰雪产业的发展,为北京和张家口之间的协调发展,作出了积极贡献,得到了社会各界的支持和认同。研究会主编的10部奥运报告(包括6部《北京奥运经济报告》、4部《京张冬奥发展报告》),共400余万字,凝聚了诸多奥运专家的智慧和努力,也反映了社会各界对这项工作的支持。

值此最后一部冬奥报告出版之际,需要对诸多领导、专家和支持单位说一声感谢。

感谢的领导包括国际奥委会已故主席罗格,全国人大常委会原副委员长蒋正华,全国政协原副主席黄孟复、张梅颖,北京市委原书记刘淇,北京市原市长王岐山,北京奥组委原执行副主席蒋效愚,京张冬奥研究中心名誉主任魏纪中,以及北京奥组委的杨义春、徐达、张坚、刘岩、王淑贤等。

感谢的专家有单兆鉴、孙葆丽、孔敏敏、刘以林、顾海兵、易剑东、杜巍、孙大光、陈四光、康庆强、林显鹏、李庚、杨润田、纪宁等,他们10多年来对研究会工作全力支持,让人感动。

在2022年冬奥会筹办期间,感谢的领导和专家有张家口密苑云顶乐园总裁肖焕伟,张家口市崇礼区委原书记王彪,张家口市委原秘书长张春生,张家口市委研究会原主任张万彪,张家口市社科联原主席黄莺;也要感谢京张冬奥研究中心的胡艳雯、刘博宇、于宏程、牛保英、毛雪峰等,他们为中心工作可持续发展作出了努力。

北京改革和发展研究会的上级主管机构是北京市社会科学界联合会。近

20 年来，在北京市社科联直接领导下，研究会工作作出了一些成就，也有一些闪失，北京市社科联历任党组书记都给予了亲切指导和关爱，也给予了一些出版和活动经费。值此最后一部冬奥报告出版之际，向北京市社科联历任领导和诸多给予支持的同志们表示感谢。

在北京冬奥会筹办期间，河北北方学院任亮副校长及其团队，不仅提供了出版经费支持，也提供了大量鲜活的有价值的文章。此外，中国文史出版社张剑荆副总编辑和第一编辑室主任王文运，多年来始终如一，为 4 部冬奥报告顺利出版作出了贡献，也借此机会向他们表示衷心的感谢。

奥林匹克主义精神在中国的传播和弘扬，不会因为北京冬奥会结束而告一段落。恰恰相反，由于奥林匹克主义精神已经扎根中国大地，期盼奥林匹克主义的重在参与、平等、公正理念成为中国社会的普遍遵循和公民内在意识。

陈　剑

2022 年 12 月 1 日

图书在版编目（CIP）数据

京张冬奥发展报告 . 2022 / 陈剑，任亮主编. —北京：
中国文史出版社，2022.10
ISBN 978-7-5205-3842-8

Ⅰ.①京… Ⅱ.①陈… ②任… Ⅲ.①冬季奥运会 –
研究报告 – 北京 – 2022 Ⅳ.①G811.212

中国版本图书馆 CIP 数据核字（2022）第 187981 号

责任编辑：王文运　赵姣娇　　装帧设计：王　琳　程　跃

出版发行：中国文史出版社

社　　址：北京市海淀区西八里庄路 69 号　　邮编：100142
电　　话：010 – 81136606　81136602　81136603（发行部）
传　　真：010 – 81136655
印　　装：北京温林源印刷有限公司　　邮编：102445
经　　销：全国新华书店
开　　本：787mm × 1092mm　1/16
印　　张：21.75
字　　数：345 千字
版　　次：2023 年 2 月北京第 1 版
印　　次：2023 年 2 月第 1 次印刷
定　　价：80.00 元